PROCESSO PENAL, CONSTITUIÇÃO
E POLÍTICA CRIMINAL

FÁBIO IANNI GOLDFINGER

Prefácio
Pedro Henrique Demercian

Apresentação
Luiz Fux

PROCESSO PENAL, CONSTITUIÇÃO E POLÍTICA CRIMINAL

Belo Horizonte

FÓRUM
CONHECIMENTO JURÍDICO

2023

© 2023 Editora Fórum Ltda.

É proibida a reprodução total ou parcial desta obra, por qualquer meio eletrônico, inclusive por processos xerográficos, sem autorização expressa do Editor.

Conselho Editorial

Adilson Abreu Dallari	Floriano de Azevedo Marques Neto
Alécia Paolucci Nogueira Bicalho	Gustavo Justino de Oliveira
Alexandre Coutinho Pagliarini	Inês Virgínia Prado Soares
André Ramos Tavares	Jorge Ulisses Jacoby Fernandes
Carlos Ayres Britto	Juarez Freitas
Carlos Mário da Silva Velloso	Luciano Ferraz
Cármen Lúcia Antunes Rocha	Lúcio Delfino
Cesar Augusto Guimarães Pereira	Marcia Carla Pereira Ribeiro
Clovis Beznos	Márcio Cammarosano
Cristiana Fortini	Marcos Ehrhardt Jr.
Dinorá Adelaide Musetti Grotti	Maria Sylvia Zanella Di Pietro
Diogo de Figueiredo Moreira Neto (*in memoriam*)	Ney José de Freitas
Egon Bockmann Moreira	Oswaldo Othon de Pontes Saraiva Filho
Emerson Gabardo	Paulo Modesto
Fabrício Motta	Romeu Felipe Bacellar Filho
Fernando Rossi	Sérgio Guerra
Flávio Henrique Unes Pereira	Walber de Moura Agra

CONHECIMENTO JURÍDICO

Luís Cláudio Rodrigues Ferreira
Presidente e Editor

Coordenação editorial: Leonardo Eustáquio Siqueira Araújo
Aline Sobreira de Oliveira

Rua Paulo Ribeiro Bastos, 211 – Jardim Atlântico – CEP 31710-430
Belo Horizonte – Minas Gerais – Tel.: (31) 99412.0131
www.editoraforum.com.br – editoraforum@editoraforum.com.br

Técnica. Empenho. Zelo. Esses foram alguns dos cuidados aplicados na edição desta obra. No entanto, podem ocorrer erros de impressão, digitação ou mesmo restar alguma dúvida conceitual. Caso se constate algo assim, solicitamos a gentileza de nos comunicar através do *e-mail* editorial@editoraforum.com.br para que possamos esclarecer, no que couber. A sua contribuição é muito importante para mantermos a excelência editorial. A Editora Fórum agradece a sua contribuição.

Dados Internacionais de Catalogação na Publicação (CIP) de acordo com ISBD

G618p   Goldfinger, Fábio Ianni

Processo penal, constituição e política criminal / Fábio Ianni Goldfinger. Belo Horizonte: Fórum, 2023.

232p.; 14,5cm x 21,5cm.

ISBN: 978-65-5518-554-6

1. Processo penal. 2. Sistema processual. 3. Discricionariedade da ação penal. I. Título.

CDD 345.05
CDU 343.1

Ficha catalográfica elaborada por Lissandra Ruas Lima – CRB/6 – 2851

Informação bibliográfica deste livro, conforme a NBR 6023:2018 da Associação Brasileira de Normas Técnicas (ABNT):

GOLDFINGER, Fábio Ianni. *Processo penal, constituição e política criminal*. Belo Horizonte: Fórum, 2023. 232 p. ISBN 978-65-5518-554-6.

Dedico este trabalho a minha amada esposa, Ana Paula Goldfinger, e aos meus filhos, Felipe e Júlia. Meus amores, minhas paixões... Minha vida!

AGRADECIMENTOS

Agradeço primeiramente a Deus.

Aos meus pais, pelo apoio incondicional e o carinho de sempre.

Ao meu orientador Pedro Demercian, pelo aprendizado e pela oportunidade do convívio acadêmico, e ao amigo e companheiro Alexandre Rocha, fundamental em todo esse processo!

Ao Ministério Público do Estado de Mato Grosso do Sul, em nome do Procurador-Geral de Justiça Alexandre Magno, por propiciar esse aperfeiçoamento e aprendizado acadêmico.

Aos amigos da PUC-SP, em nome do parceiro Márcio Souza Silva.

LISTA DE ABREVIATURAS E SIGLAS

ADI – Ação Direta de Inconstitucionalidade
AED – Análise Econômica do Direito
CE – Código Eleitoral
CF/1988 – Constituição Federal de 1988
CF/1937 – Carta de 1937
CIDH – Corte Interamericana de Direitos Humanos
CJF – Conselho da Justiça Federal
CNJ – Conselho Nacional de Justiça
CNMP – Conselho Nacional do Ministério Público
CPC/2015 – Código de Processo Civil de 2015
CPP Alemão – (StPO) Código Penal alemão
CPP/1941 – Código de Processo Penal de 1941
CPPM – Código de Processo Penal Militar
MP – Ministério Público
MPF – Ministério Público Federal
MPM – Ministério Público Militar
MS – Mandado de Segurança
PET – Petição
PGJ – Procuradoria-Geral da Justiça
PGJM – Procuradoria-Geral da Justiça Militar
PGR – Procuradoria-Geral da República
PL – Projeto de Lei
RE – Recurso Extraordinário
STJ – Superior Tribunal de Justiça

SUMÁRIO

PREFÁCIO
Pedro Henrique Demercian 13

APRESENTAÇÃO
Luiz Fux 15

INTRODUÇÃO 17

CAPÍTULO 1
HISTÓRIA DO PROCESSO PENAL BRASILEIRO 21
1.1   Modelo atual do processo penal 21
1.2   Bases históricas do atual Código de Processo Penal brasileiro 22
1.3   Aspectos políticos e jurídicos do processo penal latino-americano 35
1.4   Propostas de alteração do Código de Processo Penal de 1941 42
1.5   A influência da ordem constitucional no modelo de processo penal ... 49

CAPÍTULO 2
O PROCESSO PENAL COMO INSTRUMENTALIDADE DE
POLÍTICA CRIMINAL 53
2.1   O sistema de direito penal 53
2.2   A instrumentalidade do processo penal 57
2.3   O processo penal e a política criminal 59
2.4   A evolução criminal e o processo penal 63

CAPÍTULO 3
SISTEMA PROCESSUAL PENAL E O CONTORNO
CONSTITUCIONAL 75
3.1   Modelos estruturais do processo penal 75
3.2   A distinção dos sistemas processuais e os princípios informadores ... 89
3.3   Sistema processual penal brasileiro e o modelo constitucional 95
3.4   O Ministério Público e o monopólio da ação penal pública 106

3.5 O princípio da obrigatoriedade e sua repercussão no sistema processual penal constitucional 114
3.6 A magistratura espectadora e a consensualidade no processo penal ... 128
3.7 Poderes de investigação: vedação da investigação probatória e produção de prova *ex officio* 132

CAPÍTULO 4
DISCRICIONARIEDADE REGRADA NA ATUAÇÃO DO MINISTÉRIO PÚBLICO 147

4.1 A justa causa da ação penal e os "delitos de bagatela" 147
4.2 A justiça penal consensual no modelo de processo penal constitucional: o acordo de não persecução penal 160
4.3 O controle dos arquivamentos das investigações penais pelo Ministério Público 169
4.4 Controle de convencionalidade na persecução penal 191
4.5 Unidade institucional e segurança jurídica 200

CONCLUSÕES 215

REFERÊNCIAS 221

PREFÁCIO

Como já tive oportunidade de sustentar alhures, a Constituição Federal promulgada em 1988, em um momento peculiar da história política do país, inaugurou um novo tempo para a sociedade brasileira e apresentou, em especial, três diferentes personagens: sociedade civil organizada, imprensa livre e o fortalecimento do Ministério Público. Entre outras importantes regras, consagrou **como autêntica cláusula pétrea** o monopólio da ação penal pública (art. 129, I, CF), erigindo ao nível constitucional a estrutura acusatória do processo penal.

Essa alteração legislativa gerou profundos reflexos no Código de Processo Penal, especialmente na ressignificação e exata compreensão do famigerado princípio da obrigatoriedade da ação penal pública e seus reflexos nas políticas de atuação a serem concebidas e aplicadas no âmbito dos Ministérios Públicos, que detêm a titularidade privativa da ação penal pública.

Como salienta o autor, com inteira propriedade, "...o método processual penal tradicional já é obsoleto e insuficiente para se realizar um efetivo combate à criminalidade contemporânea. Diante disso, deve-se atribuir ao órgão acusatório instrumentos fundados na adoção de técnicas e de políticas criminais, para que possa atuar trazendo resultados eficazes e adequados à modernização e ao enfrentamento da evolução da criminalidade".

Na presente obra – que tem origem na dissertação de mestrado apresentada na Pontifícia Universidade Católica de São Paulo, pelo doutor **Fábio Ianni Goldfinger**, sob minha orientação, em banca da maior qualificação integrada pelos professores doutores Alexandre Rocha Almeida de Morais e Antonio Sérgio Cordeiro Piedade –, o autor demonstrou ousadia na abordagem de temas fundamentais do processo penal, especialmente a análise crítica da discricionariedade regrada do Ministério Público como instrumento efetivo de Política Criminal.

Não foi por outra razão que seu trabalho foi aprovado com nota máxima, destaque de menção honrosa e recomendação de publicação, benesses que não são concedidas com tanta frequência na academia.

Trata-se de um trabalho de fôlego, no qual o jurista medita sobre as bases da sua ciência. Entretanto, frases enigmáticas, tecnicismo estéril, erudição fingida – nada disso o leitor encontrará nesta obra. Esse, por sinal, é um dos grandes méritos do autor: habilidade para exprimir com clareza suas ideias, sem perda da sutileza do raciocínio e da argumentação.

O doutor Fábio Goldfinger, membro do Ministério Público do Estado do Mato Grosso do Sul (MS) e Diretor da Escola Superior do Ministério Público do MS, demonstrou pleno senhorio da técnica processual e constitucional, analisando em profundidade os novos rumos do processo penal consensual, o manejo da prova, a segurança jurídica, sem descurar do relevante papel da vítima no processo criminal.

Não há novidade na constatação de que o destino reserva a alguns homens benesses superiores a seus méritos. Foi com esse paradoxal sentimento de orgulho e preocupação que ousei escrever sobre o trabalho que ora é disponibilizado aos estudiosos do processo penal e que, não tenho dúvidas, será, doravante, de consulta obrigatória.

Agradeço, sinceramente, ao doutor Fábio Ianni Goldfinger a oportunidade de orientá-lo neste trabalho e a honraria que me foi concedida com o convite para fazer essa breve apresentação da sua destacada obra.

Pedro Henrique Demercian
Professor-Doutor nos Cursos de
Graduação e Pós-graduação da
Pontifícia Universidade Católica de
São Paulo. Procurador de Justiça
Criminal em São Paulo.

APRESENTAÇÃO

A presente obra, intitulada *Processo penal, Constituição e política criminal*, é produto de pesquisa desenvolvida junto ao programa de mestrado em processo penal na PUC-SP.

Na primeira parte, o autor revisita as bases históricas do processo penal brasileiro, atentando simultaneamente aos aspectos políticos e jurídicos do processo penal latino-americano, a revelar a necessidade de adequação constitucional do modelo processual vigente em nosso país.

Em seguida, o autor aborda os modelos de processo penal existentes, à luz das implicações entre processo penal e política criminal e da sua conformação constitucional, identificando os papéis dos diferentes atores envolvidos.

A atuação do Ministério Público é enfrentada sob três ângulos: (1) do monopólio da ação penal, (2) da legitimidade para conduzir investigações criminais e (3) das nuances do princípio da obrigatoriedade, com o devido recorte constitucional, ponto nevrálgico da pesquisa.

A obra também ilumina o papel do juiz no processo penal, partindo da premissa de que é precisamente o desenho processual da atuação do magistrado que define o sistema processual vigente. Temas como os limites à atuação consensual e à gestão probatória são retratados como essenciais à caracterização do modelo de processo penal e são estudados de acordo com as regras do jogo constitucionais.

Por fim, o trabalho analisa a atuação do Ministério Público como órgão acusatório dentro do sistema processual constitucional, aprofundando o debate de conceitos usualmente trivializados pela doutrina, como a justa causa para ação penal, bem como enveredando por dimensões que fogem do tradicional, mas são cada vez mais prementes na atuação funcional, como o controle de convencionalidade. A par disso, o autor renova o debate sobre o controle de arquivamento de peças criminais e a atuação consensual no processo penal, discutidos e repensados como modalidades de resolução justa e eficaz do processo, propondo priorizar os casos penais mais graves, que exigem a atuação eficiente da máquina estatal judicial.

Enfrentando a problemática da discricionariedade da atuação do Ministério Público, ainda que limitada ou regrada, o autor destaca a necessidade de compatibilizá-la com a segurança jurídica, o princípio constitucional da unidade e o princípio da independência funcional. Em suas conclusões, articula a dogmática jurídica com a política criminal nos limites da interpretação, defendendo uma atuação discricionária que ofereça à sociedade segurança jurídica e estabilização das expectativas nas relações sociais.

Luiz Fux
Ministro do Supremo Tribunal Federal

INTRODUÇÃO

Um modelo de processo penal possui uma íntima ligação com o sistema político adotado à sua época de vigência. Não por outra razão, é possível identificar uma dissonância entre o Código de Processo Penal brasileiro (CPP/1941) e a atual Carta Política (CF/1988).

Ao introduzirmos as bases históricas do atual processo penal brasileiro, observa-se uma similaridade com o conhecido Código italiano, Código Rocco. Afinal, o CPP/1941 foi forjado em uma época autoritária, espelhada em outro Código desenvolvido durante o período fascista italiano, cuja ideia era proteger as ideias do sistema político daquela época, portanto, um processo penal destoante da estrutura constitucional atual.

Diversas foram as tentativas de elaboração de uma legislação processual penal brasileira para enquadrá-lo na moldura constitucional vigente, sempre enfrentando obstáculos e dificuldades. No entanto, apenas modificações pontuais foram de fato implementadas até o momento.

Nesse contexto, há que se verificar se o CPP/1941, embora submetido a diversas reformas desde a sua publicação, está alinhado às diretrizes constitucionais e se as últimas reformas pontuais atendem e especificam o modelo constitucional de sistema penal a ser seguido.

É fato que essa divergência entre o CPP/1941 e a atual Carta Política causa distorções na atuação dos atores da justiça penal. Numa visão tradicional do processo penal, a doutrina se debruça no estudo da dicotomia existente entre os sistemas acusatório e inquisitivo, porém, ainda é necessário pesquisar: esse parâmetro é suficiente para compreender a participação dos atores do sistema penal de justiça, marcado por um processo penal constitucional, numa sociedade abarcada pela globalização?

A sociedade contemporânea tem como marca um tempo social acelerado, a rápida e variada difusão de informações; para além disso, os avanços tecnológicos oriundos de um mundo globalizado exigiram um cenário de modernização do sistema jurídico penal, permeado pela desburocratização, pela celeridade e pelo benefício social-econômico na atuação da justiça penal.

O cenário da criminalidade se modifica a partir das alterações de comportamento social que, por sua vez, atingem a velocidade e as maneiras pelas quais os crimes são praticados. Como exemplo, menciona-se o enfrentamento de questões penais fora de territórios geográficos limitados, como o tráfico internacional de drogas, a lavagem de dinheiro, o tráfico de pessoas, as transferências ilícitas de capitais, os crimes cibernéticos, as organizações criminosas e a pedofilia, entre outros, avistando-se um quadro de tensão entre a legalidade (garantia) e a política criminal (funcionalidade).

A revolução tecnológica e a economia rapidamente variante formam uma sociedade complexa, dinâmica, instável, desorientada frente aos parâmetros ocasionados por essa modernização, que impacta diretamente o direito penal e o processo penal. Daí decorre uma série de problemas a serem enfrentados, como o aumento desenfreado de normas penais, a edição contumaz de leis penais simbólicas, a sensação de insegurança, amplamente difundida pela mídia que "dita as regras de processo penal", o congestionamento de processos e a falta de razoabilidade quanto à duração do processo judicial.

Diante disso, ressaltam-se alguns problemas: como pode o sistema de justiça, através do processo penal, enfrentar os desafios criados pela sociedade contemporânea? O processo penal tradicional é capaz de resolver esses problemas?

O modelo de sistema processual adotado pode ser considerado um norte para o início da criação de opções na tentativa de contribuir para solucionar os problemas indicados. Mas qual é, de fato, o sistema processual penal adotado no Brasil? Trata-se do mesmo modelo processual penal indicado pela Carta Política?

Esse trabalho se debruça sobre essas questões, partindo de uma análise constitucional, na tentativa de enquadrar corretamente a participação do magistrado, do Ministério Público, do acusado e da vítima dentro de um processo penal constitucional.

Essa influência constitucional dará contornos contemporâneos ao processo. A partir da sua legitimação democrática, o objetivo é torná-lo apto para, além de ser um instrumento de punição do Estado, um instrumento de política criminal, criar uma sintonia entre o direito penal e o processo, numa relação de complementaridade para enfrentarem em conjunto os problemas desse tempo social acelerado, resultando em um processo útil, eficaz e eficiente.

O manejo de políticas criminais aplicadas de forma eficiente pode resultar em um perfil processual ajustado democraticamente, alinhado aos valores inscritos na Carta Magna.

Exercendo o monopólio constitucional da ação penal pública, o Ministério Público tem nessa função a incumbência de exercer também uma política criminal, através dos institutos diretamente ligados a essa tarefa.

Discute-se a questão ligada ao princípio da obrigatoriedade da ação penal pública, como um suposto obstáculo ao Ministério Público para direcionar políticas criminais, como a implementação da justiça consensual.

Nesse passo, o denominado princípio da obrigatoriedade, estudado sob as vestes de um processo penal tradicional, com uma significação do século passado, precisa ser relido sob as diretrizes de um processo penal constitucional.

No processo penal de consenso, a atuação da magistratura deve ser revista para hipóteses restritas, tendo em vista as regras constitucionais, em que o Ministério Público possui, privativamente, a função de exercer a ação penal pública.

O modelo de processo também indicará a possibilidade e a forma do manejo da prova penal pelo magistrado, considerando sua atuação em conformidade constitucional. Assim, tanto o posicionamento do órgão de acusação como a do julgador em um processo penal contemporâneo dependerá do alinhamento legal às diretrizes e normas constitucionais.

O objetivo principal do estudo é, portanto, analisar o processo penal em sua conformação constitucional: Como o Ministério Público, órgão destinado à acusação penal, poderá atuar como um indutor de políticas públicas criminais?

A discricionariedade regrada da atuação do Ministério Público mostra-se um caminho compatível com a finalidade institucional e pode cumprir os objetivos do processo penal constitucional.

Trata-se de analisar a justa causa para a ação penal a partir de uma visão constitucional e sua possível incidência nos delitos de bagatela, assumindo, assim, a condição de elemento político do processo penal, capaz de implementar uma proporcionalidade aos elementos que justificam a intervenção penal e processual.

Igualmente, ganha espaço o consenso, com a introdução do acordo de não persecução penal, ou seja, a existência de mais uma possibilidade de se traçar uma política criminal na busca por um processo célere e eficaz.

A possibilidade do encerramento das investigações criminais pelo Ministério Público sem intervenção judicial revela-se condizente com a evolução processual pela Constituição Federal. Assim, as investigações criminais poderão ser encerradas considerando-se as diretrizes de política criminal na atuação ministerial ou ainda a possiblidade das saídas abreviadas previstas legalmente, como forma de buscar uma racionalidade ao sistema de justiça criminal, a conferir eficiência à função da persecução penal diante da realidade.

O controle de convencionalidade, por sua vez, poderá ser utilizado pelo Ministério Público para compatibilizar suas finalidades constitucionais, como forma de garantir o respeito e a proteção aos direitos humanos dos acusados e das vítimas através da tutela penal.

A atuação discricionária do Ministério Público pode levar à ação individual, própria, de cada membro da instituição de forma independente, o que pode resultar em instabilidade e insegurança à sociedade quanto ao seu modo de agir. Por isso, a atuação ministerial deve possuir coerência e demonstrar segurança jurídica, justificando a busca pelo equilíbrio entre os princípios da independência funcional e da unidade.

Dessa forma, a atuação discricionária do Ministério Público, ao construir sua própria política criminal, deve se preocupar com o dever de oferecer à sociedade expectativa de segurança em relação ao direito, para, assim, proporcionar-lhe de fato a estabilização das relações sociais.

CAPÍTULO 1

HISTÓRIA DO PROCESSO PENAL BRASILEIRO

Neste capítulo, serão abordadas a história do processo penal e a origem do processo penal brasileiro, até a chegada do CPP/1941. Também serão analisados os marcos que antecederam o Código atual, sua trajetória ao longo dos anos, modificações, propostas de alterações legislativas e, principalmente, seu enquadramento ao sistema constitucional de 1988.

1.1 Modelo atual do processo penal

O sistema político possui uma estreita ligação com o processo penal, de forma que aquele assumirá as características do modelo de Estado, expressando a política adotada e prevista na Constituição Federal para equilibrar os direitos e as garantias individuais, com a exigência do controle do Estado sobre a criminalidade.

Assim, observa-se uma conexão íntima entre o direito processual penal e as normas constitucionais, de modo a influenciar as opções legislativas sobre a matéria, e a existência de uma consequência direta no comportamento das partes processuais, na vida social e na própria função do processo penal, o qual, nos últimos anos, tem sido objeto de problemas inéditos.[1]

Os Estados modernos, por sua vez, são marcados pela contenção ao poder político e pela submissão à lei, o que repercute em toda

---

[1] FERNANDES, Fernando. *O processo penal como instrumento de política criminal*. Lisboa: Almedina, 2001, p. 88.

conformação dos sistemas legais, assim como no âmbito do sistema jurídico-penal.

Nesse contexto, o princípio da legalidade, que ganhou ênfase a partir do Iluminismo, se reflete nos âmbitos do direito penal e do processo penal, exercendo, basicamente, a mesma função: a necessidade de se conter o arbítrio judicial, configurando um instrumento de garantia atribuído ao cidadão (garantismo penal).

A complexa questão a ser abordada no contexto de um sistema jurídico-penal democrático é a adequada composição entre as funções de garantia e o seu dimensionamento na efetividade e na eficácia da estruturação do processo penal. Assim, é exigência do Estado de Direito que o processo penal seja destinado ao dever de proteger a segurança dos cidadãos e a confiança das instituições.

A Constituição Federal e as convenções internacionais de direitos humanos devem orientar e guiar a complexa tarefa do processo penal de promover garantias (acusado) e efetividade (vítima e sociedade) dentro do sistema penal de modo a equilibrá-los.

A harmonização entre os interesses de garantia de liberdade e a efetividade/eficiência do processo penal deve expressar, de forma igualitária, as preocupações e os estudos do sistema jurídico-penal. É imprescindível, portanto, a adoção de um modelo processual que possa equilibrar a atuação do Estado, ou seja, as garantias do acusado e o cumprimento das finalidades político-criminais do sistema.

Ao longo dos anos, embora o processo penal tenha evoluído em razão da influência das Constituições, principalmente após a Segunda Guerra Mundial, passou-se a enfrentar novos problemas que assolaram a sociedade moderna, o que exigiu o aperfeiçoamento da legislação processual penal e uma interpretação das normas processuais mais condizentes com a realidade contemporânea.

1.2 Bases históricas do atual Código de Processo Penal brasileiro

A história do direito processual penal está dividida em dois grandes períodos.

No primeiro deles, surgiram as figuras dos glosadores, dos práticos e dos precursores.[2] Os glosadores limitavam-se às notas ao direito

---

[2] SIQUEIRA, Galdino. *Curso de processo criminal*. 2. ed. São Paulo: Livraria Magalhães, 1937.

romano do Império.³ Em seguida, vieram os pós-glosadores, em meados do século XIII, que embora não tivessem abandonado o direito romano, procuravam soluções para os problemas da época, demonstrando mais sensibilidade à necessidade do seu tempo.⁴ Os práticos, por sua vez, realizaram uma exposição sistemática, apresentando alguma técnica.⁵ Já na metade do século XVIII, no período humanitário do direito penal, houve uma incidência pela busca de uma legislação criminal harmonizada com princípios de justiça e humanidade. Surgiram, então, doutrinas⁶ que marcaram época, como a de Cesare Beccaria, através do *Dei delitti e della pene*, como um "grito de revolta contra a prática judiciária de então [...]".⁷

O segundo período foi marcado pelo Código Napoleônico de 1808. Nele tiveram origem estudos mais completos, separados do direito penal, e mais ponderados sobre o processo penal.⁸

No contexto do processo penal brasileiro, ao tempo do descobrimento do Brasil, vigoravam as Ordenações Manuelinas, seguidas pelo Código de D. Sebastião. No início, teve vigência a Ordenação Filipina, na qual o livro V tratava dos crimes, das penas e do processo.⁹ José Henrique Pierangelli esclarece que as Ordenações Filipinas foram aplicadas no país por mais de dois séculos, até mesmo após a independência. Em matéria de processo penal, as Ordenações Filipinas repetiram, em

---

[3] São destaques dessa época: Placentino, Anzo, Rofredo e Accurcio, entre os romancistas: Tancredo, Godofredo Durante, entre os canonistas. Conferir: SIQUEIRA, Galdino. *Curso de processo criminal*. 2. ed. São Paulo: Livraria Magalhães, 1937.

[4] NORONHA, E. Magalhães. *Curso de direito processual penal*. 6. ed. São Paulo: Saraiva, 1973, p. 8.

[5] São doutrinadores da época: Júlio Clarus, Próspero Farinacio, Benedito Carpsov e Antonio Matheus (Alemanha), Gardins, Damouder, nos países baixos. SIQUEIRA, Galdino. *Curso de processo criminal*. 2. ed. São Paulo: Livraria Magalhães, 1937, p. 10.

[6] Entre outros nomes surgiram: Filangieri, Vauglangs, Romagnosi, Pascoal José de Melo Freire e Pereira e Souza. Conferir: NORONHA, E. Magalhães. *Curso de direito processual penal*. 6. ed. São Paulo: Saraiva, 1973, p. 8.

[7] SIQUEIRA, Galdino. *Curso de processo criminal*. 2. ed. São Paulo: Livraria Magalhães, 1937, p. 10.

[8] Por isso, durante essa época foram surgiram diversos escritores pela Europa e no Brasil, distinguindo-se em tratados, comentários e monografias: na Itália, Carrara, Tolomei, Canonico, Buccellatti, Pessina, Puglia, Lucchini, entre outros; na França, Faustin Helie, Ortolan, Boitard, Garraud e outros; na Bélgica, Haus; Inglaterra: Bentham, Blackstone, Ammond, e outros; na Alemanha e Áustria, produtivos trabalhos sobre processo penal foram elaborados, como as obras de Stubel, Herke, Feurbach, Bauer, Mohl Zachariae, Mittermaier, Binding, Goyer, Mayer, Jank e Kohler. No Brasil, nessa época, destacam-se os estudos de Bernardes Cunha, Ramalho, Pimenta Bueno e João Mendes de Almeida Jr. SIQUEIRA, Galdino. *Curso de processo criminal*. 2. ed. São Paulo: Livraria Magalhães, 1937, p. 10.

[9] NORONHA, E. Magalhães. *Curso de direito processual penal*. 6. ed. São Paulo: Saraiva, 1973, p. 8.

grande parte, o conteúdo de outras Ordenações. O juízo criminal era separado do cível, embora o sistema processual criminal ordinário das Ordenações Filipinas tivesse a mesma ordem e solenidade do processo civil ordinário naquilo que fosse adaptado.[10]

Através do Aviso de 28 de agosto de 1822, no Brasil, o Príncipe D. Pedro mandou que os juízes criminais observassem o disposto na Constituição da monarquia portuguesa de 10 de março de 1821. Com a promulgação da Constituição Política do Império de 1824, foram estabelecidos diversos preceitos e princípios garantidores de um processo criminal diferente daquele que vigorava através do Livro V das Ordenações, prevendo as garantias mais caras ao espírito liberal do século.[11]

Fundado o Império, abriu-se ao processo penal um período para a reação às leis opressoras da monarquia portuguesa. O resultado foi o Código de Processo Criminal de 1832, que estabeleceu anseios humanitários e liberais que permearam a nação, acentuando um espírito anti-inquisitorial a demonstrar, portanto, ser um estatuto processual de grandes méritos.[12]

O Código de Processo Criminal, influenciado pelo Código Napoleônico, adotou o procedimento misto ou eclético, embora se submetesse a diversas regras do sistema inquisitório. Segundo José Henrique Pierangelli, o legislador da época estabeleceu um meio termo entre o procedimento acusatório, vigente na Inglaterra, e o misto, adotado pela França, este inquisitivo na fase instrutória e acusatório na fase de julgamento. O Código brasileiro, no entanto, era muito mais liberal.[13]

O Código de Processo Criminal (arts. 138, 141 e 206)[14] permitia a juízes iniciarem a ação penal em razão de deveres previstos, procedimento

---

[10] PIERANGELLI, José Henrique. *Processo penal*: evolução histórica e fontes legislativas. Bauru, SP: Jalovi, 1983, p. 61-69.
[11] MARQUES, José Frederico. *Tratado de direito processual penal*. v. 1. São Paulo: Saraiva, 1980, p. 117.
[12] MARQUES, José Frederico. *Tratado de direito processual penal*. v. 1. São Paulo: Saraiva, 1980, p. 118.
[13] PIERANGELLI, José Henrique. *Processo penal*: evolução histórica e fontes legislativas. Bauru, SP: Jalovi, 1983, p. 103.
[14] BRASIL. Código de Processo Penal (1832). "Art. 138: O Juiz procederá a auto de corpo de delicto a requerimento de parte, ou ex-officio nos crimes, em lugar a denuncia"; "Art. 141: Nos casos de denuncia, ainda que não haja denunciante, o Juiz procederá à inquirição de testemunhas na fórma do artigo antecedente, fazendo autor o auto de corpo de delicto se o houver"; "Art. 206: Não havendo queixa, ou denuncia, mas constando ao Juiz de Paz que se tem infringido as posturas, lei policial, ou termo de segurança, e de bem viver, mandará formar auto circumstanciado do facto, com declaração das testemunhas, que nelle hão de jurar, e citar o delinquente na fórma do artigo antecedente". PIERANGELLI, José Henrique. *Processo penal*: evolução histórica e fontes legislativas. Bauru, SP: Jalovi, 1983, p. 215-233.

mantido mesmo após a proclamação da República, o Código Penal de 1890 e as Consolidações das Leis Penais.[15]

No entanto, o Código em questão logo foi modificado pela Lei nº 3/1841, regulada pela parte criminal do Decreto nº 120/1842, que modificou o sistema para fortalecer o governo na escolha de juízes e promotores, além de conferir à autoridade policial atribuições judiciárias para a formação de culpa e pronúncia – essa orientação permaneceu até a Lei nº 2.033/1871, regulada pelo Decreto nº 4.824/1871.[16]

Esses atos normativos fortaleceram o reacionarismo político e serviram de instrumentos para o governo imperial debelar a desordem, impor sua autoridade e criar um aparelhamento policial altamente armado e centralizado, de maneira a efetivar sua autoridade legal e trazer o Poder Judiciário ao controle do Poder Executivo, além de conferir poderes judiciais às polícias que serviam ao governo, numa espécie de policialismo hipertrofiado.[17]

A Lei de 3 de dezembro não conseguiu cumprir aos reclamos sociais na luta contra o crime e a impunidade delinquentes e foi por mais de 30 anos combatida, objeto de constantes pedidos de reformas pelo Parlamento imperial. A reforma, no entanto, só veio em 1871, ao colocar fim no policialismo reacionário e à separação da justiça e polícia, trazendo algumas inovações ao processo penal, como a figura do inquérito policial, vigente até hoje.

Com a proclamação da República, o processo penal encontrou-se regulamentado pelo Decreto nº 4.824 e pela Lei nº 2.033/1871, iniciando, assim, uma nova fase na história do processo penal brasileiro.

Após a Proclamação da República, a Constituição de 1891 estabeleceu importantes regras de processo penal[18] e atribui aos Estados a faculdade de legislar sobre processo, porém, nem todos o fizeram.[19] O Estado de São Paulo, por exemplo, nunca teve um Código de Processo Penal, por isso, utilizava-se de leis que revogavam ou complementavam a legislação do Império.

---

[15] PIERANGELLI, José Henrique. *Processo penal*: evolução histórica e fontes legislativas. Bauru, SP: Jalovi, 1983, p. 116.
[16] NORONHA, E. Magalhães. *Curso de direito processual penal*. 6. ed. São Paulo: Saraiva, 1973, p. 8-9.
[17] MARQUES, José Frederico. *Tratado de direito processual penal*. v. 1. São Paulo: Saraiva, 1980, p. 118-119.
[18] PIERANGELLI, José Henrique. *Processo penal*: evolução histórica e fontes legislativas. Bauru, SP: Jalovi, 1983, p. 159-160.
[19] Sobre os Estados que criaram suas legislações processuais penais, conferir: PIERANGELLI, José Henrique. *Processo penal*: evolução histórica e fontes legislativas. Bauru, SP: Jalovi, 1983, p. 161-165.

A Constituição de 1934 pôs um fim ao sistema pluralista, estabelecendo a competência da União para legislar sobre direito processual (art. 5º, XIX, "a"), além de prever, no art. 11 de suas Disposições Transitórias:

> O Governo, uma vez promulgada esta Constituição, nomeará uma comissão de três juristas, sendo dois ministros da Corte Suprema e um advogado, para, ouvidas as Congregações das Faculdades de Direito, as Cortes de Apelações dos Estados e os Institutos de Advogados, organizar dentro em três meses um projeto de Código de Processo Civil e Comercial; e outra para elaborar um projeto de Código de Processo Penal.

Assim, antes do CPP/1941, a primeira tentativa de se construir um sistema processual penal unitário para o Brasil foi através do *Projeto Vicente Rão*. Na época, foram nomeados Bento de Faria, Plinio Casado e Gama Siqueira, para a elaboração de um projeto ao Presidente que modificasse a legislação processual penal. Em 15 de agosto de 1935, após o texto ter sido finalizado pelo Ministro da Justiça Vicente Rao, o projeto finalmente foi apresentado, trazendo como principal novidade a criação do juizado de instrução, suprimindo-se o inquérito policial. A polícia judiciária continuava possuindo funções investigatórias ao lado do juiz instrutor, assegurando, assim, mais garantias de defesa e a simplificação da ação penal.[20]

Embora os contextos político e jurídico – o Estado Novo e a Carta Constitucional de 1937 – tenham impedido a discussão e a possibilidade de aprovação do projeto Vicente Rao, o novo texto constitucional manteve a unidade processual, fixando a competência da União para legislar sobre direito processual (art. 16, XVI, da CF/1937).

O CPP/1941 manteve, em várias passagens, previsões já contidas no Projeto de Vicente Rao, algumas delas, reproduzindo literalmente expressões ali utilizadas, inovando, porém, em outros pontos. Diante disso, o Projeto Rao chegou a ser considerado mais liberal e progressista que o CPP/1941 em vários aspectos, embora em outros deles tenha se mantido mais conservador.[21]

---

[20] Ainda, os seguintes juristas compuseram esse trabalho: Antônio Eugênio Magarinos Torres, José Miranda Valverde, Mário Bulhões Pedreira, Haroldo Valadão, Astolpho Rezende, Melcíades Mário de Sá Freire, Cândido de Oliveira Filho e Carlos Maximiliano dos Santos.

[21] GLOECKNER, Ricardo Jacobsen. *Autoritarismo e processo penal*: uma genealogia das ideias autoritárias no processo penal brasileiro. v. 1. Florianópolis, SC: Tirant lo Blanch, 2018, p. 342-345.

O fenômeno do populismo Vargas, surgido por volta de 1930, permitiu tanto o Estado como o presidente pessoalmente angariarem poder a partir do apoio das elites brasileiras. Como resultado disso, em 1937, foi instaurada uma ditadura sem precedentes na história brasileira, chamada de Estado Novo, que perdurou até 1945.

Nesse período, viveu-se uma forte repressão policial no país, a censura à imprensa e a difusão de uma ampla propaganda em defesa do regime ditatorial. As polícias estaduais e a polícia especial possuíam liberdade para, de forma rígida, prender, torturar e assassinar pessoas que se opusessem ao regime implantado.

Em paralelo ao regime político que se instalava, o crescimento econômico e a implantação de direitos trabalhistas levaram à conquista de amplo apoio popular; enquanto isso, assembleias legislativas e Câmaras Municipais eram fechadas e o Poder Judiciário se subordinava ao Poder Executivo.

Amparado no discurso de que o comunismo tomaria o poder, Getúlio Vargas outorgou a Constituição de 1937, com inspiração fascista italiana, auxiliado por alguns intelectuais, dentre eles, Francisco Campos, que, posteriormente, veio a elaborar a exposição de motivos do CPP/1941.

O regime vigente à época não tolerava oposição, que deveria ser neutralizada, ainda que fosse com o uso da força. Vigorava um regime totalitário, conservador e reacionário que se afastava de conceitos como democracia, direitos fundamentais e respeito à dignidade, todos fundamentos apontados à época como obra demoníaca e fruto de ideias comunistas, cujos defensores recebiam o rótulo de inimigos do Estado e amigos da impunidade.[22]

O sistema criminal foi utilizado pelo governo da época para controlar a população, sob a justificativa de se manter a ordem e a disciplina na sociedade. Era reflexo do processo penal a necessidade de que o acusado fosse combatido, por ser considerado um inimigo do Estado e da sociedade.

Assim, o processo penal foi utilizado como um instrumento político para neutralizar o réu e sua submissão às necessidades do Estado e do poder acusatório, no viés persecutório e punitivo. O sistema penal, como um todo, tornou-se à época um mecanismo de repressão,

---

[22] GIACOMOLLI, Nereu José. Algumas marcas inquisitoriais do Código de Processo Penal brasileiro e a resistência às reformas. *Revista Brasileira de Direito Processual Penal*, [s.l], v. 1, n. 1, 2015. Disponível em: https://revista.ibraspp.com.br/RBDPP/article/view/8. Acesso em: 9 fev. 2022.

braço do poder e prolongamento do uso da força do Estado autoritário. Os direitos dos suspeitos eram mantidos de forma secundária, visto que o acusado tinha por obrigação colaborar com o Estado.

Tanto o Código italiano (1930), como o Código Penal brasileiro (1940) se valeram da tradicional colaboração de renomados juristas (método técnico-jurídico) para a confecção de suas codificações sem que houvesse o controle final da representação popular, através de uma legitimação constitucional em que se permitia o afastamento do parlamento (no caso do Código de Processo Penal brasileiro) e através da delegação (no caso do Código de Processo Penal italiano). O meio utilizado para se retirar a competência do parlamento, em ambos os casos, foi uma demonstração de força para reformar um importante ramo do direito.[23]

Na Itália, o regime fascista (1925-1930) se afirmava, período em que ocorriam reformas constitucionais e ampliação de poderes do chefe do Executivo. Da mesma forma, o Estado Novo (1937-1940) estava no auge. Getúlio Vargas conseguiu eliminar do cenário político o parlamento, mantendo-o apenas como previsão formal.

A confecção dos Códigos na Itália pós-unitária ocorreu através de ampla delegação legislativa, e assim requerida pelo Chefe do Executivo, ao ministro da justiça Alfredo Rocco para que trabalhasse nos códigos penal e de processo penal. A delegação imobilizou o controle do parlamento, restando a este último apenas a elaboração de um parecer consultivo sobre o trabalho.

Vincenzo Manzini, um dos principais penalistas italianos do período fascista, foi um dos responsáveis pela elaboração do código de processo penal italiano, a mando de Alfredo Rocco. Embora Vincenzo Manzini tenha mencionado que o Código Rocco foi produto de um homem só, um *codex unius authoris*, a doutrina observa a sua própria participação na elaboração do texto, pois Manzini era considerado um tradicional partidário dos métodos inquisitórios, penalista de mão pesada e um entusiasta da orientação técnico-jurídica,[24] texto esse "esculpido a golpes de machadinha".

Embora o parlamento italiano tenha tentado controlar a extensão desse poder, a maioria deferiu o pedido de confiança ao Ministro Rocco, que possuía ampla liberdade de ação para realizar as soluções mais

---

[23] NUNES, Diego. Processo legislativo para além do Parlamento em Estados autoritários: uma análise comparada entre os Códigos Penais italiano de 1930 e brasileiro de 1940. *Sequência,* Florianópolis, n. 74, p. 153-180, dez. 2016, p. 154-156.

[24] GLOECKNER, Ricardo Jacobsen. *Autoritarismo e processo penal*: uma genealogia das ideias autoritárias no processo penal brasileiro. v. 1. Florianópolis, SC: Tirant lo Blanch, 2018, p. 278.

técnicas e adequadas para "retoques". Sua ideia, no entanto, não era "substituir" o código vigente.[25]
Rocco defendeu aquele modelo de delegação. Sustentava a complexidade das reformas dos Códigos de direito privado demonstrando que o governo necessitaria de mais poderes para a reforma penal; argumentava, ainda, que seria impossível discutir um Código artigo por artigo no parlamento, pois a maioria dos seus integrantes não teria conhecimento técnico sobre o assunto e, para além disso, atividade dessa natureza paralisaria a casa legislativa.[26]

Todo o esforço político empregado à época para se permitir a mão forte do governo na elaboração do Código de Processo Penal resultou efeito, conforme descreve Diego Nunes:

> Em 1930, o novo código traidor da delegação apresentou-se muito mais radical, pensando apenas na repristinação da pena de morte induzida pela nova visão quanto aos crimes contra o Estado como adaptação ao novo momento político, que resultou na "fascistização" da legislação penal, inserindo a lógica de exceção dos *Provvedimenti per la difesa dello Stato* na nova codificação.[27]

As normas processuais do *Codice Rocco* tinham os fins necessários para atender às finalidades exigidas pelo novo regime, pois desenvolviam abertamente uma matriz inquisitória, na qual em nenhuma das fases se permitia a participação do defensor, além de afastar garantias ao acusado. Rocco ainda criou uma "forte torsão autoritária" na magistratura, expressando uma visão fascista, de maneira que os magistrados rapidamente foram absorvidos pelo espírito do fascismo.[28]

Embora o Código tivesse construído um sistema misto típico da tradição italiana, o processo penal tornou decisivos e irreversíveis os elementos investigatórios colhidos, de forma a orientar a instrução judicial imodificável. As provas produzidas durante a instrução não

---

[25] NUNES, Diego. Processo legislativo para além do Parlamento em Estados autoritários: uma análise comparada entre os Códigos Penais italiano de 1930 e brasileiro de 1940. *Sequência*, Florianópolis, n. 74, p. 153-180, dez. 2016, p. 159-160.

[26] NUNES, Diego. Processo legislativo para além do Parlamento em Estados autoritários: uma análise comparada entre os Códigos Penais italiano de 1930 e brasileiro de 1940. *Sequência*, Florianópolis, n. 74, p. 153-180, dez. 2016, p. 159.

[27] NUNES, Diego. Processo legislativo para além do Parlamento em Estados autoritários: uma análise comparada entre os Códigos Penais italiano de 1930 e brasileiro de 1940. *Sequência*, Florianópolis, n. 74, p. 153-180, dez. 2016, p. 164.

[28] GLOECKNER, Ricardo Jacobsen. *Autoritarismo e processo penal*: uma genealogia das ideias autoritárias no processo penal brasileiro. v. 1. Florianópolis, SC: Tirant lo Blanch, 2018, p. 282.

previam a possibilidade de atuação da defesa. A prisão preventiva era a regra, retomando a prisão automática sobre "presumidos culpados", os prazos peremptórios de prisões cautelares foram eliminados e as nulidades graves não acarretavam nulidades absolutas, tendo em vista que todas eram sanáveis. Ainda, os recursos eram taxativos, com várias restrições, como a negativa ao direito de recorrer do acusado considerado evadido.[29]

Ampliaram-se os poderes do Ministério Público (equiparando-os aos do juiz) tornando o arquivamento um ato administrativo simples; desapareceram os limites instrutórios, visto que os defensores não participavam da fase de instrução preliminar, pois sua dispensa justificava-se diante do trabalho honesto de autoridades imparciais e oniscientes.[30]

O Código Rocco poderia ser descrito como "misto com prevalências inquisitórias". Após a investigação na fase preliminar, eram valorados os elementos encontrados para submeter o acusado ou não ao processo e, caso se entendesse não haver provas, o Ministério Público iria arquivá-lo diretamente, sem qualquer controle pela autoridade judicial.[31]

Em um contexto similar ao italiano foi gestado o novo Código de Processo Penal brasileiro, ou seja, em um ambiente cultural, político e ideológico ditatorial do "Estado Novo", influenciado pelo Código Rocco, com forte inspiração fascista. Essa foi a ideologia penetrada na doutrina, na jurisprudência, no ensino jurídico e na política criminal brasileira que levou à edição do Código de Processo Penal de 1941 – vigente ainda hoje no país – embora já bastante modificado.

Importante ressaltar que antes mesmo da elaboração do novo Código de Processo Penal, Narcélio Queiroz, Cândido Mendes de Almeida, Vieira Braga, Roberto Lyra e Nelson Hungria elaboraram um projeto para a reforma do júri que resultou no Decreto-Lei nº 167/1938, o primeiro diploma processual penal elaborado para o país após a unificação do processo.[32]

---

[29] GLOECKNER, Ricardo Jacobsen. *Autoritarismo e processo penal*: uma genealogia das ideias autoritárias no processo penal brasileiro. v. 1. Florianópolis, SC: Tirant lo Blanch, 2018, p. 282-283.

[30] GLOECKNER, Ricardo Jacobsen. *Autoritarismo e processo penal*: uma genealogia das ideias autoritárias no processo penal brasileiro. v. 1. Florianópolis, SC: Tirant lo Blanch, 2018, p. 283.

[31] GLOECKNER, Ricardo Jacobsen. *Autoritarismo e processo penal*: uma genealogia das ideias autoritárias no processo penal brasileiro. v. 1. Florianópolis, SC: Tirant lo Blanch, 2018, p. 284.

[32] MARQUES, José Frederico. *Tratado de direito processual penal*. v. 1. São Paulo: Saraiva, 1980, p. 124.

Em seguida, foi promulgado, em 3 de outubro de 1941, o Código de Processo Penal brasileiro, que contou com a participação de Nelson Hungria, Narcélio de Queiroz, Roberto Lyra, Florêncio de Abreu e Cândido Mendes, depois substituído por Margarino Torres, com exposição de motivos redigida pelo Ministro Francisco Campos. Como o Código foi elaborado em um período ditatorial, o projeto não pode ser antecipadamente veiculado em larga escala para promover a colaboração de juristas de todo o país, assegurando, assim, o método técnico-jurídico.[33]

Dentre os motivos que endereçam a inspiração italiana na elaboração do CPP/1941, é possível destacar:

> o primeiro deles reside na quantidade significativa de citações e referências a penalistas e processualistas italianos, além das constantes menções a Alfredo ROCCO. Nas discussões sobre o processo penal, praticamente impossível encontrar-se artigo que, tratando da matéria concernente ao novo código, não deixasse de invocar ensinamentos de Arturo ROCCO e especialmente MANZINI.[34]

As principais marcas desse Código de Processo Penal de 1941 são de natureza inquisitorial, embora algumas delas já tenham sido modificadas, seja através de alterações legislativas, ou em razão de decisões judiciais, de forma a compatibilizá-lo com o sistema processual vigente na Constituição Federal de 1988.

Na perspectiva de José Frederico Marques, o Código de Processo Penal, embora tenha esboçado fidelidade aos postulados do sistema acusatório,

> não deixou de sentir os influxos autoritários do Estado Novo. A exemplo do que se fizera na Itália fascista, esqueceram nossos legisladores do papel relevante das formas procedimentais no processo penal e, sob o pretexto de pôr cobro a formalismos prejudiciais, estruturou as nulidades sob princípios não condizentes com as garantias necessárias ao acusado, além de ter feito com um lamentável confucionismo e absoluta falta de técnica.[35]

---

[33] São expoentes do processo penal brasileiro pós-República: João Mendes de Almeida Jr., Galdino Siqueira, Costa Manso, Cândido Mendes, Firmino Whitaker, João de Oliveira Filho, Florêncio de Abreu, Vicente de Paula, Hélio Tornaghi, João Canuto Mendes de Almeida e José Frederico Marques.
[34] GLOECKNER, Ricardo Jacobsen. *Autoritarismo e processo penal*: uma genealogia das ideias autoritárias no processo penal brasileiro. v. 1. Florianópolis, SC: Tirant lo Blanch, 2018, p. 351.
[35] MARQUES, José Frederico. *Tratado de direito processual penal*. v. 1. São Paulo: Saraiva, 1980, p. 125.

O CPP/1941 apresentou dispositivos de ideologia da busca da verdade real, permitindo ao juiz de ofício requisitar inquérito policial (art. 5º, II, do CPP/1941),[36] determinar a produção de provas (art. 156 do CPP/1941),[37] inquirir testemunhas (art. 209 do CPP/1941),[38] decretar prisão preventiva (art. 311 do CPP/1941),[39] condenar o réu mesmo sem

---

[36] O STJ já decidiu, muito embora existam controvérsias doutrinárias em torno da possibilidade de o inquérito ter início a partir de requisição da autoridade judicial, por conta da adoção do sistema acusatório pelo nosso ordenamento, o disposto no art. 5º, inciso II, do Código de Processo Penal ainda permanece em vigor e o fato de ter requisitado a instauração do procedimento investigativo, por si só, não é suficiente para demonstrar o comprometimento da imparcialidade do juiz.
– Ainda que se afaste o termo "requisição", referido dispositivo normativo permite ao magistrado o encaminhamento de cópias para averiguação em inquérito policial. Precedentes. (AgRg no HC nº 699.936/MG, relator Ministro Reynaldo Soares da Fonseca, Quinta Turma, julgado em 8.3.2022, DJe de 11.3.2022.)

[37] Já julgou o STJ que o art. 156, II, do CPP, não ofende o sistema acusatório a produção de prova supletiva pelo julgador, ao fim da instrução processual, quando necessária aos esclarecimentos de fatos e à busca da verdade real, e desde que observado o contraditório a outra parte. (AgRg no HC nº 674.306/MG, relator Ministro Ribeiro Dantas, Quinta Turma, julgado em 14.6.2022, DJe de 20.6.2022.). Ver ainda: STJ, AgRg no HC nº 656.920/RS, relator Ministro Felix Fischer, Quinta Turma, julgado em 18.5.2021, DJe de 31.5.2021 e STJ, AgRg no RHC nº 131.462/PR, relator Ministro Felix Fischer, Quinta Turma, julgado em 23.2.2021, DJe de 1.3.2021.

[38] O STF já se manifestou pela possibilidade oitiva de outras testemunhas: Ementa: 1. Conforme autorizado pela legislação processual vigente, o juiz, quando julgar necessário, poderá ouvir outras testemunhas, além das indicadas pelas partes (CPP, art. 209), não havendo que se falar em violação do sistema acusatório. 2. Além disso, a defesa não demonstrou qualquer prejuízo, sobretudo se considerado o registro de que, "na audiência em que foram ouvidas as testemunhas convocadas pelo Magistrado, foi oportunizada à defesa nova oitiva do acusado, tendo esta declarado não ser necessário novo interrogatório". Não há, portanto, qualquer espécie de nulidade processual, sendo garantida a ampla defesa e o contraditório ao paciente. 3. Habeas Corpus indeferido. (HC nº 160496, Relator(a): MARCO AURÉLIO, Relator(a) p/ Acórdão: ALEXANDRE DE MORAES, Primeira Turma, julgado em 30.11.2020, PUBLIC 24-02-2021). Porém, não pode o juiz inverter a dinâmica processual prevista no art. 212 do CPP, sob pena de violação do sistema acusatório. (STF, HC 202557, Relator(a): EDSON FACHIN, Segunda Turma, julgado em 03.08.2021, PUBLIC 12-08-2021). Em outra decisão, o STF já decidiu que não há violação ao sistema acusatório "a ausência do representante do Parquet na audiência de instrução e julgamento, apesar de devidamente intimado, não impede que o Magistrado prossiga com o ato", bem como "não obsta o Juiz de promover a inquirição das testemunhas, desde que respeitadas às formalidades previstas no Código de Processo Penal Brasileiro" (HC nº 135.371/SC, Rel. Min. GILMAR MENDES, DJe de 11.10.2016). No mesmo sentido: HC 204.775/MG, Rel. Min. ALEXANDRE DE MORAES, DJe de 17.8.2021. Em razão dos princípios da busca da verdade real e do impulso oficial, previu hipóteses de atuação, como na espécie, pelo Juiz processante (CPP, arts. 209 e 212), além de ausente prejuízo à defesa, presente na audiência. (STF, HC 212669 AgR, Relator(a): ALEXANDRE DE MORAES, Primeira Turma, julgado em 04.04.2022, PUBLIC 06-04-2022).

[39] Já decidiu o STF da impossibilidade da decretação da prisão processual de ofício: "(...) 4. Prisão preventiva decretada de ofício. Impossibilidade. O processo penal pressupõe a separação das funções de investigar, acusar e julgar para pessoas distintas. A consolidação de um sistema acusatório é elemento fundamental da dogmática processual penal, com a separação das funções de investigar, acusar e julgar. Trata-se de medida indispensável

pedido da acusação (art. 385 do CPP/1941),⁴⁰ dar uma qualificação jurídica diversa da acusação, mesmo sem defesa do ofendido (art. 383 do CPP), e recorrer de ofício mesmo sem ato da acusação (arts. 589 e 601 do CPP/1941).⁴¹

---

para efetividade da imparcialidade do Poder Judiciário. Precedentes. 5. Ausência de argumentos capazes de infirmar a decisão agravada. 6. Agravo regimental desprovido" (HC nº 191886 AgR-AgR, Relator(a): GILMAR MENDES, Segunda Turma, julgado em 14.12.2021, PUBLIC 21-01-2022). No mesmo sentido o STJ: Como cediço, as alterações trazidas pela Lei nº 13.964/2019, conhecida como Pacote Anticrime, buscaram reforçar o sistema acusatório, a partir do que ficou vedada a possibilidade de decretação de prisão preventiva de ofício pelo juiz. Diante disso, o Supremo Tribunal Federal e esta Corte passaram a não mais admitir a conversão, também de ofício, da prisão em flagrante em preventiva, mostrando-se imprescindível o prévio requerimento do Ministério Público ou representação da autoridade policial. (HC nº 651.239/CE, relator Ministro Antonio Saldanha Palheiro, Sexta Turma, julgado em 2.8.2022, DJe de 8.8.2022.). Segundo já decidiu o STJ é possível a oitiva de testemunha do Juízo, conforme estabelece o art. 209 do Código de Processo Penal, em observância ao princípio da busca da verdade real. Ainda a realização de diligências ao término da instrução criminal, quer por pedido expresso do órgão acusatório, quer por iniciativa probatória do juiz, não viola o princípio da imparcialidade, corolário do princípio do devido processo legal, nem o sistema acusatório adotado no sistema processual penal brasileiro (AgRg no RHC nº 131.462/PR, Rel. Ministro FELIX FISCHER, Quinta Turma, julgado em 23.2.2021, DJe de 1º.3.2021). (AgRg no HC nº 748.058/RS, relator Ministro Reynaldo Soares da Fonseca, Quinta Turma, julgado em 21.6.2022, DJe de 27.6.2022.).

⁴⁰ Sobre o referido dispositivo já decidiu o STJ: 1. A circunstância de o Ministério Público requerer a absolvição do Acusado, seja como custos legis, nem alegações finais ou em contrarrazões recursais, não vincula o Órgão Julgador, cujo mister jurisdicional funda-se no princípio do livre convencimento motivado, conforme interpretação sistemática dos arts. 155, caput, e 385, ambos do Código de Processo Penal. Precedentes do Supremo Tribunal Federal e do Superior Tribunal de Justiça. 2. "Quando o Ministério Público pede a absolvição de um réu, não há, ineludivelmente, abandono ou disponibilidade da ação, como faz o promotor norte-americano, que simplesmente retira a acusação (decision on prosecution motion to withdraw counts) e vincula o posicionamento do juiz. Em nosso sistema, é vedada similar iniciativa do órgão de acusação, em face do dever jurídico de promover a ação penal e de conduzi-la até o seu desfecho, ainda que, eventualmente, possa o agente ministerial posicionar-se de maneira diferente - ou mesmo oposta - do colega que, na denúncia, postulara a condenação do imputado" (STJ, REsp nº 1.521.239/MG, Rel. Ministro ROGERIO SCHIETTI CRUZ, Sexta Turma, julgado em 9.3.2017, DJe de 16.3.2017). 3. Ad argumentandum, vale referir que o Legislador Ordinário, ao editar a Lei nº 13.964/2019, acrescentou ao Código de Processo Penal o art. 3.º-A, segundo o qual "[o] processo penal terá estrutura acusatória, vedadas a iniciativa do juiz na fase de investigação e a substituição da atuação probatória do órgão de acusação". Todavia, qualquer interpretação que determine a vinculação do Julgador ao pedido absolutório do Ministério Público com fundamento, por si só, nessa regra, não tem legitimidade jurídica, pois o Supremo Tribunal Federal, em decisão monocrática proferida no dia 22.10.2020 pelo Ministro LUIZ FUX, "na condição de relator das ADIs 6.298, 6.299, 6.300 e 6305", suspendeu, "sine die a eficácia, ad referendum do Plenário, [] da implantação do juiz das garantias e seus consectários (Artigos 3º-A, 3º-B, 3º-C, 3º-D, 3ª-E, 3º-F, do Código de Processo Penal)". 4. Ordem de habeas corpus denegada. (HC nº 623.598/PR, relatora Ministra Laurita Vaz, Sexta Turma, julgado em 5.10.2021, DJe de 1.2.2022.).

⁴¹ GIACOMOLLI, Nereu José. Algumas marcas inquisitoriais do Código de Processo Penal brasileiro e a resistência às reformas. *Revista Brasileira de Direito Processual Penal*, [s.l],

Outra marca desse sistema inquisitorial foi a prevalência da potestade punitiva sobre o *statuts libertatis*, conforme se notou da realização de interrogatório sem a presença da defesa, ausência de defesa prévia, remessa de recurso sem razões ou contrarrazões (arts. 589 e 601 do CC/1941) e manifestação obrigatória da acusação em segundo grau sem o exercício do contraditório.[42]

Como o Código Rocco, a presunção de culpa do acusado era outra marca característica desse Código, no qual a prisão processual era a regra, mesmo sem o exame crítico de provas. A gestão de provas pelo juiz, marcante no sistema inquisitório, foi implantado no CPP/1941, assim como a transformação do sujeito/acusado em objeto de prova.[43]

Em sua doutrina, José Frederico Marques registrou duras críticas à promulgação do CPP/1941:

> A promulgação do Código de Processo Penal foi uma decepção. Esperava-se, depois de sancionados o Código de Processo Civil e o Código Penal, que constituíam diplomas de todo propícios a incentivarem uma profunda renovação cultural e científica – que do mesmo teor fosse o conteúdo do estatuto de processo penal. Eis senão quando vem à luz um código ronceiro, atrasado, sem nenhuma sistematização, e que não passava de nova edição de obsoletos códigos locais até então em vigor. Verificava-se, melancolicamente, que em muitos institutos retrogradáveis ao invés de progredir, pois que o novo Código, além de sua ancianidade cultural coeva do direito intermédio, vinha reformar para pior muito do que existia nas legislações estaduais.[44]

Porém, como observa José Frederico Marques, onde o "fascismo indígena" de 1937 "mostrou os dentes" foi na legislação sobre a repressão de crimes políticos, através do Tribunal de Segurança, "de tão triste memória, e o seu processo inquisitivo e sem garantias".[45]

---

v. 1, n. 1, 2015. Disponível em: https://revista.ibraspp.com.br/RBDPP/article/view/8. Acesso em: 9 fev. 2022.

[42] GIACOMOLLI, Nereu José. Algumas marcas inquisitoriais do Código de Processo Penal brasileiro e a resistência às reformas. *Revista Brasileira de Direito Processual Penal*, [s.l], v. 1, n. 1, 2015. Disponível em: https://revista.ibraspp.com.br/RBDPP/article/view/8. Acesso em: 9 fev. 2022.

[43] GIACOMOLLI, Nereu José. Algumas marcas inquisitoriais do Código de Processo Penal brasileiro e a resistência às reformas. *Revista Brasileira de Direito Processual Penal*, [s.l], v. 1, n. 1, 2015. Disponível em: https://revista.ibraspp.com.br/RBDPP/article/view/8. Acesso em: 9 fev. 2022.

[44] MARQUES, José Frederico. *Elementos de direito processual penal*. v. 1. Campinas: Bookseller, 1997, p. 125.

[45] MARQUES, José Frederico. *Tratado de direito processual penal*. v. 1. São Paulo: Saraiva, 1980, p. 125.

Esse órgão se estabeleceu à época como permanente e autônomo da justiça especial, possuindo competência para os crimes que atentassem "contra a existência, a segurança e a integridade do Estado, a guarda e o emprego da economia popular" (art. 122, 17, da CF/1937).

Os Decretos-Leis nº 88/1937 e nº 431/1938 organizaram a composição, o processo e o julgamento dos crimes afetos a este Tribunal: "era o que havia de mais iníquo e inquisitorial, policialesco e reacionário, em matéria de procedimento penal".[46] O inquérito policial nesses processos era tido como verdadeiro (formação de culpa), de maneira que as garantias de uma instrução com contraditório e ampla defesa foram praticamente abolidas. Assim, após a formação da culpa pelo polícia-política, em segredo, os réus prostravam-se perante a força do juiz-estado (ligados ao Poder Executivo), podendo arrolar apenas três testemunhas de defesa e proferir alegações finais em exíguo prazo de tempo.

Ao final da Segunda Guerra Mundial, em 1945, uma onda de liberalismo e de democracia atingiu os países ocidentais e a América Latina, fazendo surgir no Brasil, em 1946, uma nova Constituição. Embora o cenário político da época apresentasse instabilidade, surgia um constitucionalismo moderno, de maneira que não bastava apenas o Estado não interferir na liberdade e nos direitos dos cidadãos, mas deveria também assegurar-lhes positivamente direitos e garantias.

Abria-se, assim, um espaço para mudança na legislação processual penal cunhada em anterior período autoritário, com a perspectiva de se assegurar direitos e garantias fundamentais.

1.3 Aspectos políticos e jurídicos do processo penal latino-americano

O modelo misto surgido na França em 1808, com o *Code d'instruction criminelle*, teve suas ideias espalhadas pela Europa durante o século XIX, sendo que alguns estudiosos latino-americanos estavam familiarizadas com elas, além do projeto de código de Edward Livingston para o estado da Louisiana, combinando elementos da *civil e common law*, incluindo o julgamento por júri.

Esse modelo de processo foi rejeitado à época, muito embora a classe política o defendesse, tendo em vista a desconfiança das elites

---

[46] MARQUES, José Frederico. *Tratado de direito processual penal*. v. 1. São Paulo: Saraiva, 1980, p. 125.

latino-americanas que rejeitavam códigos mais liberais, em razão da desconfiança e não gostavam do júri, bem como outros julgamentos orais e públicos, acreditando que a população não estava pronta para elas.[47]

As jovens repúblicas da América Latina optaram por seguir um modelo inquisitorial, criado pela Igreja Católica e as monarquias absolutistas, que prevaleceu na Europa continental e nas Américas Portuguesa e Espanhola entre os séculos XIII e XIX, porém, não permitiram a tortura para fins de confissão e o sistema de provas legais foi limitado, persistindo, ainda, as características típicas do modelo inquisitorial.

Esse modelo latino-americano de processo penal foi dividido em duas fases, a primeira fase, de investigação pré-julgamento (resumo da instrução), e a fase, de veredito e sentença (plenário ou julgamento), sendo as duas fases escritas. Tratava-se de um dossiê produzido pela polícia e o juiz de instrução, com as provas documentais (testemunhos, perícias etc.) que seriam apreciadas pelo juiz na fase seguinte.[48]

Nesse modelo, o juiz quem era encarregado da investigação previa, desempenhando um papel investigatório, de acusação e de julgador, mantida em segredo do acusado e sua defesa, até quando fosse autorizado o acesso, de forma que os direitos dos acusados eram muito limitados, sendo quase regra a prisão preventiva do réu.

O mesmo julgador era encarregado da fase de investigação e veredicto, sendo essa segunda com um viés mais acusatório, pois em alguns sistemas jurídicos da época contavam com promotor para acusar o réu, tanto o acusado com a defesa tinha acesso ao dossiê, podiam solicitar provas, porém, ainda com características inquisitória, pois era escrita, sigilosa e não havia júri, podendo o juiz julgar com base em todas as provas colhidas na fase anterior.[49]

Diversos países adotaram, próximo a esse modelo, como a Argentina, um processo penal para seu sistema federal, em 1888; o Chile adotando o Código em 1906; a Guatemala com os códigos de 1877 e 1898; Paraguai com o Código de 1890 e o Peru com o seu código de 1862.

---

[47] LANGER, Máximo. Revolução no processo penal latino-americano: difusão de ideias jurídicas a partir da periferia. *Revista da Faculdade de Direito da UFRGS*, v. 1, n. 37, p. 5-50, 2017, p. 14.

[48] LANGER, Máximo. Revolução no processo penal latino-americano: difusão de ideias jurídicas a partir da periferia. *Revista da Faculdade de Direito da UFRGS*, v. 1, n. 37, p. 5-50, 2017, p. 15.

[49] LANGER, Máximo. Revolução no processo penal latino-americano: difusão de ideias jurídicas a partir da periferia. *Revista da Faculdade de Direito da UFRGS*, v. 1, n. 37, p. 5-50, 2017, p. 16.

No final do século XX e início do século XXI, diversos países latino-americanos (províncias e estados) substituíram os códigos inquisitoriais por códigos acusatórios.

Adoção de códigos de procedimento criminal
acusatório na América Latina (1991-2006)[50]

País	Introdução de novo código acusatório nos últimos 15 anos?	Ano de adoção do novo código acusatório
Argentina	Sim, no sistema federal e também em algumas províncias	Sistema federal (1991); província de Córdoba (1992); província de Buenos Aires (1997); e outras províncias
Bolívia	Sim	1999
Brasil	Não	
Chile	Sim	2000
Colômbia	Sim	2004
Costa Rica	Sim	1996
Cuba	Não	
República Dominicana	Sim	2002
Equador	Sim	2000
El Salvador	Sim	1997
Guatemala	Sim	1992
Honduras	Sim	1999
México	Não no sistema federal, mas em alguns estados	Oaxaca (2006) Chihuahua (2006)
Nicarágua	Sim	2001
Panamá	Não	
Paraguai	Sim	1998
Peru	Sim	2004
Uruguai	Não	
Venezuela	Sim	1998

As transições de diversos países para a democracia nos anos de 1980 e 1990 e a crescente onda de reconhecimento de direitos humanos

---

[50] LANGER, Máximo. Revolução no processo penal latino-americano: difusão de ideias jurídicas a partir da periferia. *Revista da Faculdade de Direito da UFRGS*, v. 1, n. 37, p. 5-50, 2017, p. 16 e 17.

a partir da década de 1970, contribuíram para a percepção de que o devido processo penal possuía falhas.

Como argumentos à época para que fosse reformado o processo penal, mostrou-se uma alta porcentagem de pessoas encarceradas sem condenação e um longo período de prisão cautelar injustificada, além do aumento do nível de criminalidade, seja real ou percebido, sendo que a América Latina havia superado as taxas de quase todas outras regiões do mundo. Assim, tendo em vista a eficiência do sistema de justiça criminal da época, foi inserida na agenda política em diversos governos latino-americanos, criando a oportunidade para que os códigos de processo penal fossem reformados, adotando-se o sistema acusatório.[51]

Uma das reformas que mais se destacaram nessa fase de mudança ao sistema acusatório foi o Código de Processo Penal de 1939 da província de Córdoba, na Argentina. Os juristas Alfredo Vélez Mariconde e Sebastián Soler moldaram um novo código para Córdoba, muito embora inspirados nos Códigos de Processo Penal italianos de 1913 e 1930, não simplesmente o replicaram, mas o analisaram criticamente e extraíram em princípios jurídicos e políticos que atendessem aos seus padrões e se amoldassem à realidade de Córdoba.[52]

O projeto foi apresentado como uma ideia de modernização, sob o argumento de que os códigos inquisitoriais estavam desatualizados e não possuíam o espírito democrático e liberal da Constituição Argentina, além de não seguir as tendências Continentais do século XIX para os Códigos com características mais acusatórias. Dessa forma, foi inserido no projeto aspectos acusatórios, como julgamentos públicos e orais, mais direitos aos réus na fase de pré-julgamento, promotor como encarregado da acusação de infrações não graves. Contudo, aspectos ainda do sistema inquisitório permaneciam, como a regra da acusação compulsória, o juiz encarregado de investigações de crimes graves e as investigações escritas e sigilosas até o depoimento do réu perante o juiz.[53]

O Código de Córdoba tornara-se, assim, modelo para diversas outras províncias argentinas, sendo, ainda, após a 5º Conferência do

---

[51] LANGER, Máximo. Revolução no processo penal latino-americano: difusão de ideias jurídicas a partir da periferia. *Revista da Faculdade de Direito da UFRGS*, v. 1, n. 37, p. 5-50, 2017, p. 18.

[52] LANGER, Máximo. Revolução no processo penal latino-americano: difusão de ideias jurídicas a partir da periferia. *Revista da Faculdade de Direito da UFRGS*, v. 1, n. 37, p. 5-50, 2017, p. 19.

[53] LANGER, Máximo. Revolução no processo penal latino-americano: difusão de ideias jurídicas a partir da periferia. *Revista da Faculdade de Direito da UFRGS*, v. 1, n. 37, p. 5-50, 2017, p. 19.

Instituto Ibero-Americano de Direito Processual, o modelo de código de processo penal a ser seguido para a região, bem como para a Costa Rica, em 1973, que adotou um novo código de processo penal inspirado nesse modelo.

Contudo, o Código de Córdoba não se espalhou pela América Latina, pois a maioria dos países possuía políticas instáveis e vulneráveis democraticamente, sendo rotineiramente substituídos por governos militares autoritários que não estavam preocupados com direitos humanos, devido processo legal ou a transparência do governo, bem como a criminalidade não era preocupação social, não havendo motivação para reformas de códigos de processo penal, por isso, algumas tentativas de reformas não tiveram êxito.

Após a saída dos militares do poder na Argentina em 1983, o presidente Raul Afonsin iniciou reformas necessárias à transição para a democracia. Na administração da justiça criminal, Julio B. J. Maier identificou o código inquisitório como um dos principais problemas com a administração da justiça penal no sistema federal argentino, pois o identificava como carente de proteção do devido processo legal, era ineficiente, não confiável e não transparente, tendo em vista não só a violações à Constituição argentina, mas também à violações de declarações e tratados internacionais e regionais de direitos humanos.[54]

Por esses motivos Julio B. J. Maier propôs a elaboração de código de processo penal argentino mais acusatório, o Projeto de Maier, de 1986, teve como fontes principais o Código de Córdoba de 1939 e o código de processo penal alemão Strafprozessordnung (StPO), contendo ali suas principais ideias para o seu projeto.

Julio B. J. Maier teceu críticas ao código inquisitorial, como a fase de decisão do Código de 1888, em que considerava arbitrária, não confiável, ineficiente e não transparente, um único magistrado julgar o caso ao ler o dossiê escrito, defendendo julgamento orais e públicos, apontando ainda a necessidade da participação leiga no tribunal de primeira instância, não no modelo do júri, mas de acordo com o sistema alemão de um tribunal misto composto por leigos e magistrados profissionais.[55]

Criticou ainda a precariedade de direitos conferidos ao réu na fase de pré-julgamento, onde o acusado não conhecia a acusação e havia

---

[54] LANGER, Máximo. Revolução no processo penal latino-americano: difusão de ideias jurídicas a partir da periferia. *Revista da Faculdade de Direito da UFRGS*, v. 1, n. 37, p. 5-50, 2017, p. 21.
[55] LANGER, Máximo. Revolução no processo penal latino-americano: difusão de ideias jurídicas a partir da periferia. *Revista da Faculdade de Direito da UFRGS*, v. 1, n. 37, p. 5-50, 2017, p. 21.

violação de direitos garantidos constitucionalmente e reconhecidos em tratados de direitos humanos, como o direito à defesa e o direito contra autocriminação compulsória, estabelecendo no projeto a ampliação de direitos do réu na fase de pré-julgamento, como o direito de reconhecer a acusação antes do interrogatório; direito de recusar testemunho sem implicações negativas; direito de procurar aconselhamento jurídico antes de dar testemunho; direito a advogado; e o direito de solicitar prova. Esses direitos foram estabelecidos a partir do Código de Córdoba e do código de processo alemão, prevendo ainda, além desses diplomas parâmetros, a proibição de interrogatório por policial de um suspeito.[56]

Ainda foi crítico do sistema que permitia a prisão automática para crimes que não permitiam uma suspensão da pena, propondo em sua proposta a prisão cautelar do réu somente para impedir a fuga ou adulterar provas.[57]

Julio B. J. Maier ainda criticou o papel do juiz na investigação pré-julgamento, pois sua atuação nessa fase não o manteria desapaixonado e imparcial para tomadas de decisões, violando o devido processo e a qualidade das investigações. Nesse Projeto de 1986 foi inserida a figura do promotor como encarregado da investigação, limitando o juiz na tomada de decisões na fase do pré-julgamento. Semelhante ao modelo alemão e de outros modelos de *civil law*, a acusação deve ser imparcial, buscando provas incriminadoras e exculpatórias, além do acesso a prova produzida à defesa, salvo se comprometesse a investigação, devendo ainda coletar a prova para a defesa se solicitado.[58]

Por fim, Julio B. J. Maier criticou a falta de flexibilidade para um sistema de justiça penal eficiente, na medida em que havia a regra da acusação obrigatória, não permitindo que as investigações fossem direcionadas a casos importantes e dispensasse os casos menos graves, havendo um desperdício desnecessário de recursos, incluindo no Projeto mecanismos a permitir o julgamento de pequenos casos rapidamente e inserir o princípio da oportunidade, prevendo mecanismo similar a delação premiada para delitos menores.[59]

---

[56] LANGER, Máximo. Revolução no processo penal latino-americano: difusão de ideias jurídicas a partir da periferia. *Revista da Faculdade de Direito da UFRGS*, v. 1, n. 37, p. 5-50, 2017, p. 22.

[57] LANGER, Máximo. Revolução no processo penal latino-americano: difusão de ideias jurídicas a partir da periferia. *Revista da Faculdade de Direito da UFRGS*, v. 1, n. 37, p. 5-50, 2017, p. 22.

[58] LANGER, Máximo. Revolução no processo penal latino-americano: difusão de ideias jurídicas a partir da periferia. *Revista da Faculdade de Direito da UFRGS*, v. 1, n. 37, p. 5-50, 2017, p. 22.

[59] LANGER, Máximo. Revolução no processo penal latino-americano: difusão de ideias jurídicas a partir da periferia. *Revista da Faculdade de Direito da UFRGS*, v. 1, n. 37, p. 5-50, 2017, p. 22 e 23.

Julio B. J. Maier apresentou o Projeto de 1986 ao Congresso Argentino em 1987, considerando-o como uma ferramenta para a democratização e transformação política do sistema de justiça criminal, gerando, assim, debate acadêmico e público, porém, com a perda de poder político do então presidente, não sendo aprovado o Código. Com a posse do Presidente Menem em 1989, um novo código de processo penal federal foi apresentado e aprovado em 1991, baseado em outros códigos modernos e inúmeras ideias do Projeto de 1986.

Entre 1991 e 1992, a Província de Córdoba adotou um novo código de processo penal baseado no Projeto de 1986, apoiado por José Cafferata Nores, Ministro da Justiça de Córdoba, que já havia sido membro da comissão de trabalhos no Projeto de 1986.

Para que fosse exercida maior influência na América Latina, em 1957 foi criado o Instituto Ibero-Americano de Direito Processual Penal da América Latina, de Portugal e Espanha, presidido por Niceto Alcalá Zamora y Castillo, processualista espanhol exilado na Argentina e no México, durante o regime Franco, o qual sugeriu a criação de um modelo de código de processo penal para países ibero-americanos.

Niceto Alcalá Zamora y Castillo sugeriu que o Código de Córdoba de 1939 fosse a principal fonte de modelo de código de processo penal, sendo que, em 1967, o Instituto designou Vélez Mariconde e Clariá Olmedo para iniciarem os trabalhos.

Julio B. J. Maier apresentou os primeiros 100 artigos para o Código Modelo na Conferência da Guatemala, em 1981, sendo que, depois de longa pausa, retomou os trabalhos em 1986 com a professora Ada Pellegrini Grinover, apresentando em 1988, na Conferência do Instituto no Brasil, o Código de Processo Penal Modelo para a América Ibérica aprovado pelo Instituto.

Por essa época, em toda América Latina, foram desenvolvidas conferências, seminários, programas de treinamento e lançamento de publicações para que fossem esclarecidos aos políticos e locais e a comunidade jurídica em geral a necessidade de se substituir os códigos inquisitórios por códigos acusatórios, como uma tendência regional a ser seguida, como feito na Itália, na Alemanha e em Portugal, contribuindo tais argumentos para um efeito cascata de codificações.[60]

Os argumentos para a modificação dos códigos antigos atraíam políticos e as legislaturas na América Latina, pois apresentavam-se as

---

[60] LANGER, Máximo. Revolução no processo penal latino-americano: difusão de ideias jurídicas a partir da periferia. *Revista da Faculdade de Direito da UFRGS*, v. 1, n. 37, p. 5-50, 2017, p. 38.

reformas dos códigos acusatórios para reduzir as pessoas presas sem condenação, melhorar a eficiência do sistema de justiça criminal, reduzir a corrupção no judiciário, além de que as reformas eram apresentadas de forma técnica, produzidas por especialistas legais, assim, "dado o caráter técnico das reformas, sua adaptabilidade para atender a múltiplas demandas e o apoio político que receberam, a maioria dos parlamentos aprovou as reformas sem muito debate acalorado ou profundas divisões".[61]

Porém, durante esse período, países como Panamá, México, Cuba, Uruguai e o Brasil não adotaram códigos acusatórios, seguindo abaixo a trajetória do processo penal brasileiro e a sua passagem do código inquisitivo, para um mais próximo ao modelo acusatório.

1.4 Propostas de alteração do Código de Processo Penal de 1941

Ao longo dos anos, diversas foram as tentativas de se reformar totalmente o CPP/1941, porém, apenas parcial e pontualmente, alguns dispositivos foram ajustados, tornando-o um retalho de dispositivos processuais.

Em 1963, foi entregue ao ministro da Justiça João Mangabeira, do Governo Jânio Quadros, anteprojeto do Código de Processo Penal, constituído por 806 artigos. Hélio Tornaghi, entre outros, participou de uma Comissão instalada através do Decreto nº 51.005/1961, que criou o Serviço de Reformas de Códigos. O anteprojeto, no entanto, não chegou a ser apresentado ao Poder Legislativo tendo em vista a renúncia do presidente Jânio Quadros e o afastamento de seu sucessor, João Goulart – o projeto também não foi viabilizado no governo seguinte de Castelo Branco.

Em 1967, o Decreto nº 61.239/1967 criou a Comissão de Coordenação e Revisão dos Códigos vigentes, que aproveitou estudos e propostas já elaborados. A José Frederico Marques coube apresentar um Anteprojeto para modificar o CPP.[62] Em 1974, foi republicado o anteprojeto revisado e modificado pelos membros da subcomissão,

---

[61] LANGER, Máximo. Revolução no processo penal latino-americano: difusão de ideias jurídicas a partir da periferia. *Revista da Faculdade de Direito da UFRGS*, v. 1, n. 37, p. 5-50, 2017, p. 40.
[62] A portaria do então ministro da Justiça Alfredo Buzaid, em 1970, designou Frederico Marques, agora como presidente da Subcomissão Revisora do Anteprojeto do Código de Processo Penal, Benjamim Moraes Filho, José Salgado Martins e José Carlos Barbos Moreira Alves para revisarem o projeto.

remetido pelo então presidente Ernesto Geisel ao Congresso Nacional, através da Mensagem nº 159/1975 – o anteprojeto foi, então, convertido em Projeto de Lei nº 633/1975, objeto de intenso debate e de diversas sugestões de emendas, mas não avançou.

Outra comissão foi constituída pelo Ministro da Justiça Ibrahim Abi-Ackel (Hélio Fonseca, Francisco Assis Toledo e Manoel Pimentel), baseada em sugestões e exames do Projeto de Lei nº 633/1975. Tendo em vista a variedade de sugestões apresentadas, formou-se nova comissão revisora (Francisco Assis Toledo – coordenador, Jorge Alberto Romeiro, José Frederico Marques e Rogério Lauria Tucci), cujo trabalho resultou, em 1983, na apresentação ao Congresso Nacional de um projeto de reforma que recebeu o nº 1.655/1983[63] e o nº 175/1984 no Senado. Em grande parte, foi mantido o projeto de José Frederico Marques, que teve várias sugestões acolhidas durante os debates. O projeto tramitou por sete anos no Congresso Nacional até ser retirado pelo Poder Executivo, em novembro de 1989.

Em 1992, ainda diante da necessidade de mudanças no diploma processual penal, o ministro da Justiça Célio Borja deixou ao encargo do ministro Sálvio de Figueiredo Teixeira a presidência de uma comissão para encaminhá-lo.[64] Diversamente dos anteprojetos anteriores, essa comissão foi orientada a proceder uma reforma pontual do CPP/1941, voltada ao princípio constitucional do devido processo legal, em atenção às garantias das partes, à simplificação e à eficiência dos procedimentos. Uma vez publicados os anteprojetos de reformas, o ministro da Justiça Maurício Corrêa instituiu uma Comissão Revisora, através da Portaria

---

[63] Na Exposição de Motivos nº 212, de 9 de maio de 1983, podemos encontrar algumas linhas das inovações propostas: a) simplificação do sistema procedimental, designadamente do recursal, com a instituição de procedimento sumaríssimo adequado ao julgamento das causas de menor relevância e das atinentes aos denominados delitos de trânsito; b) utilização de gravação sonora ou meio equivalente, onde seja possível e conveniente, na audiência de instrução e julgamento; c) poder de aplicação, pelo juiz, de medidas alternativas à prisão provisória, de acordo com as recomendações da Organização das Nações Unidas em Congresso realizado em 1980 em Caracas, Venezuela, sobre Prevenção do Crime e Tratamento do Delinquente; d) criação de órgão colegiado de primeira instância, para julgamento, em grau de recurso, das causas processadas em rito sumaríssimo, visando ao desafogo dos trabalhos dos tribunais; e) simplificação do procedimento relativo aos processos de competência do Tribunal do Júri, particularmente no tocante à formulação de quesitos.

[64] Foram nomeados o ministro Luiz Vicente Cernicchiaro (coordenador) e Sidney Agostinho Beneti (secretário dos trabalhos). Compuseram ainda, os membros Antônio Carlos de Araújo Cintra, Antônio Carlos Nabor Areias de Bulhões, Francisco de Assis Toledo, Inocêncio Mártires Coelho, Luiz Carlos Fontes de Alencar (Ministro do Superior Tribunal de Justiça), Miguel Reale Júnior, Paulo José da Costa Júnior, René Ariel Dotti, Rogério Lauria Tucci e Sérgio Marcos de Moraes Pitombo.

nº 349, presidida pelo ministro do STJ, Sálvio Figueiredo Teixeira, e composta por Ada Pellegrini Grinover e outros juristas.[65]

Em seguida, criou-se uma Comissão de Sistematização, composta pelos professores Antônio Magalhães Gomes Filho, Luiz Flávio Gomes e Rogério Lauria Tucci, que apresentou 16 anteprojetos modificativos do CPP, abordando, entre outros temas, inquérito policial, prova ilícita, defesa efetiva, prisão e outras medidas restritivas. As principais alterações propostas[66] no procedimento ordinário foram: contraditório prévio ao recebimento da acusação, oralidade, imediação, concentração dos atos processuais e identidade física do juiz; proteção da pessoa da vítima, com a fixação de um valor indenizatório mínimo, sem prejuízo da liquidação e execução da sentença penal condenatória; necessidade de o magistrado manifestar-se, de forma fundamentada, acerca da prisão ou de outra medida restritiva, quando da pronúncia; regulamentação da prova pericial e testemunhas, com inadmissibilidade da prova ilícita.

Todas as sugestões foram reunidas em seis projetos, encaminhadas pelo ministro da Justiça Alexandre Dupeyrat Martins ao presidente Itamar Franco e, posteriormente, remetidas à Câmara dos Deputados. Um dos projetos foi transformado em Lei e alterou o CPP/1941,[67] mas os demais foram retirados de pauta.[68]

Em 1999, o ministro da Justiça, à época José Carlos Dias, constituiu uma nova Comissão para a reforma do CPP/1941, conferindo o prazo de 90 dias para a apresentação das sugestões. Formou-se nova

---

[65] Antônio Magalhães Gomes Filho, Antonio Nabor Bulhões, Aristides Junqueira de Alvarenga, Cid Flaquer Scartezzini, Edson Freire O'Dwyer, José Barcelos de Souza, Fátima Nancy Andrighi, Luiz Carlos Fontes de Alencar, Luiz Vicente Cernicchiaro, Marco Aurélio Costa Moreira de Oliveira, Miguel Reale Júnior, René Ariel Dotti, Rogério Lauria Tucci e Weber Martins Baptista, além de Luiz Flávio Gomes.

[66] GIACOMOLLI, Nereu José. Algumas marcas inquisitoriais do Código de Processo Penal brasileiro e a resistência às reformas. *Revista Brasileira de Direito Processual Penal*, [s.l], v. 1, n. 1, 2015. Disponível em: https://revista.ibraspp.com.br/RBDPP/article/view/8. Acesso em: 9 fev. 2022.

[67] O PL nº 4.897/1995, que altera normas em relação à citação por edital, foi transformado na Lei nº 9.271/1996, modificando o art. 366 do CPP/1941. Por sua vez, o PL nº 4.895/1995, que dá nova disposição ao inquérito policial, foi retirado pelo autor em junho de 1996, tendo em vista a aprovação da Lei nº 9.099/1995 (Lei do Juizado Especial).

[68] Foram retirados de pauta: o PL nº 4.896/1995, sobre provas obtidas por meio ilícito, retirado pelo Executivo em janeiro de 1996; o PL nº 4.898/1995, referente à prisão de natureza cautelar, retirada pelo Executivo, tendo em vista necessidade de reexame da matéria; o PL nº 4.899/1995, sobre critérios para cabimento de agravo e embargos de declaração, encaminhado ao Senado, em janeiro de 1996, que passou a ser identificado PLC nº 7/1996, porém, foi retirada pelo Executivo em maio do mesmo ano; e o PL nº 4.900/1995, sobre o tribunal do júri, retirado pelo autor em 1996.

Comissão sob a presidência de Ada Pellegrini Grinover e Petrônio Calmon Filho como secretário, entre outros juristas.[69]

Para as reformas pontuais do CPP/1941, a Comissão orientou-se nos trabalhos do Código de Processo Penal para a Ibero-América, modelo estruturado na Convenção Americana de Direitos Humanos, fonte inspiradora para a reforma de diversos Códigos de Processo Penal na América Latina, como Argentina, Guatemala, Costa Rica, Bolívia, Paraguai e Venezuela.[70]

Os trabalhos foram iniciados com a apresentação de projetos em 1994, pelo ministro da Justiça da época, contudo, o objetivo era apresentar projetos pontuais, pois a reforma total, embora necessária, mostrou-se inexequível, seja pela morosidade da tramitação legislativa de Códigos, seja pela dificuldade do Congresso Nacional para aprovar um novo Estatuto em sua integralidade – portanto, constatado que tudo milita contrariamente à ideia de uma reforma global do processo penal.[71]

Cada membro da Comissão ficou responsável por uma proposta específica.[72] Posteriormente, foram enviados ao Congresso Nacional alguns anteprojetos de lei, a maioria deles transformados em Lei: a) o PL nº 4.203/2001 (transformado na Lei nº 11.689/2008, que trata de dispositivos relativos ao Tribunal do Júri); b) o PL nº 4.205/2001 (transformado na Lei nº 11.690/2008, sobre a produção de provas por meios ilícitos); c) o PL nº 4.207/2001 (transformado na Lei nº 11.719/2008, sobre dispositivos relativos à suspensão do processo, *emendatio libelli*, *mutatio libelli* e aos procedimentos, muito embora vetado parcialmente); d) o PL nº 4.208/2001 (sobre prisão, medidas cautelares, liberdade e outras providências, transformado na Lei nº 12.403/2011; e) o PL nº 4.210/2001 (transformado na Lei nº 10.258/2001, sobre prisão especial). O PL nº 4.201/2001, referente ao interrogatório e à efetividade do direito de defesa, foi incluído na Lei nº 10.792/2003.

---

[69] Antônio Magalhães Gomes Filho, Antonio Scarance Fernandes, Luiz Flávio Gomes, Miguel Reale Júnior, Nilzardo Carneiro Leão, René Ariel Dotti (substituído por Rui Stoco), Rogério Lauria Tucci e Sidnei Beneti.

[70] GRINOVER, Ada Pellegrini. O Código modelo de Processo Penal para Ibero-américa: 10 anos depois. *Revista Brasileira de Ciências Criminais*, v. 30, p. 41-50, 2000, p. 41-50.

[71] A reforma do processo penal, texto apresentado como introdução aos anteprojetos de lei de reforma do Código de Processo Penal, publicado na *Revista Brasileira de Ciências Criminais*, v. 33, jan./mar. 2001, p. 304-312.

[72] Ada Pellegrini Grinover – provas ilícitas; Antônio Magalhães Gomes Filho – investigação policial; Antonio Scarance Fernandes e Nizardo Carneiro Leão – prisão preventiva; Luiz Flávio Gomes – interrogatório; Petrônio Calmon Filho – procedimentos; Sidnei Beneti – recursos.

Outra reforma pontual do CPP/1941 que marcou profundamente as estruturas e os institutos do processo penal foi a Lei nº 13.964/2019[73] (Lei Anticrime), por influenciar diretamente no modelo de sistema processual penal vigente. Essa mescla de modificação de dispositivos alinhados ao Texto Constitucional com outros ainda em vigor do CPP/1941 traz a necessidade de se elaborar verdadeiros contorcionismos jurídicos para a correta interpretação sistêmica do Código na contemporaneidade.

É certo que as leis, quando elaboradas antes da nova ordem constitucional, são ou não recepcionadas, tendo em vista os princípios da supremacia da Constituição e da continuidade da ordem jurídica, devendo essas normas ser interpretadas conforme as ordens constitucionais que lhe dão existência. O CPP/1941, embora recepcionado e interpretado de acordo com a Constituição, não possui compatibilidade em diversos pontos com o sistema processual penal constitucional. É o que esclarecem Hermínio Alberto Marques Porto e Roberto Ferreira da Silva sobre as reformas pontuais do Código de Processo Penal:

> [...] [essas reformas] constituem remendos, que descaracterizam o sistema, criam, na verdade, um não-sistema, por falta de coerência lógico-constitucional. Imperiosa a reforma total do Código de Processo Penal brasileiro, a fim de formar um sistema harmônico e coeso, com fundamentos constitucionais em seu nascedouro, como forma de solidificar as características do Estado social e democrático de direito no sistema processual penal brasileiro.[74]

A necessidade de um novo CPP/1941, compatível com o princípio acusatório e demais correlatos previstos na Constituição Federal de 1988, como visto, demanda um longo e intenso debate. Não se pode olvidar que a reforma das legislações ou o nascer de um novo Código seja algo repentino, sem intensos debates e que sejam considerados todos os anteriores projetos, muitos discutidos por longos anos.

---

[73] Essa lei alterou substancialmente alguns dispositivos do CPP/1941 e de várias outras legislações processuais penais, inserindo a figura do juiz das garantias, a proteção à cadeia de custódia e o acordo de não persecução penal, além de tratar do uso indevido de provas ilícitas, da audiência de custódia e inserir outras mudanças que impactaram o modelo acusatório do processo penal.

[74] PORTO, Hermínio Alberto Marques; SILVA, Roberto Ferreira da Silva. Fundamentação constitucional das normas de direito processual penal: bases fundamentais para um processo penal democrático e eficiente. In: MIRANDA, Jorge; SILVA, Marco Antonio Marques da (coord.). *Tratado luso-brasileiro da dignidade humana*. São Paulo: Quartier Latin, 2008, p. 606.

Após as últimas reformas pontuais do CPP/1941, voltou-se a discutir a imprescindível necessidade de total reformulação do processo penal. Como pondera Ricardo Jacobsen Gloeckner, o motivo da necessidade de se fixar reformas e microrreformas processuais penais, a exemplo da Itália, apenas contribui para encobrir dispositivos autoritários, sustentando um "inquisitório eterno" em terras brasileiras,[75] a constatar a necessidade de uma completa reforma no processo penal, o que se tem denominado de pós-acusatório.

Conforme se observa, após a publicação e a vigência do CPP/1941, foram várias as tentativas para reformar e modificar as normas processuais penais visando à adaptação e à evolução jurídica e política do Estado. A necessidade de uma reforma global do CPP/1941 surgiu com maior intensidade após a promulgação da CF/1988, pois a estrutura "inquisitorial" do CPP/1941 tornou-se incompatível com a estrutura acusatória prevista no âmbito da nova Carta, conforme apontado por grande parte da doutrina.

Independentemente da denominação de sistema processual adotado, é necessário que o CPP/1941 esteja alinhado aos valores democráticos da Carta Magna de 1988, centrado no princípio acusatório, no devido processo legal, na ampla defesa, no contraditório, na publicidade e na imparcialidade, entre outros princípios correlatos. Mudanças pontuais são insuficientes, pois induzem o sistema a situações conflitantes, colocando-o totalmente em risco. As últimas reformas, por exemplo, provocaram um emaranhado de normas processuais penais que retiraram a coerência sistêmica inerente ao Código vigente. Anota-se, ainda, que o Brasil é um dos poucos países na América Latina, senão o único, que ainda não reformou seu sistema processual penal, para assegurar uma diretriz processual efetivamente acusatória,[76] fundada em valores democráticos.

---

[75] GLOECKNER, Ricardo Jacobsen. *Autoritarismo e processo penal*: uma genealogia das ideias autoritárias no processo penal brasileiro. v. 1. Florianópolis, SC: Tirant lo Blanch, 2018, p. 335.

[76] Os países latino-americanos nas décadas de 1950 e 1970, em razão da instabilidade política vivenciada e a maioria com governos militares, não possuíam interesses em modificarem a legislação processual penal, pois não tinham como preocupação a prática de crimes e os direitos humanos, vez que na grande maioria das vezes os crimes eram tratados à margem da lei e com violência. Diante disso, não havia incentivos para que fossem reformados os Códigos Processuais Penais. Com a reabertura da democracia na década de 1980, início dos anos 1990, ao superarem os períodos de ditaduras, houve uma tendência à implementação do sistema adversarial na América Latina, como oposição ao modelo de processo inquisitorial que fundamentava os regimes autoritários.

Por essa razão, o Presidente do Senado Federal, José Sarney, nomeou uma comissão de juristas[77] em mais um esforço legislativo, cuja tarefa foi a de apresentar um anteprojeto global de reforma do CPP/1941, pois não há mais espaço para mudanças pontuais, em razão de questões históricas, práticas ou teóricas. Após diversas reuniões e audiências, foi apresentado um anteprojeto encaminhado ao Senado Federal (PLS nº 156) que tramitou entre os dias 22.04.2009 e 23.03.2011, tratando de uma reforma global do diploma processual penal.

Uma preocupação desse Projeto não era apenas explicitar o princípio acusatório, aliás, como o fez a reforma do CPP/1941 inserida pela Lei nº 13.964/2019 (art. 3º-A), mas esclarecer seus contornos mínimos e sua compatibilização sistêmica com as normas constitucionais e internacionais, em especial de direitos humanos. Temas como a vedação da atividade probatória na fase de investigação criminal pelo juiz e a instituição do juiz das garantias, como a consolidação do princípio acusatório, também foram tratados nesse Projeto.

O afastamento do Poder Judiciário das investigações criminais foi outro ponto concretizado, na medida em que o produto oriundo de uma investigação criminal se dirige ao órgão de acusação, intervindo o Poder Judiciário somente quando violados direitos e garantias fundamentais, por exemplo, a prisão. As medidas cautelares foram compreendidas nesse Projeto dentro da estrutura básica do modelo acusatório, não permitindo ao juiz de ofício iniciar qualquer medida cautelar.

Após aprovação plenária da redação final do texto, foi enviado à Câmara dos Deputados em 23.03.2011, onde passou a tramitar o PL nº 8.045/2010, que recebeu diversas emendas, inúmeros PL apensados, e resultou em incontáveis audiências e reuniões.

Com o deputado João Campos na relatoria do Projeto de Lei e a deputada Margareth Coelho à frente de um Grupo de Trabalho, a Câmara dos Deputados, em 26.04.2021, apresentou um texto substitutivo oficial ao Projeto do Novo Código de Processo Penal.

Certo é que tanto no Projeto originado no Senado Federal (PL nº 156), como no Projeto apresentado na Câmara (PL nº 8.045) para a elaboração de um novo diploma processual penal, a influência da Constituição Federal de 1988 é marcante, em especial, a efetivação e a

---

[77] Compôs a comissão de juristas o Ministro do STJ, Hamilton Carvalhido (presidência), Antonio Correa, Antônio Magalhães Gomes Filho, Eugênio Pacelli de Oliveira, Fabiano Augusto Martins Silveira, Felix Valois Coelho Junior, Jacinto Nelson de Miranda Coutinho, Sandro Torres Avelar e Tito Souza do Amaral.

estruturação do sistema acusatório, há tempos clamado pela doutrina e presente em diversas decisões judiciais.

A reforma global do processo penal ainda é uma exigência doutrinária, uma necessidade para se compatibilizar as normas processuais penais ao modelo de processo previsto em normas constitucionais.

1.5 A influência da ordem constitucional no modelo de processo penal

A necessidade de uma reforma global do processo penal é urgente (e inevitável), pois a legislação do CPP/1941 não encontra sustentação perante a atual ordem Constitucional. O modelo de processo penal deve estar embasado nas normas constitucionais, além de tratados internacionais de direitos humanos, para, assim, possuir uma sistematização coesa e segura da aplicação da norma processual.

O pós-guerra mundial foi marcado por um cenário de forte poder estatal intervencionista em relação ao ser humano, razão pela qual os países sentiram a necessidade de inserir em suas constituições regras garantistas, que impunham ao Estado e à própria sociedade o respeito aos direitos e garantias individuais. No âmbito internacional, ocorreu o fenômeno de constitucionalização dos direitos e garantias do acusado, abrindo espaços para o surgimento de legislações[78] processuais penais voltadas à defesa desses direitos.

Ainda, os países firmaram compromissos e declarações conjuntas visando à proteção em seus territórios aos direitos básicos do indivíduo, como a Declaração dos Direitos Universais do Homem (1948); o Pacto Internacional de Direitos Civis e Políticos (1966); e a Convenção dos Direitos Humanos (1992), além de diversos outros pactos e tratados internacionais que abrangeram a proteção ao ser humano.

Os tratados também trouxeram motivações de ordens repressivas, os mandados de criminalização internacional, provocando países a punirem determinadas condutas criminosas, em especial dirigidas a indivíduos mais vulneráveis, a reprimir os crimes de terrorismo e aqueles cometidos por organizações criminosas.

---

[78] Nas décadas de 1950 a 1970, muitos países da América Latina, como o Brasil, passavam por uma fase de instabilidade política, com governos civis enfraquecidos ou governos autoritários. Foi apenas na década de 1980, ou melhor, no início dos anos 1990, que vários países eram início à reforma em suas legislações processuais penais.

Nesse sentido, a Constituição Federal de 1988, ao prever um Estado Democrático de Direito (art. 1º da CF/1988) contemplou diversas regras destinadas a assegurar direitos individuais e coletivos, além de determinar maior repressão a alguns delitos mais específicos (art. 5º, XLIII).

Os princípios de política processual de uma nação seguem a política estatal em geral, assim, uma Constituição autoritária servirá a um processo penal autoritário, mas uma Constituição democrática servirá a um processo penal democrático, conforme explica Antonio Scarance Fernandes:

> o processo penal não é apenas um instrumento técnico, refletindo em si os valores políticos e ideológicos de uma nação. Espelha em determinado momento histórico, as diretrizes básicas do sistema político do país, na eterna busca de equilíbrio na concretização de dois interesses fundamentais: o de assegurar ao Estado mecanismos para atuar em seu poder punitivo e o de assegurar ao Estado mecanismos para defender os seus direitos e garantias fundamentais e para preservar a sua liberdade.[79]

A Constituição Federal, em razão desse íntimo relacionamento entre processo penal e Estado, trouxe em seu bojo não só princípios ou diretrizes constitucionais sobre o tema, mas verdadeiras normas jurídicas, de maneira que o legislador e os atores jurídicos envolvidos devem segui-las. Quaisquer das normas infraconstitucionais que contrariarem as normas constitucionais ou norma de tratado sobre direitos humanos devem ser retiradas do ordenamento jurídico em decorrência do vício de inconstitucionalidade.

As normas processuais penais devem se espelhar na opção política determinada pelo Estado, levando os desafios dos Estados pós-modernos e dos pesquisadores do direito processual penal a "descobrir como delinear o processo penal de forma eficiente, isto é, que proteja os direitos fundamentais pautados na dignidade da pessoa humana, sem esquecer da necessária defesa da sociedade".[80]

Como visto, ao optar pela democracia, o processo passou a ser um instrumento colocado à disposição do cidadão para proteger suas

---

[79] FERNANDES, Antonio Scarance. *Processo penal constitucional*. 6. ed. São Paulo: RT, 2010, p. 22.
[80] PORTO, Hermínio Alberto Marques; SILVA, Roberto Ferreira da Silva. Fundamentação constitucional das normas de direito processual penal: bases fundamentais para um processo penal democrático e eficiente. In: MIRANDA, Jorge; SILVA, Marco Antonio Marques da (coord.). *Tratado luso-brasileiro da dignidade humana*. São Paulo: Quartier Latin, 2008, p. 590.

garantias constitucionais, um modo de atuação política do processo. Nesse passo, dentro de um sistema processual penal democrático, as normas processuais penais devem encontrar inspiração e fundamento vindos dos mandamentos constitucionais para, então, buscar a validade e a produção de efeitos no ordenamento jurídico vigente.

Essa relação da Constituição com as normas processuais penais faz superar o sentido do caráter meramente instrumental do processo, na medida em que todas as normas constitucionais estão revestidas de uma carga política-ideológica, transplantada para dentro das normas processuais. Não por outra razão, as normas processuais que contrariarem ou não forem compatíveis com as normas e os princípios constitucionais, que contêm os fundamentos institucionais e políticos da legislação infraconstitucional, são alvos de controle de constitucionalidade e de convencionalidade.

O processo penal, como instrumento a serviço da democracia, tem a função de assegurar os direitos e garantias fundamentais, tanto da vítima quanto dos acusados em geral, como também proteger a sociedade através da normatização penal de bens jurídicos tutelados pela Constituição Federal.

A influência constitucional é que determinará qual o sistema processual penal a ser adotado, modelando a estrutura e a fundamentação infraconstitucional da atuação penal do Estado sobre a sociedade através do processo penal.

CAPÍTULO 2

O PROCESSO PENAL COMO INSTRUMENTALIDADE DE POLÍTICA CRIMINAL

Para o enquadramento das questões a serem enfrentadas neste trabalho, inicialmente, traz-se uma breve explanação sobre a afinidade funcional entre o direito penal e o processo penal.

No âmbito do sistema jurídico, o sistema jurídico penal engloba os diversos subsistemas que cuidam do delito e da sanção, tanto nas questões envolvendo a previsão legal, como sua persecução, ou seja, do direito penal material e do processo penal. Trata-se de um sistema que não pode permanecer fechado em termos dogmáticos, sob pena de abandonar os aspectos particulares do caso concreto. A reconstrução de um sistema jurídico-penal busca justamente a composição de um pensamento sistemático, através da dogmática penal, e de um pensamento problemático, através da política criminal.

2.1 O sistema de direito penal

O direito penal compreendido a partir da pura dogmática jurídica não se tem mostrado suficiente para enfrentar os problemas desenvolvidos pela sociedade moderna. Trata-se da ideia de um modelo global de ciência penal, sob a ótica de que a ciência do direito penal não pode compreender o delito e a pena, com considerações puramente dogmáticas, através de um sistema fechado de preceitos da lei, dos princípios e de conceitos fundamentais.[81]

---

[81] FERNANDES, Fernando. *O processo penal como instrumento de política criminal*. Lisboa: Almedina, 2001, p. 28.

Dessa forma, reconhecendo-se a incapacidade da dogmática jurídico-penal em controlar e dominar o fenômeno da criminalidade, há que se pensar na autonomia das disciplinas da criminologia e da política criminal que irão formar a ciência global do direito penal. Conforme observou o jurista Fran von Liszt, citado por Figueiredo Dias, trata-se de um "conjunto sistemático dos princípios fundados na investigação científica das causas do crime e dos efeitos da pena, segundo os quais o Estado deve levar a cabo a luta contra o crime por meio da pena e das instituições com esta relacionadas".[82]

O sistema de direito penal fundado em valores político-criminais visa à construção de uma dogmática próxima da realidade, a estreitar a ligação entre as normas jurídicas e a realidade social.

Conforme ressalta Fernando Fernandes:

> Um sistema Punitivo Estatal que se pretenda moderno, funcional, evoluído quanto à orientação e às consequências, somente pode comprometer-se a uma função de antecipar e evitar a ocorrência dos conflitos; numa palavra: ser inspirado por motivos de política criminal.[83]

No Brasil, Roberto Lyra criou a *Escola Brasileira de Direito Penal Científico*, pela qual buscou compreender de forma global o direito penal enquanto ciência, organizando-o em dois blocos: 1 – direito penal científico e 2 – direito penal normativo. Ao científico competia estudar de forma vertical a criminalidade (conceito sociológico), enquanto o direito penal normativo tinha como objetivo analisar o crime horizontalmente (conceito jurídico).[84]

O direito penal, enquanto ciência social, não pode permanecer distanciado das questões humanas que o cercam, ou seja, deve existir proximidade entre ele e a realidade social. Contudo, observa-se que as lições sobre uma ciência global do direito penal foram concebidas por uma influência clássica-liberal-individual, mas a dogmática, através das suas bases normativas, continuou em uma posição de supremacia sobre a política criminal e a criminologia, fincadas em bases empíricas.

Atualmente, a busca tanto por um direito penal quanto por um processo penal democráticos para materializar direitos fundamentais

---

[82] FIGUEIREDO DIAS, Jorge de. *Direito penal parte geral*. t. I. Questões fundamentais a doutrina geral do crime. Coimbra: Coimbra, 2004, p. 17.
[83] FERNANDES, Fernando. *O processo penal como instrumento de política criminal*. Lisboa: Almedina, 2001, p. 32.
[84] LYRA, Roberto. *Novo direito penal*: introdução. Rio de Janeiro: Forense, 1980, p. 1.

exige a compreensão de uma nova concepção de "ciência global do direito penal", a reunir a dogmática penal, a criminologia e a política criminal não como ciências hierarquizadas entre si, mas autônomas, complementares e independentes, para, assim, formular leis com vistas à racionalidade delas.[85]

Isoladamente, a dogmática penal não é capaz de responder aos novos desafios, razão pela qual deve ser referenciada pela política criminal e apoiada na criminologia.[86] Por isso, o objeto do direito penal não pode ser apenas o direito positivo, marca da dogmática jurídico-penal tradicional. A dogmática penal não será enfraquecida, tampouco negada a sua importância, pois trata-se de uma conquista para o cumprimento da relevante função de garantir os direitos individuais ante o direito de punir do Estado.

Busca, ao contrário, ampliar o espaço de ocupação da política criminal e da criminologia dentro da ciência do direito penal como um todo, para, assim, permitir a aproximação da realidade social concreta, ou seja, que o órgão acusatório possa tratar como crime o que realmente deve ser considerado como tal e descriminalizar aquilo que não deve ser objeto de atenção criminal, conforme os limites legais empregados e balizados na Constituição Federal, nos tratados internacionais e nas legislações pertinentes, de maneira a racionalizar a atuação da atividade persecutória estatal.

O direito penal não pode ser considerado uma ciência neutra, pois sua construção é um lento e inacabado processo, sujeito a influências externas e, inclusive, ideológicas, conforme observa Antonio Carlos da Ponte:

> O Direito Penal possui ideologia e esta deve servir a um modelo de sociedade. A ideologia do Direito Penal, em um Estado Democrático de Direito, não é a mesma ideologia adotada em um Estado autoritário. Essa diferença conceitual e de fundamentos serve à demonstração de que a dogmática não pode ser interpretada de forma neutra e descompromissada, como se estivesse acima dos fundamentos da sociedade.[87]

---

[85] TURESI, Flávio Eduardo. *Justiça penal negociada e criminalidade macroeconômica organizada*: o papel da política criminal na construção da ciência global do direito penal. Salvador: Juspodivm, 2019, p. 55.

[86] TURESI, Flávio Eduardo. *Justiça penal negociada e criminalidade macroeconômica organizada*: o papel da política criminal na construção da ciência global do direito penal. Salvador: Juspodivm, 2019, p. 44.

[87] PONTE, Antonio Carlos da. *Crimes eleitorais*. São Paulo: Saraiva, 2008, p. 145.

A influência ideológica dentro de um Estado autoritário, em uma perspectiva dogmática, tende a negar direitos e liberdades individuais, ao contrário da influência ideológica precedida em um ambiente democrático, no qual impera o respeito aos direitos fundamentais.

Esses mesmos pressupostos metodológicos e jurídico-políticos que sustentam a concepção da unidade funcional entre a política criminal e a dogmática penal, podem ser estendidos, sem óbices, ao processo penal, pois esse integra o sistema de justiça criminal, com fundamento também no modelo jurídico-constitucional, possibilitando buscar uma coesão dos elementos internos desse sistema e sua estruturação para não ser contraditória.[88]

Certo é que a dogmática deve exercer a política criminal nos limites da interpretação, pois não se poderia aplicá-la puramente, visto que não se concebe um juiz legislador, nem mesmo um órgão acusatório sem limites, sob pena de ofensa aos princípios da separação dos poderes, além de promover insegurança jurídica e romper o pacto social. Assim, a política criminal exterioriza-se harmoniosamente com a dogmática, através das normas de direito penal e de processo penal, com respeito aos seus princípios.

No sistema jurídico-penal, deve-se encontrar o posicionamento e a relação junto ao processo penal, mais do que uma relação do direito processual para concretizar o direito substantivo. O processo penal deve, então, ser reconhecido como uma parte do direito penal porque embora se deva respeitar a autonomia de cada um deles, suas relações são estreitas, visto que no aspecto de política criminal ambas disciplinas estão em uma relação de complementaridade.

Na lição de Jorge de Figueiredo Dias,[89] entre o direito penal e o processo penal existe uma relação mútua de complementaridade funcional. Portanto, ao se considerar a existência entre o direito penal e processual penal de uma "relação mútua de complementaridade funcional", há também que se impor uma limitação de natureza epistemológica, pois não existe assimilação completa entre as duas disciplinas, não se negando assim a autonomia de princípios existente entre ambas.

Quando há uma aspiração político-criminal para se efetivar a proteção penal a determinado bem-jurídico, por meio da criminalização de um determinado comportamento, geralmente, ignora-se por

---

[88] CUNHA, Vítor Souza. *Acordos de admissão de culpa no processo penal* – devido processo, efetividade e garantias. Salvador: Juspodivm, 2019, p. 33.
[89] FIGUEIREDO DIAS, Jorge de. *Direito processual penal*. v. 1. Coimbra: Coimbra, 1974, p. 32.

completo a necessidade de se avaliar a capacidade do processo penal para suportar as novas demandas. É justamente essa falta de capacidade que possui o poder de criar uma crise de efetividade, trazendo como consequência a falta de credibilidade no sistema penal.

Diante disso, uma possível orientação política-criminal do processo penal possui como finalidade, além de garantir direitos individuais, desestimular comportamentos desviantes. Essa complementaridade funcional permite, então, assim como o direito penal, que o processo penal também seja orientado em termos de política criminal.

2.2 A instrumentalidade do processo penal

Ao praticar uma conduta, o agente infringe a norma penal e viola o ordenamento jurídico fazendo surgir ao Estado o direito-dever de punir, pois cabe ao direito penal intervir quando existe ofensa a um bem-jurídico penalmente protegido com o fim de garantir a ordem pública e restabelecer a paz social.

O poder punitivo não está ao encargo do particular/ofendido tampouco do suposto infrator da norma penal incriminadora, mas concentrado em uma autoridade destacada pelo Estado para o controle social, sob a égide do interesse público. Através do *ius puniendi*, o direito penal é o último recurso de controle social, aquele que afeta diretamente um dos direitos mais caros aos cidadãos, a liberdade, por isso, não se permite ao Estado exercê-lo de forma arbitrária e tirana.

A contenção de excessos do Estado no exercício do direito de punir está encampada no direito penal e no processo penal, que, através de seus princípios, normas e leis impõem limites ao direito de punir e regulamentam formas de exercê-los, sempre moldadas através das características constitucionais que definem a forma de Estado.

No regramento constitucional vigente, há que se estabelecer um processo penal de vertente democrática, com fundamento na cidadania e na dignidade da pessoa humana, baseado no respeito a todas as garantias constitucionais vigentes. O processo penal, portanto, com orientação constitucional, para ser válido e regular, deve ser aplicado pautado na lei, em sua estrutura constitucionalizada e de todas as garantias existentes a um processo de partes.

A Constituição Federal de 1988 orienta a instrumentalidade do processo penal de forma a buscar a paz social mediante a proteção de bens jurídicos penais, transformando-os em normas penais incriminadoras, com a finalidade de assegurar a máxima eficácia dos direitos e garantias individuais, como o direito à liberdade. A instrumentalidade do processo penal é, portanto, constitucional, pois somente dessa forma é possível a legitimação de um processo penal contemporâneo, fundado no aspecto democrático, constituído a partir da Constituição Federal.

Nesse contexto, o processo penal não é apenas uma forma de instrumentalizar o direito de ação do Estado na busca do direito de punir, mas também um importante instrumento de política criminal, apto a definir a necessidade e a forma pela qual ele será conduzido. Nesse passo, necessário definir a finalidade do processo penal no contexto da eficácia, da efetividade e da eficiência processual.

Um dos fins da instrumentalidade do processo penal é a máxima eficácia dos direitos e garantias fundamentais da Constituição, pautado pela dignidade da pessoa humana, quando submetida à violência do rito judicial, em especial a liberdade individual.[90] Mas não é só. O processo penal também tem a função de tornar efetiva a garantia de direitos constitucionais, de forma que a liberdade individual consagrada na Carta Política seja eficaz e efetivamente protegida, assim como é função do processo penal tornar o direito penal realidade.[91]

A instrumentalidade do processo penal deve ser voltada e orientada ao cumprimento de suas finalidades, quais sejam: o dever do Estado de garantir a promoção da ordem pública, através do direito de punir (*ius puniendi*), e a garantia dos direitos fundamentais do acusado (*status dignitatis*), surgindo daí a necessidade de se instrumentalizar a pretensão estatal.

Conforme explicam Pedro Henrique Demercian e Jorge Assaf Maluly,

> a aplicação da norma penal incriminadora a quem feriu o ordenamento jurídico, diante do conflito entre direito de punir do Estado e o direito à liberdade do acusado, dá-se por meio de uma ação, que é concretizada por um complexo de atos, isto é, o processo.[92]

O processo penal é visto, primordialmente, como um instrumento de compreensão de poder (acusatório) e um conjunto de garantias ao

---

[90] LOPES JUNIOR, Aury. *Direito processual penal e sua conformidade constitucional*. v. 1. 5. ed. Rio de Janeiro: Lumen Juris, 2010, p. 27.
[91] TOURINHO FILHO, Fernando da Costa. *Processo penal*. v. 1. 21. ed. São Paulo: Saraiva, 1999, p. 33.
[92] DEMERCIAN, Pedro Henrique; MALULY Jorge Assaf. *Curso de processo penal*. 9. ed. Rio de Janeiro: Forense, 2014, p. 1.

acusado, porém possui ainda outra faceta, qual seja, instrumentalizar o direito penal como contendor de abusos

> inclusive daqueles que possam originar-se do cidadão acusado, em favor da proteção dos direitos fundamentais dos demais cidadãos-vítimas, ou seja, opera também no plano horizontal, das relações entre cidadãos e não apenas deste com o Estado.[93]

Nessa vertente, afirma-se que o processo penal exerce uma função político-criminal, de forma semelhante à função preventiva da pena.[94]

2.3 O processo penal e a política criminal

O processo penal, caso tenha alguma utilidade política-criminal a ser perseguida, deve ocorrer nos limites estritos colocados pela dogmática processual penal.[95]

A questão é debatida na doutrina, pois há quem entenda existir um modelo processual penal fundado exclusivamente em premissas dogmáticas, de forma a assegurar a igualdade e a formalidade na aplicação do direito penal material, não se permitindo a valoração de política-criminal, ou um outro modelo, que, para além de sua missão de garantia, possa perseguir as finalidades políticas-criminais.

Outros sustentam a preferência a um processo penal com isenção a uma orientação político-criminal, ou seja, com uma dogmática fechada, sob a justificativa da possibilidade de se colocar em risco a segurança jurídica e a consequente função protetora da liberdade individual atribuída ao processo penal.

Pesa ainda em sentido contrário a uma orientação de política-criminal no processo penal a possibilidade de se ocultar outras formas de interesses – políticos e ideológicos – daqueles a quem o sistema deve

---

[93] GUIMARÃES, Rodrigo Régnier Chemim. Desvinculando-se da dicotomia "inquisitório *versus* acusatório" e firmando-se o novo paradigma constitucional para sistema processual penal brasileiro, funcionalizado pela dupla baliza de proibição de excesso e proibição de proteção insuficiente. *In*: CAMBI, Eduardo; GUARAGNI, Fábio André. *Ministério Público e princípio de proteção eficiente*. São Paulo: Almedina, 2016, p. 294.

[94] GUIMARÃES, Rodrigo Régnier Chemim. Desvinculando-se da dicotomia "inquisitório *versus* acusatório" e firmando-se o novo paradigma constitucional para sistema processual penal brasileiro, funcionalizado pela dupla baliza de proibição de excesso e proibição de proteção insuficiente. *In*: CAMBI, Eduardo; GUARAGNI, Fábio André. *Ministério Público e princípio de proteção eficiente*. São Paulo: Almedina, 2016, p. 294.

[95] FERNANDES, Fernando. *O processo penal como instrumento de política criminal*. Lisboa: Almedina, 2001, p. 44.

ser orientado, contrários à segurança pública e à liberdade individual, corrompendo, assim, as bases formadoras do Estado de Direito. O raciocínio não está incorreto, contudo, trata-se de possibilidade viável mesmo na versão do processo penal de pura dogmática.

Para o Direito Penal, a política criminal refere-se ao modo em que o Estado enfrenta e combate a criminalidade, não se sustentando o entendimento de que a política criminal era monopólio do Estado, implementada por meio de leis aprovadas pelo parlamento e das medidas do Executivo que as executavam. Dessa forma, misturava-se política criminal e dogmática penal. Por essa razão, a dogmática deve ser influenciada pela política criminal.

Antônio Carlos da Ponte[96] destaca que a política criminal possui um duplo sentido: de um lado a atividade do Estado e, de outro, a atividade científica. A atividade do Estado consiste não só na função de estabelecer as condutas delituosas e as sanções penais correspondentes, mas também na prevenção de delitos através de medidas extrapenais, como o saneamento básico, iluminação pública, educação etc. Já a atividade científica, a política criminal estabelece o modelo de sistema punitivo a ser seguido e os fins que o mesmo procura alcançar por intermédio do Direito Penal, que se submete a princípios limitadores.

Através da política criminal que devem ser traçadas as estratégias e formas de controle social referente às condutas que implicam uma infração penal. Assim, pode-se apresentar propostas concretas para a alteração do Direito Penal, adequando-se a mudança à realidade que se encontra.

Claux Roxin, ao sustentar um texto alternativo para o projeto de reforma do Código Penal alemão, em 1962, elaborou um decálogo para expressar a Política Criminal adotada pelos autores do projeto alternativo, sendo que tais apontamentos de Política Criminal foram acolhidos nas reformas da Parte Geral do CP posteriores a 1977:

> 1º O Direito Penal deve limitar-se à proteção dos bens jurídicos. A preservação da norma moral como tal não constitui missão do Direito Penal;
>
> 2.º A proteção do Direito Penal aos bens jurídicos deve expressar a *ultima ratio*. Conseqüentemente, deve-se postular uma descriminação nos campos em que não haja compatibilidade com a tarefa do Direito Penal, ou seja, assegurar a pacífica ordem social;

---

[96] PONTE, Antonio Carlos da. *Crimes eleitorais*. São Paulo: Saraiva, 2008, p. 171/177.

3º A retribuição, isto é, o saldo da culpabilidade, não constitui o fim da pena e não pode legitimar sua imposição. A imposição de uma pena pode basear-se exclusivamente em necessidades de prevenção geral ou especial;
4º O princípio de culpabilidade deve ser conservado, apesar do abandono do caráter retributivo da pena. De qualquer forma, a culpabilidade é condição necessária, ainda que insuficiente, de toda pena. A função político-criminal do princípio de culpabilidade reside na limitação do poder estatal e na distinção entre pena e medida de segurança. Isto é, o princípio de culpabilidade representa uma tomada de posição relativa ao sistema de dupla via;
5º Não devem existir classes diferentes de pena, graduadas segundo sua gravidade. Trata-se, sim, de impor e executar uma pena privativa de liberdade como pena unitária;
6º Como pena primária, deve-se fazer desaparecer a pena privativa de liberdade de até seis meses;
7º A pena privativa de liberdade de até dois anos deve ser substituída, na medida do possível, por pena pecuniária;
8.º A pena pecuniária pode ser substituída por trabalho socialmente útil;
9.º Nos casos em que a pena privativa de liberdade seja inadequada, observada uma prognose confiável, deve ser inteiramente suspensa, cancelando-se os antecedentes penais se cumprido de forma correta o período de prova; as superiores a dois anos podem ficar suspensas após o cumprimento da metade da sanção;
10.º A execução das penas e das medidas de segurança deve estar organizada, na medida do possível, como execução socializadora. [97]

Por outro lado, há quem admita a orientação político-criminal dentro de um enquadramento sistêmico do processo penal. Como ocorre no direito penal material, o processo penal será revestido em um modelo para se exteriorizar a política criminal conforme o aspecto funcional (modo de validade jurídica) e o aspecto garantista (limites ancorados nos valores e nos princípios constitucionais).

Sob o aspecto funcional, relaciona-se a maior eficiência do processo penal, pois são catastróficos os efeitos produzidos por sua lenta tramitação, na medida em que há uma quebra de confiança do cidadão à tutela eficaz, o que estimula a autodefesa – além disso, quanto mais longínquo o fato, maior será a dificuldade de comprovar sua efetiva ocorrência. A resposta da prática delitiva ao autor do delito deve ser

---

[97] Médici. Sérgio de Oliviera. *Teorias dos Tipos Penais*: Parte Especial do Direito Penal. São Paulo: RT, 2004, p. 167.

célere, para que possa, quiçá, aceitar a punição, além de restituir a paz jurídica causada pelo fato criminoso.[98]

A funcionalidade do processo penal está presente na Lei nº 9.099/1995 (Lei dos Juizados Especiais), pois esta tornou o processo penal relativo aos delitos de menor potencial ofensivo mais simples, rápido, eficiente, democrático e mais próximo da sociedade.[99]

Já o aspecto garantista, para uma integração político-criminal do processo penal, demanda limitar e controlar a concentração de poder, no qual se encontram as garantias pessoais e a formalidade jurídico-processual.

A busca do equilíbrio entre os aspectos de funcionalidade e o garantista do processo penal deve girar em torno de uma complementaridade, evitando-se que um deles exclua o outro. O processo penal não pode, afinal, orbitar em um apego desmedido da sua tradicional visão garantista, mas também não pode tolerar a adoção de um processo penal ágil destituído de garantias processuais, assim, "impõe-se uma ponderação entre os interesses da *funcionalidade* e *garantia*, tendo como limite a indispensabilidade ao máximo daquelas garantias que se fizerem necessárias para a tutela da dignidade humana".[100]

O processo penal possui caráter instrumental, ou seja, serve para materializar a pretensão penal do Estado, conforme as normas de direito material. Porém, sua função deve ser estudada sob uma óptica que vai além, mais rica do que a afirmação de o processo penal ser um mero instrumento de aplicação do direito material.

Conforme explica Fernando Fernandes, há muito tempo o processo penal deixou de ser apenas a ideia do papel modesto e discreto do dogma da mera instrumentalidade para se transformar "num 'servo loquaz', sendo-lhe atribuído o papel de 'sócio paritário' do Direito Penal na missão de definir os termos da relevância penal e da responsabilidade".[101]

Assim, tanto o direito penal material como o processo penal são duas pontas essenciais de um único sistema que, embora apresentem perfis diversos, estão entrelaçados por um projeto único de

---

[98] FERNANDES, Fernando. *O processo penal como instrumento de política criminal*. Lisboa: Almedina, 2001, p. 55-56.
[99] FERNANDES, Fernando. *O processo penal como instrumento de política criminal*. Lisboa: Almedina, 2001, p. 55-56.
[100] FERNANDES, Fernando. *O processo penal como instrumento de política criminal*. Lisboa: Almedina, 2001, p. 67.
[101] FERNANDES, Fernando. *O processo penal como instrumento de política criminal*. Lisboa: Almedina, 2001, p. 69.

política-criminal, por isso, são desastrosas as consequências que geram a falta de sintonia entre o programa de política-criminal traçado pela lei de direito penal material e aquele projetado na lei processual penal.

O descompasso entre o processo penal e os fins político-criminais almejados pelo sistema jurídico-penal pode levar a contradições intrassistêmicas nocivas à atividade persecutória estatal e, ainda, aos próprios anseios de proteção de interesses politicamente escolhidos. Assim, como o direito penal, para se realizar o processo penal "faz-se imprescindível analisar se esse, em sua estruturação, leva em consideração as intenções político-criminais do sistema como um todo, o que demanda enfrentar a necessidade de posicionar o processo no âmbito geral da política-criminal".[102] Afinal, há que se ter uma sintonia entre o direito penal e o processo penal através das necessidades advindas da política-criminal.

Como forma de viabilizar a integração da política-criminal dentro do processo penal, é necessário transpor ao processo as finalidades de política criminal orientadas do sistema jurídico-penal.

Não se deseja excluir a autonomia teleológica de cada um dos subsistemas integrantes do sistema jurídico-penal, porém, não é adequada a exclusão recíproca das finalidades de política criminal nas quais cada uma delas se alicerça.[103]

Para compreender-se a melhor forma de utilização do processo penal, é necessário conhecer com mais profundidade os problemas sociais contemporâneos, de modo a fazê-lo tornar-se útil, eficiente e eficaz no contexto atual.

2.4 A evolução criminal e o processo penal

O tempo social acelerado, a revolução tecnológica, a economia rapidamente variante, a rapidez na difusão de informações e a agilidade sob todos os aspectos são as marcas de uma sociedade contemporânea com bases fixadas pela pós-modernidade.

Muito embora visassem proporcionar à sociedade um aumento de seu conforto e forma de viver, o quadro acima retratado trouxe consigo aspectos negativos, o incremento de riscos ao qual a sociedade

---

[102] CUNHA, Vítor Souza. *Acordos de admissão de culpa no processo penal* – devido processo, efetividade e garantias. Salvador: Juspodivm, 2019, p. 30.

[103] FERNANDES, Fernando. *O processo penal como instrumento de política criminal*. Lisboa: Almedina, 2001, p. 76.

está submetida, o qual se convencionou denominar *sociedade de riscos* ou *sociedade do risco*.[104]

Essa era, a qual Zygmunt Bauman[105] chamou de *líquida*, trouxe um novo contexto de instabilidade social, na medida em que a modernidade se tornou fluida, em um autêntico derretimento do "sólido", demonstrando alteração no comportamento social e das instituições. Na atualidade, o tempo é um fator importante, de maneira que a velocidade do movimento se tornou uma das principais ferramentas de poder e de dominação de uns sobre os outros.

A globalização trouxe avanços tecnológicos e agilidade dos meios de comunicação, formando, assim, uma sociedade complexa, dinâmica, instável e desorientada frente aos parâmetros de tempo e espaço ocasionados por essa modernização.

Diante dessa sociedade de risco da era pós-moderna, na qual imperam as relações sociais fragilizadas, instáveis, vulneráveis e complexas, a transformar a vida em algo saturado de incertezas, inseguranças e riscos, exige-se a modificação de paradigmas e a adaptação dos indivíduos e das instituições aos novos desafios originados pelo tempo social acelerado no qual se vive hoje.

É característica do mundo globalizado a crescente busca por sistemas desburocratizados que promovam resultados no menor tempo possível, em um cenário em que a ciência dinâmica que rege as relações sociais se adapte a algumas exigências trazidas pela pós-modernidade, afastando a atual estrutura formalista e ineficiente aos olhos dos atuais interesses da sociedade.

O sistema jurídico deve ser enquadrado conforme as necessidades da sociedade contemporânea, na medida em que a ciência jurídica precisa comportar-se de acordo com as transformações sociais, pois ela é um produto da sociedade. Assim, o cenário contemporâneo exige uma modernização do sistema jurídico baseado em instrumentos voltados à concretização de eficiência, da racionalidade e de resultados efetivos. Sistema esse que deve ser permeado pela desburocratização, racionalização, celeridade, maior custo-benefício social e econômico, além de exigir uma atuação de várias disciplinas e da integração das instâncias de controle social, como forma de ajustamento às complexidades inerentes à sociedade pós-moderna.

---

[104] SILVA SÁNCHEZ, Jesús-María. *A expansão do direito penal*: aspectos da política criminal nas sociedades pós-industriais. São Paulo: RT, 2002, p. 28-29.
[105] BAUMAN, Zygmunt. *Modernidade líquida*. Trad. Plínio Dentzien. Rio de Janeiro: Zahar, 2001, p. 9-24.

Nessa linha, o direito penal e o processo penal de cunho tradicional e liberal estão se demonstrando incapazes de, isoladamente, fazerem frente aos desafios apresentados com a evolução da sociedade em uma era globalizada. Isso porque, essa evolução desencadeou o surgimento de novas práticas delitivas e lesivas, de forma a gerar uma sensação de insegurança aos indivíduos, elevando a exigência de novas formas de atuação do Estado, como resposta efetiva e de proteção, a partir do direito penal e do processo penal, tendo em vista a relação de complementaridade entre ambas as disciplinas.

É parte desse processo de globalização o surgimento de crimes mais violentos, difusos e organizados, condutas que estão cada vez mais complexas e que continuam a se transformar em alta velocidade. Nesse quadro, avista-se uma possível tensão entre a prevenção e a garantia, e, ainda, entre legalidade e política criminal, com tendência para resolver-se para o lado da segurança e da prevenção.

Para enfrentar essa tensão envolvendo a política criminal, há de se pensar em alternativas de ordem processual para distensionar o sistema punitivo, em busca de um equilíbrio entre a legalidade (garantia) e a política criminal (funcionalidade).

O sistema de justiça-penal contemporâneo acima pode ser atingido, dentre outras formas, pela ineficiência e pelo aumento da criminalidade, ampliando também a sensação de impunidade difundida na sociedade e a lentidão da resposta penal.

O delito deixou de ser restrito a fronteiras geográficas, conduzindo hoje a novos desafios a serem enfrentados por penalistas e processualistas envolvendo questões penais externas aos territórios, a exemplo dos crimes de tráfico internacional de drogas, lavagem de dinheiro, tráfico de pessoas, transferência ilícita de capitais, crimes cibernéticos, organizações criminosas e pedofilia, a exigirem uma modernização do direito penal e do processo penal capazes de criar instrumentos para combater essas espécies delituosas.

Atualmente vive-se numa sociedade dependente da tecnologia, da informática que alcança todos os setores da vida pública ou privada. A evolução da sociedade nesse sentido tornou-se também, sob alguns aspectos, seu maior problema, pois não há um sistema digital absolutamente seguro. Hoje, a tecnologia propicia ações antes não imaginadas, como o ataque de *hackers* ou *ciberpiratas* invadindo diversos sistemas considerados extremante seguros, como o sistema de defesa norte-americano.[106] A *internet* serve, ainda, como meio para se propagar informações criminosas,[107] como a preparação de explosivos, de atividades terroristas e da prática do racismo.

A modernização através dos denominados veículos autônomos, se por um lado, promete reduzir acidentes, por outro, coloca em xeque o sistema de responsabilização penal, visto que mudanças como essa podem trazer novas formas de lesão a bens jurídicos tradicionais. Para além disso, postula-se até mesmo novos bens jurídicos, atores ainda inéditos passíveis de responsabilização por danos ou ameaças a direitos de terceiros, a exemplo dos robôs como sujeitos de direito penal.[108]

Os atentados terroristas praticados contra várias nações ao redor do mundo, a exemplo dos ataques de 11 de setembro de 2001, em Nova York, e de 11 de março de 2004, em Madri, demonstram a necessidade de o direito penal e o processo penal serem vistos sob outras perspectivas nos ordenamentos jurídicos, como um sistema de freios e contrapesos junto aos direitos e garantias fundamentais, tendo em vista a inexistência de direito fundamental absoluto, mas de direitos sujeitos a limites e restrições.

O surgimento das criptomoedas ampliou o risco à intimidade de dados pessoais e dos sistemas financeiros, gerando a necessidade de intervenção estatal na área penal também nesse segmento.

Assim, tendo em vista a sofisticação atual da criminalidade, os padrões clássicos do processo penal e do direito penal não são mais suficientemente aptos a enfrentá-la. Soma-se a isso a enorme quantidade de normas incriminadoras,[109] tendo em vista a necessidade de se proteger bens jurídicos em atenção aos novos interesses demandados pela sociedade, decorrentes das novas práticas e costumes advindos naturalmente do desenvolvimento social.

---

[106] CANALTECH. *Hackers invadem sistemas do Pentágono e encontram vários bugs de segurança.* Por: Jones Oliveira, 19 jun. 2016. Disponível em: https://canaltech.com.br/hacker/hackers-invadem-sistemas-do-pentagono-e-encontram-varios-bugs-de-seguranca-70247/. Acesso em: 02 fev. 2022.

[107] VEJA SP. *EUA denunciam jovem brasileiro adorador do massacre de Columbine.* Adolescente morava na Zona Leste da capital paulista e foi alvo de busca e apreensão. 3 fev. 2022. Disponível em: https://vejasp.abril.com.br/cidades/eua-denunciam-jovem-zona-leste-massacre-columbine/. Acesso em: 02 fev. 2022.

[108] GLESS, Sabine; WEIGEND, Thomas. Agentes inteligentes e o direito penal. *In*: ESTELLITA, Heloisa; LEITE, Alaor (org.). *Veículos autônomos e direito penal.* São Paulo: Marcial Pons, 2019.

[109] MORAES, Alexandre Rocha Almeida. A política criminal pós-1988: o Ministério Público e a dualidade entre garantismos positivo e negativo. *In*: SABELLA, Walter Paulo; DAL POZZO, Antônio Araldo Ferraz; BURLE FILHO, José Emmanuel (coord.). *Ministério Público*: vinte e cinco anos do novo perfil constitucional. São Paulo: Malheiros, 2013, p. 755.

Nesse contexto, Alexandre Rocha pontua:

> O chamado 'direito penal moderno', pautado pelo caos normativo e pela descodificação da legislação, implicou a criação de aproximadamente 700 novos tipos penais no Brasil desde a Constituição Federal: o aumento da moldura penal, a criminalização territorialmente extensa e a adoção de bens jurídicos 'universais' (supraindividuais, vagos e genéricos), evidentemente, pautaram novos paradigmas para o processo penal.[110]

O aumento desenfreado de normas penais incriminadoras, após o modelo do Estado Social que fundamentou o positivismo jurídico, criou o fenômeno da *overload* do sistema punitivo do Estado, "sobrecarregando tanto no que se refere à previsão dos crimes e respectivas sanções como também nos mecanismos de aplicação do Direito Penal, tornando-o não eficiente e não funcional".[111]

Para Claus Roxin, haveria um aumento dos dispositivos penais, levando-os às alturas, devido ao crescimento de novas formas de comportamento puníveis: "uma criminalidade internacional, decorrente da abertura das fronteiras, que antes não era possível nestas proporções; mas também, por exemplo, uma criminalidade de drogas, decorrente do consumo que cresce constantemente".[112]

O problema agravou-se na medida em que passou a existir maior apego às preocupações em relação às garantias a serem conferidas aos cidadãos, de um lado, com a rigidez do dogma do princípio da legalidade (material e processual), de outro, tendo em vista as exigências dele decorrentes.

Esse fenômeno negativo iniciou-se em 1890, a partir da edição de centenas de leis penais até 1930, o que transformou o direito penal brasileiro em um verdadeiro caos. Mesmo após 1940, já na vigência do Código Penal, a inflação penal prosseguiu resultando num sistema penal falido.

---

[110] MORAES, Alexandre Rocha Almeida. A política criminal pós-1988: o Ministério Público e a dualidade entre garantismos positivo e negativo. *In*: SABELLA, Walter Paulo; DAL POZZO, Antônio Araldo Ferraz; BURLE FILHO, José Emmanuel (coord.). *Ministério Público*: vinte e cinco anos do novo perfil constitucional. São Paulo: Malheiros, 2013, p. 754.

[111] FERNANDES, Fernando. *O processo penal como instrumento de política criminal*. Lisboa: Almedina, 2001, p. 97.

[112] ROXIN, Claus. *Estudos de direito penal*. Trad. Luís Greco. 2. ed. Rio de Janeiro: Renovar, 2008, p. 16.

Conforme destaca Luiz Luisi, o "sistema penal brasileiro é um sistema ineficiente, ineficaz, um verdadeiro "elefante branco", que não ajuda em nada. E continuamos a editar leis, leis simbólicas".[113]

São conhecidas como leis simbólicas aquelas elaboradas com o fim de apaziguar o eleitor. Trata-se, sobretudo, de uma atuação política a utilizar o direito penal para provocar uma impressão na população de combate ao crime e tranquilizar o cidadão cumpridor de leis, visando acalmar a opinião pública, ainda que as leis não sejam efetivamente cumpridas.

Como consequência, a edição de leis simbólicas contribui com a contínua expansão do direito penal sem proporcionar uma solução real à criminalidade, maquiando o correto enfrentamento dos problemas causados pela existência de uma crise em todo o sistema de justiça penal.[114]

Luiz Luisi[115] argumenta ainda sobre a necessidade de se conter o desvario criminalizador em razão da inflação legislativa, ou, ainda, do patológico exagero das leis penais, colocando-lhe freios. Segundo o autor, é necessário dar uma nova forma ao princípio da legalidade, acoplando a este o princípio da necessidade, de forma a permitir o melhor controle jurisdicional da legislação, ou seja, considerando as reais oportunidade e necessidade de se aprovar determinadas leis penais.

Os novos parâmetros impostos pela pós-modernidade estabeleceram, por um lado, um conflito claro entre a criminalização e a expansão do direito penal, e, por outro, revelaram o insuficiente mecanismo burocrático processual desalinhado com as diretrizes constitucionais que deveriam formá-lo.

A ausência ou a insuficiência de outras espécies de mecanismos de proteção não jurídicos – inclusive dos jurídicos, mas não necessariamente jurídico-penais – estão desprestigiadas ou são insuficientes, a exemplo da ética social, do direito civil e do direito administrativo.[116]

---

[113] LUISI, Luiz. *Os princípios constitucionais penais*. 2. ed. Porto Alegre: Sergio Antonio Fabris, 2003, p. 116.
[114] ANDRADE, Roberta Lofrano. *Processo penal e sistema acusatório*: evolução histórica, expansão do direito penal e considerações críticas sobre o processo penal brasileiro. Rio de Janeiro: Lumen Juris, 2015, p. 161.
[115] LUISI, Luiz. *Os princípios constitucionais penais*. 2. ed. Porto Alegre: Sergio Antonio Fabris, 2003, p. 116.
[116] SILVA SÁNCHEZ, Jesús-María. *A expansão do direito penal*: aspectos da política criminal nas sociedades pós-industriais. São Paulo: RT, 2002, p. 58.

O resultado, conforme observa Jesús-María Silva Sánchez, é desalentador "porque a visão do Direito Penal como único instrumento eficaz de pedagogia político-social, como mecanismo de socialização, de civilização, supõe uma expansão *ad absurdum* da outrora *ultima ratio*".[117] Essa expansão em boa parte é inútil, "na medida em que transfere ao Direito Penal um fardo que ele não pode carregar".[118]

Assim, a expansão de novos bens jurídicos é creditada a diversos fatores: às novas realidades, à manifestação de "bens escassos", como o meio ambiente, e ainda em razão de um incremento essencial de valor experimentado pela sociedade, como consequência da evolução social e cultural, como o patrimônio histórico e artístico.

Contudo, a expansão pode se dar em um espaço de "expansão razoável" ou, por outro lado, ocorrer uma "expansão desarrazoada" do direito penal que, por consequência, atingirá todo o sistema de justiça-penal, incluindo o direito processual penal, cuja função é realizar o direito penal.

A hipertrofia legislativa causa a ineficiência e sobrecarrega a justiça criminal, estruturada atualmente em mecanismos de atuação antigos e tradicionais, insuficientes para o enfrentamento da forma atual de criminalidade praticada em todo o mundo.

Como ensina Alexandre Rocha, há que se pensar na reconstrução de um tempo de equilíbrio para a produção e a aplicação da lei penal no país, iniciando a partir de um programa com cinco diretrizes:

> 1) Recodificação da legislação penal; 2) Fixação de uma periodicidade para revisão, respeitada a reserva da lei complementar; 3) Clara delimitação dos diferentes modelos de Política Criminal; 4) Resgate de uma completa *Ciência Penal* através da utilização da Criminologia, com enfoque na jurimetria em matéria criminal; 5) A assunção pelo Ministério Público brasileiro de suas funções de agente público em matéria penal, com atuação pautada pela eficiência no enfrentamento da criminalidade, pela prevenção, através dos instrumentos normativos concedidos pelo constituinte que permitam a proteção suficiente da "segurança pública" e, finalmente, a assunção de seu papel de corresponsável pela construção de Políticas Criminais racionais, inclusive através do controle externo

---

[117] SILVA SÁNCHEZ, Jesús-María. *A expansão do direito penal*: aspectos da política criminal nas sociedades pós-industriais. São Paulo: RT, 2002, p. 61.
[118] SILVA SÁNCHEZ, Jesús-María. *A expansão do direito penal*: aspectos da política criminal nas sociedades pós-industriais. São Paulo: RT, 2002, p. 61.

da atividade legislativa, na medida em que lhe foi conferida a proteção material da ordem jurídica.[119]

A sensação de insegurança é um fenômeno a trazer problemas no sistema de justiça, em especial, diante da atuação dos meios de comunicação, resultando naquilo que se denomina sociedade do medo. A transmissão de uma imagem da realidade permite ao receptor, que está longe e distante dos fatos, a viver a mesma sensação daquele envolvido no acontecimento. O receptor da imagem, ao possuir a mesma percepção e sentimento daquele envolvido com os acontecimentos, abre espaço para percepções inexatas e para a sensação de impotência. Com razão, "por outro lado, a reiteração e a própria atitude (dramatização, morbidez) com a qual se examinam determinadas notícias atuam como um multiplicador dos ilícitos e catástrofes, gerando uma insegurança subjetiva que não se corresponde com o nível de risco objetivo".[120]

Assim, os meios de comunicação difundem a sensação de medo, de insegurança e de vitimização, como um meio de cobrar as instituições, invadindo a democracia pela emoção e motivando, por vezes, mudanças inadequadas na legislação penal ou até indevidas atuações institucionais.

A mídia exerce uma função de controle informal ao demonstrar grande colaboração para a expansão do direito penal através da sensacionalização e da dramatização de notícias criminais. Os meios de comunicação, nesse contexto, são hábeis na produção de uma sensação de insegurança, a exigir medidas dos poderes públicos, de forma a estimular a grande pressão popular por uma forte intervenção do poder público para que se aprovem reformas penais necessárias ao efetivo combate à aterrorizadora criminalidade.

No entanto, na realidade, o medo da criminalidade não é criado pelos meios de comunicação ou pelas instituições públicas, mas são as hipóteses que reforçam ou ainda estabilizam medos já existentes, "o medo do delito aparece como uma metáfora da insegurança vital generalizada".[121]

---

[119] MORAES, Alexandre Rocha Almeida de. *Direito penal racional*: propostas para a construção de uma teoria da legislação e para uma atuação criminal preventiva. Curitiba: Juruá, 2016, p. 233.
[120] SILVA SÁNCHEZ, Jesús-María. *A expansão do direito penal*: aspectos da política criminal nas sociedades pós-industriais. São Paulo: RT, 2002, p. 38.
[121] SILVA SÁNCHEZ, Jesús-María. *A expansão do direito penal*: aspectos da política criminal nas sociedades pós-industriais. São Paulo: RT, 2002, p. 40.

Diante desse cenário, o direito penal é pressionado a proporcionar maior segurança à população, a ampliar a proteção penal para pôr fim à sensação de insegurança, pouco se discutindo a modificação ou não de garantias, muitas vezes consideradas demasiadamente rígidas e, por isso, se transformando em alvos de maior flexibilização.

O processo penal tradicional, na visão explorada pela mídia, retira a igualdade de partes e paridades de armas entre acusação e defesa, desmonta garantias constitucionais irrenunciáveis, cria um "processo penal paralelo" difundido pela mídia de forma superficial e emocional que não permite a todos os envolvidos a igualdade de oportunidade para a exposição de pontos de vista. A cobertura midiática macula a presunção de inocência, de forma desconhecida ou deliberadamente ignorada, para satisfazer o sensacionalismo e os interesses de alguns, provocando o desequilíbrio entre os sujeitos do processo, deixando a percepção de que os procedimentos de apuração são obsoletos e ineficientes. O processo penal passa a ser encarado, então, como um meio demorado de se fazer justiça, em contrapartida à maneira célere e perfeita da investigação da mídia.[122]

Não se trata de reduzir a liberdade de expressão e informação, amparadas pela Constituição Federal, mas de encontrar um equilíbrio para que não se ultrapasse, nas palavras de Nieves Sanz Mulas, "el limite que separa la noticia del espetáculo, la crítica del descrédito infundado, las expresiones duras de la descalificación gratuita".[123]

Outro reflexo negativo, que pode causar ineficiência ao sistema, é o congestionamento processual. Afinal, a morosidade da justiça pode ter origem desde questões ligadas ao aparelhamento dos órgãos judiciários, como em razão de questões relacionadas ao processo. O tempo gasto para se efetuar a prestação jurisdicional surge como um dos fatores da atualidade importantes no processo penal.

A razoável duração do processo judicial, assim como os meios que garantem a celeridade de sua tramitação são direitos e garantias constitucionais a serem assegurados aos cidadãos (art. 5º, LXXVIII, da CF/1988). Um dos reflexos da morosidade do andamento dos processos

---

[122] ANDRADE, Roberta Lofrano. *Processo penal e sistema acusatório*: evolução histórica, expansão do direito penal e considerações críticas sobre o processo penal brasileiro. Rio de Janeiro: Lumen Juris, 2015, p. 123.

[123] MULAS, Nieves Sanz. Justicia y medios de comunicación. Um conflito permanente. *In*: TORRE, Ignacio Berdugo Goméz de la; MULAS, Nieves Sanz (coord.). *Derecho Penal de la Democracia vs. Seguridad Pública*. Granada: Comares, 2005, p. 24. Tradução livre: "o limite que separa a notícia do espetáculo, a crítica do descrédito infundado, as expressões duras das desqualificações gratuitas".

é potencializado justamente pela inflexibilidade do princípio da legalidade, tanto no âmbito material, como no processual.

Exemplo disso se constata na aplicação estrita do princípio da legalidade na tutela penal de lesões insignificantes, a provocar a sobrecarga de trabalho na atividade judicial em razão da persecução de delitos menores, sem a existência de uma análise detida de justa causa para a ação penal pelo órgão de acusação.

São grandes as consequências trazidas em razão da morosidade da justiça criminal, entre elas: inviabiliza-se a realização dos fins das penas, aumentam os casos de crimes não esclarecidos e a paz jurídica aos cidadãos deixa de ser assegurada, um dos principais escopos da instrumentalidade do processo penal.

O prazo entre o delito e a pena aplicada, e a probabilidade da punição possuem um efeito maior do que a própria severidade da pena aplicada, assim como uma decisão mais célere terá maior probabilidade de justiça na decisão. Afronta-se, ainda, o princípio da presunção de inocência, na medida em que a demora do processo penal ofende a paz jurídica do acusado.

Em última análise, o que se busca, "é a racional gestão dos tempos de processamento criminal, assumindo, em todas as suas consequências, a necessidade de que ele se transforme num valioso instrumento de política criminal".[124]

Como dito, o método processual penal tradicional já é obsoleto e insuficiente para se realizar um efetivo combate à criminalidade contemporânea. Diante disso, deve-se atribuir ao órgão acusatório instrumentos fundados na adoção de técnicas e de políticas criminais, para que possa atuar trazendo resultados eficazes e adequados à modernização e ao enfrentamento da evolução da criminalidade.

Há que se renovar a ciência penal, a partir do implemento de novos métodos e técnicas processuais, formas de interpretação, utilização de institutos vigentes conforme os valores fixados na Constituição Federal, na legislação infraconstitucional, nos tratados e nas convenções internacionais.

O direito, em especial o processual penal, não cumprirá a sua missão se não houver uma aproximação com o seu destinatário final, a sociedade, pois o contato com a realidade social pode permitir a compreensão das reais necessidades da sociedade para a implantação

---

[124] FERNANDES, Fernando. *O processo penal como instrumento de política criminal*. Lisboa: Almedina, 2001, p. 102.

de políticas criminais aptas a efetivar uma resposta do Estado, evitando-se as mazelas relacionadas ao sistema de justiça penal conforme se conhece atualmente, como a sensação de insegurança, o descrédito e o justiçamento privado.

Embora o processo penal brasileiro esteja em evolução para concretizar seus objetivos diante dos desafios impostos pela evolução da sociedade, essa construção deve ser solidificada segundo as normas constitucionais, de forma a estruturar um modelo de processo penal atual, sem se descuidar das garantias fundamentais que protegem harmoniosamente o acusado e a sociedade ao mesmo tempo.

Assim como o processo penal, o Ministério Público deve se reportar a sua conformação constitucional para enfrentar esses desafios contemporâneos, de forma a maximizar a tutela dos direitos fundamentais mediante um planejamento, visto que a segurança pública é um dos seus principais objetivos constitucionais, considerando a existência do monopólio da ação penal pública.[125]

Nesse panorama, para enfrentar os problemas sociais contemporâneos que ultrapassam fronteiras geográficas, dada a evidência do expansionismo transfronteiriço dos delitos, o Ministério Público deve estruturar-se em torno da tutela dos direitos – não de estruturas formais e territoriais – mas a partir de uma orientação fundada na premissa de que um empecilho processual não justificado em direitos fundamentais deve ser removido dogmaticamente, por desviar de uma ideologia processual constitucional.[126]

Conforme adverte Alexandre Rocha, é preciso que o Ministério Público

> compreenda que, assim como não é mais possível combater a criminalidade contemporânea com instrumentos e com a dogmática de inspiração clássica, a Instituição não pode continuar simplesmente a agir com o modelo de intervenção pensado pelo legislador na década de 40 do século passado.[127]

---

[125] ZANETI JÚNIOR, Hermes. *O Ministério Público e o processo civil contemporâneo*. 2. ed. São Paulo: Juspodivm, 2021, p. 65.

[126] ZANETI JÚNIOR, Hermes. *O Ministério Público e o processo civil contemporâneo*. 2. ed. São Paulo: Juspodivm, 2021, p. 66.

[127] MORAES, Alexandre Rocha Almeida. A política criminal pós-1988: o Ministério Público e a dualidade entre garantismos positivo e negativo. *In*: SABELLA, Walter Paulo; DAL POZZO, Antônio Araldo Ferraz; BURLE FILHO, José Emmanuel (coord.). *Ministério Público*: vinte e cinco anos do novo perfil constitucional. São Paulo: Malheiros, 2013, p. 761-762.

CAPÍTULO 3

SISTEMA PROCESSUAL PENAL E O CONTORNO CONSTITUCIONAL

Neste capítulo serão abordados os modelos de sistemas processuais penais e os seus respectivos desenvolvimentos históricos, desde a origem, até o surgimento do constitucionalismo e a promulgação da Constituição Federal de 1988, apontando quais as consequências jurídicas decorrem do emprego de cada sistema processual no âmbito do processo penal.

3.1 Modelos estruturais do processo penal

Assim como os Códigos de Processos Penais, os sistemas processuais penais se espelharam nos diversos interesses políticos e ideológicos que imperavam nos diferentes contextos sociais e épocas históricas. Era o modo pelo qual o Estado se posicionava entre a autoridade e a liberdade individual.

Diante disso, a evolução de uma visão privatística para uma concepção publicista do processo deu-lhe autonomia científica, de forma a criar um objeto, um método e princípios que lhes são próprios.

O direito romano, no aspecto processual, deixou registradas algumas marcas nesse contexto. Dividido em três períodos – considerando cada um deles de 12 séculos –, o direito romano divide-se em período de realeza,[128] período republicano[129] e período imperial.[130] No período

---

[128] Em 529 a. C., da fundação de Roma até a substituição do Rei por dois cônsules.
[129] Até 27 a. C., com a sagração de Otávio Augusto como imperador.
[130] De Otávio Augusto ao início do governo de imperador Diocleciano, em 824 d.C. (alto império), e de Diocleciano à morte do imperador bizantino Justiniano, em 526 d.C. (baixo império).

da realeza, não há muitos registros sobre como seria a persecução penal; os poderes eram delegados aos magistrados, quando o rei não os exercia diretamente. Através da *provocatio*, era possível o povo elaborar uma reclamação, o que representava uma garantia do cidadão romano contra o poder coercitivo do magistrado, consolidando-se, assim, um primeiro tipo de processo penal, o comicial. Os magistrados, apesar de continuarem a ser inquisidores públicos e detentores de amplos poderes, tinham suas decisões passíveis de anulação pelos tribunais populares.[131]

Na fase republicana, o poder de decidir e de requerer foi transferido dos magistrados para o cidadão. A acusação pública também passou a ser feita pelo particular, condicionando a persecução penal iniciada pela vítima, consolidando-se, assim, o sistema acusatório.[132] Na acusação, o acusador apresentava o libelo com a indicação do crime e da lei violada; em seguida, havia um procedimento de pesquisa de autoria e materialidade pelo acusador com a presença do acusado, que poderia fiscalizar os atos do acusador. O magistrado ouvia o acusado e proferia a sentença, após debate, abrindo-se a possibilidade de apelação.

Na fase imperial, houve uma nova mudança, com a presença marcante do imperador e dos seus delegados, com a mudança dos tribunais e o exercício da persecução penal nas mãos de funcionários do Estado. Era nítida a influência do cristianismo, a volta de procedimento *ex officio*, de privilégios de senadores e eclesiástico, de maneira que a acusação penal pública embasou a Inquisição, pois os funcionários públicos encarregados de perseguir penalmente os fatos puníveis chegavam ao seu conhecimento por meio de uma instrução escrita e secreta.[133]

O declínio do Império Romano e a consolidação do cristianismo como doutrina hegemônica marcaram o início da época feudal, com o predomínio e o controle eclesiástico influenciando a sociedade, seus valores culturais e o poder político. Surge, então, o sistema inquisitório, entre os séculos XII e XIII, no âmbito da Igreja Católica.

---

[131] ANDRADE, Roberta Lofrano. *Processo penal e sistema acusatório*: evolução histórica, expansão do direito penal e considerações críticas sobre o processo penal brasileiro. Rio de Janeiro: Lumen Juris, 2015, p. 10-12.

[132] ANDRADE, Roberta Lofrano. *Processo penal e sistema acusatório*: evolução histórica, expansão do direito penal e considerações críticas sobre o processo penal brasileiro. Rio de Janeiro: Lumen Juris, 2015, p. 12.

[133] ANDRADE, Roberta Lofrano. *Processo penal e sistema acusatório*: evolução histórica, expansão do direito penal e considerações críticas sobre o processo penal brasileiro. Rio de Janeiro: Lumen Juris, 2015, p. 14-15.

Com o enfraquecimento do poder real pelo feudalismo, as jurisdições laicas foram arruinadas e a Igreja atingiu seu apogeu, com a jurisdição eclesiástica aumentando sua competência e passando a julgar os particulares.

O período da Inquisição teve início em 1232, com o imperador Frederico II, ao lançar editos para perseguir os hereges em todo o império, temendo perseguições internas. Também o Papa Gregório IX, preocupado com as aspirações do imperador, instituiu os inquisidores papais, denominando-a Inquisição Medieval, consistente na identificação, no julgamento e na condenação de suspeitos de heresia.[134]

Inicialmente, o sistema processual foi estruturado nos juízos de Deus, firmado nas fórmulas do juramento (aos mais ricos), no duelo e nas ordálias (para o restante do povo). Basicamente, o acusado era submetido a uma prova e, a partir do seu resultado, decidia-se o conflito pelo juiz, acreditando-se que adviria de uma vontade divina. O juiz poderia recorrer a um ente superior, como Deus, para auxiliá-lo na justiça.

Esse sistema passou a ser desacreditado no final do século XII, tendo em vista a utilização de provas irracionais decorrentes da manifestação da divindade e da utilização de métodos judiciais rudimentares.

Os juízos de Deus, em razão da impossibilidade (IV Concílio de Latrão – 1215) de utilizarem essas provas, foram proibidos, ascendendo a fase inquisitória. Nesse período, a Igreja se viu ameaçada pelo surgimento de diferentes religiões, cujos pensamentos eram alheios à Igreja Católica. O cristianismo se viu abalado, e sua doutrina começou a ser questionada e a receber críticas dirigidas às "verdades" do mundo católico. Além dessa nova realidade religiosa, a sociedade da época vivia uma forte expansão do comércio, o que levou ao surgimento de significativas desigualdades sociais e ao aumento da criminalidade.

Surgiu, assim, a necessidade de se dar uma resposta à criminalidade a partir de uma mudança no processo penal, pois sua antiga estrutura não surtia mais efeitos.

A Igreja estava em risco, na medida em que sua doutrina não era mais seguida e respeitada, o que a levou a agir mediante mecanismos de repressão, de controle e de punição, impondo a condição de herege àquele que questionasse, negasse ou aderisse a outra religião ou doutrina. O herege, afinal, atacava a doutrina da fé, o bem mais

---

[134] ANDRADE, Roberta Lofrano. *Processo penal e sistema acusatório*: evolução histórica, expansão do direito penal e considerações críticas sobre o processo penal brasileiro. Rio de Janeiro: Lumen Juris, 2015, p. 19.

precioso da Igreja, e poderia influenciar outra pessoa, por isso, deveria ser combatido e perseguido.

A Igreja e o Estado eram aliados, por isso, os soberanos acreditavam que era um dever contribuir para eliminar as heresias, pois, embora a Inquisição fosse uma instituição idealizada e denominada pelo Papa, contava também com a aprovação dos soberanos.

O Papa Lúcio III, junto ao Imperador Frederico I, promulgou a Bula *Ad Abolendam*, determinando a perseguição aos hereges e trazendo uma forma de investigação e de punição como atribuição da jurisdição dos bispados.

Essa medida não impediu a propagação da heresia, que continuava a ameaçar os eclesiásticos, levando-os a adotar outras medidas. O Papa Inocêncio III,[135] ao constatar o enfraquecimento da autoridade da Igreja, editou a bula *Vergentis in Senium*,[136] confirmando as regras praticadas pela bula anterior e ressaltando o dever de perseguir e de exterminar os inimigos e traidores da Igreja, os hereges, vistos como os responsáveis por dissolver e deteriorar o mundo.[137]

Nesse período, não havia uma sistematização do direito, em especial, do próprio direito penal. Eram impostas severas punições revestidas de verdadeira vingança pública, que desrespeitavam os limites proporcionais ao mal supostamente provocado.

Para combater os hereges e garantir o cumprimento dos delitos, o Papa Inocêncio III convocou o IV Concílio de Latrão, obrigando a confissão privada anual com a finalidade de se absolver dos pecados e de salvar a alma. A determinação visava, no entanto, e principalmente, obter informações sobre casos de heresia. Nesse cenário, a confissão era, então, uma espécie de canal pelo qual a Igreja obtinha informações sobre os possíveis hereges e para, em seguida, persegui-los.

O Papa Gregório IX criou um sistema a partir da bula *Excommunicamus*, os Tribunais da Inquisição e a Inquisição delegada, cujo objetivo era enviar eclesiásticos a diversos lugares para perseguir, inquirir e condenar os hereges.

Os Tribunais da Inquisição foram consolidados e sistematizados a partir da bula *Ad Extirpanda*, em 15 de maio de 1252, através do

---

[135] Assumiu o papado em 1198.
[136] Datada de 25 de março de 1199.
[137] A bula *Vergentis in Senium* preparou o terreno para a repressão canônica, permitindo a aplicação de medidas mais severas contra os que colaborassem, defendessem, acolhessem, ou ainda, fossem adeptos aos hereges, equiparando a heresia ao crime de lesa-majestade, o mais grave da época.

Papa Inocêncio IV, tomando, então, a forma pela qual foi conhecida e difundida por todo o mundo. Com essa nova estrutura, o controle do processo penal passou às justiças eclesiásticas inquisitoriais, excluindo-se o órgão acusador, de maneira a eliminar o *actum trium personarum*. Independentemente da acusação, o procedimento criminal era instaurado com base em simples declarações ou de ofício, mediante investigação secreta. Era possível recolher denúncias anônimas colocadas em caixas apropriadas e distribuídas em regiões que recebiam o nome de "bocas da verdade".

O suspeito poderia ser preso a qualquer momento sem saber o que seria feito contra ele, o que havia em seu desfavor, quais eram os motivos da prisão ou quem o acusava. Tratava-se de procedimento secreto, oficioso, escrito e não contraditório, que poderia ser baseado em declarações de testemunhas as quais o acusado não tinha acesso, tendo em vista a preservação das identidades. Assim, o inquisidor tinha como tarefa inquirir, acusar e julgar ao mesmo tempo, ou seja, era encarregado do impulso oficial.

O imputado, o herege, era considerado mero objeto de investigação, visto que não havia partes no sistema inquisitório, por tratar-se da busca de um pecador, cuja verdade absoluta deveria ser extraída a qualquer custo para proteger a Igreja.

O herege deveria ser reprimido, vigiado e exterminado, tornando crime e pecado sinônimos. O processo penal servia para absolver (do pecado) e punir (o crime), ainda que fosse preciso condenar e queimar na fogueira.

Os inquisidores, por sua vez, buscavam a verdade histórica, necessária para decidir e condenar e, diante disso, procuravam suspeitos de heresia para submetê-los a investigações e torturas, sob a anuência do Papa Inocêncio VIII, que os instruía a usar a tortura não só para obter a confissão, mas também para dramatizar os horrores do inferno. Com a confissão, encerrava-se a tortura, o que levava muitas vítimas a admitirem a prática de crimes hediondos.

A confissão tornou-se, então, a melhor forma de se chegar à verdade, pois não era necessário acrescentar-lhe outras provas, o que reforçava a permissão para a tortura.[138] Conhecida como *regia probationum*,

---

[138] Tudo legalizado, pelo Papa Inocêncio IV, em 1252, e abençoado pelo Papa Alexandre VI, em 1261. Época em que se chamou a confissão de a "rainha das provas". *O Manual dos Inquisidores*, de 1376, escrito pelo catalão Nicolau Eymerich, revisado e ampliado por Francisco de La Peña, em 1578, era o documento que orientava a prática inquisitiva dos Tribunais do Santo Ofício. ARAÚJO, Fábio Roque. *Direito penal didático*: parte geral. 3. ed. Salvador: Juspodivm, 2020, p. 220.

tinha no interrogatório seu ato essencial, que exigia o conhecimento de técnica especial a ser aplicada.[139]

O sistema inquisitivo, então, possuía as seguintes características: seu órgão julgador era composto por juízes ou magistrados permanentes; havia um juiz investigador, que dirigia o processo, acusava e julgava (posição superior ao acusado); a acusação era feita de ofício e aceita até mesmo por meio de denúncia secreta; o processo se dava por escrito e não possuía contraditório; a prova era tarifada, a sentença não fazia coisa julgada e a prisão era a regra do processo.[140]

Inicialmente, a ação penal era privada, de modo que ao ofendido ou a qualquer do povo era outorgada a tarefa de acusar publicamente aquele que tivesse praticado uma infração penal. Pouco se importava o Estado com o resultado do processo, que dependia exclusivamente da atuação das partes.

A partir da influência do direito canônico surgiu o sistema inquisitório, no qual o juiz formulava a acusação e perquiria a prova, de forma que desaparecera o frágil triângulo processual, formando-se uma relação entre juiz e réu, passando este último a ser um objeto de investigação do processo, desprovido de qualquer direito.

Não havia imparcialidade do juiz e todo o procedimento era baseado praticamente na confissão do acusado. As provas serviam apenas para certificar o acerto da acusação e eram colhidas pelo juiz-inquisidor.

Nem mesmo o sistema de prova legal ou tarifada coibiu os abusos, pois como o juiz conhecia os valores das provas, empenhava-se para extrair a confissão do acusado, uma prova plena, mesmo que fosse pela tortura ou pelo uso de recursos amparados em crenças religiosas e místicas. O sistema inquisitivo traz, assim, como sua marca característica, a gestão de prova, recolhida secretamente pelas mãos do magistrado.

O método de processo penal inquisitivo, instaurado conforme os interesses da Igreja, perdurou ainda pela Idade Moderna, entre os séculos XVI, XVII e XVIII, e atingiu seu ápice na formação do Império da Espanha, sob o reinado de Fernando de Aragão, ao pretender realizar um procedimento de limpeza em relação a mouros e judeus.[141]

---

[139] ANDRADE, Roberta Lofrano. *Processo penal e sistema acusatório*: evolução histórica, expansão do direito penal e considerações críticas sobre o processo penal brasileiro. Rio de Janeiro: Lumen Juris, 2015, p. 25.

[140] POLI, Camilin Marcie de. *Sistemas processuais penais*. Florianópolis: Empório do Direito, 2016, p. 109.

[141] ANDRADE, Roberta Lofrano. *Processo penal e sistema acusatório*: evolução histórica, expansão do direito penal e considerações críticas sobre o processo penal brasileiro. Rio de Janeiro: Lumen Juris, 2015, p. 29.

A inquisição medieval foi utilizada de forma ainda mais violenta, pois tinha finalidade política, na medida em que seu objetivo era perseguir uma ameaça ao poder. O objetivo do viés político do processo penal inquisitório foi o de debelar rebeliões que poderiam desestabilizar a nobreza, a qual era imbricada à Igreja Católica.[142]

A bula Licet ab initio, de 1542, formulou a Congregação do Santo Ofício, composto por cardeais que instruíam e concluíam processos por heresia cujos acusados eram julgados por membros do clero, que se dividiam entre os Tribunais Eclesiásticos e os Tribunais Seculares.

No Brasil, a Inquisição chegou através de Portugal. Como não havia tribunais de inquisição permanente, os bispos recebiam delegação para prender, confiscar bens e enviar prisioneiros a Lisboa, para lá serem julgados.[143]

Através da evolução do pensamento humano foi preciso retirar do juiz as funções persecutórias, contudo, sem retirar do Estado a persecução penal. Havia a necessidade de se criar mecanismos seguros para o exercício de uma atividade jurisdicional justa, independente da vontade das partes ou do interesse das partes privadas. O juiz, afinal, deveria se manter imparcial.

O sistema inquisitório foi desacreditado por incidir no erro de acreditar que uma mesma pessoa pudesse investigar, acusar, defender e julgar. Dessa forma, abriu-se espaço para o pensamento de um novo sistema processual penal. Fundado nessa perspectiva, foi construído na Inglaterra do século XI um novo sistema processual penal, pautado numa ideologia liberal já presente na *Magna Charta Lertatum* de João Sem-Terra (1215), e intensificado pelo *Bill of Rights* (1689), apresentando-se na melhor forma e a perdurar até hoje sem grandes modificações.

O processo penal na Inglaterra apresentou-se como um processo de partes, incluindo contraditório; o juiz (passivo) estava afastado da produção de provas, pois estas eram produzidas pelas partes. O acusado, réu, era portador de direitos e de garantias individuais inafastáveis, como a imparcialidade do julgador, o qual somente irá presidir a audiência e proferir a decisão final com base nas provas produzidas pela acusação e pela defesa.

---

[142] ANDRADE, Roberta Lofrano. *Processo penal e sistema acusatório*: evolução histórica, expansão do direito penal e considerações críticas sobre o processo penal brasileiro. Rio de Janeiro: Lumen Juris, 2015, p. 32.

[143] ANDRADE, Roberta Lofrano. *Processo penal e sistema acusatório*: evolução histórica, expansão do direito penal e considerações críticas sobre o processo penal brasileiro. Rio de Janeiro: Lumen Juris, 2015, p. 31.

As três funções processuais foram entregues a sujeitos diferentes sem que houvesse retorno à acusação privada. Esse foi o processo penal surgido modernamente, baseado no modelo *actum trium personarum*. A acusação foi desassociada do julgador, separando-se as atividades processuais de julgar e acusar; passou-se a exigir do juiz a postura de mero espectador, deixando a gestão da prova nas mãos das partes, nunca do juiz.

Assim, são características do sistema contraditório a paridade na colheita de provas, o fato de ser oral, público e contraditório, além de assegurar a ampla defesa. Destaca-se, assim, o fato de o juiz não exercer a atividade probatória, por isso, ser visto como um terceiro imparcial. Essa moderna estrutura do processo penal permitiu que o instrumento de repressão penal fosse uma forma de autolimitar o Estado, ao permitir o uso de um método para se descobrir a verdade possível, mas garantir os direitos individuais dos envolvidos. Essa foi a estrutura que deu forma ao sistema acusatório.

Após a Revolução Francesa, diante de novo quadro político formado na Europa Ocidental, houve um sentimento de ser necessária a restruturação processual vigente à época, mais próximo ao ideal iluminista penal reformador, contrário à tortura e ao caráter despótico do sistema inquisitório, ligado, portanto, aos valores garantistas. Adotou-se, então, o sistema acusatório, inspirado na experiência inglesa, baseado na participação da população, no júri e nos princípios da oralidade, da publicidade, do contraditório e na livre convicção do juízo.

A Constituição francesa de 1791 consagrou o princípio da legalidade ao reconhecer o império da lei como forma da vontade do povo, a divisão de poderes constituídos e a liberdade dos cidadãos, que passaram a ser identificados como sujeitos de direitos fundamentais, universais e inalienáveis.[144]

Nesse período, a partir das ideias iluministas, buscou-se sistematizar as leis, iniciando-se o discurso da necessidade de se codificar a legislação, devendo as leis, para os iluministas, "ser poucas, claras e simples, sendo movimento de codificação o desaguadouro natural dos anseios racionais de reforma da legislação".[145]

---

[144] TURESI, Flávio Eduardo. *Justiça penal negociada e criminalidade macroeconômica organizada*: o papel da política criminal na construção da ciência global do direito penal. Salvador: Juspodivm, 2019, p. 32.

[145] TURESI, Flávio Eduardo. *Justiça penal negociada e criminalidade macroeconômica organizada*: o papel da política criminal na construção da ciência global do direito penal. Salvador: Juspodivm, 2019, p. 33.

Algumas mudanças oriundas da Revolução afirmavam o direcionamento para o sistema acusatório:

> a Lei de 11 de agosto de 1789 suprimiu as justiças senhorais; sucessivamente, a Lei 8-9 de outubro de 1789 trouxe publicidade ao processo e o direito de defesa do acusado, [...]; a Lei de 16-24 de agosto de 1790 introduziu o júri em matéria penal e deu publicidade a ele; a Lei de 16-29 de setembro de 1791 reestruturou a organização judiciária e definiu a estrutura acusatória no processo penal, importando e adaptando técnicas do processo inglês.[146]

Rapidamente essas Leis foram substituídas pelo *Code des Délits et des Peines*, em 1795, que tratava de questões processuais, retornando ao modelo inquisitivo da *Ordennance* de 1670, voltando a conceder poderes ao juiz presidente do júri para o descobrimento da verdade, através da utilização de todos os esforços para a sua promoção. Tendo em vista o quadro político da época, discutiu-se uma forma de se retomar o sistema anterior, mas sem deixar de lado os avanços promovidos por um sistema acusatório.

Nesse sentido, surgiu o sistema misto na França, com o *Code d'Instruction Criminelle*, o Código Napoleônico, que entrou em vigor em 1º de janeiro de 1811. Embora tenha havido uma uniformização do direito limitando o uso da tortura, institui-se um processo de partes sem colocar fim ao sistema processual existente, mantendo, assim, a base estrutural precedente. O Código Napoleônico, embora tenha causado muita discussão e divergência à época,[147] visto que alguns defendiam um sistema mais garantista, na prática, laicizou o inquisitorialismo e instrumentalizou um processo de inquisição com a presença de partes.[148]

O processo criminal instalado pelo Código Napoleônico possuía diversas fases:

> a propositura da ação; inquisição geral (instrução preparatória, que era secreta e destinada a angariar provas para fundamentar a inquisição

---

[146] POLI, Camilin Marcie de. *Sistemas processuais penais*. Florianópolis: Empório do Direito, 2016, p. 154-155.

[147] Conselheiro de Estado Henry Pussort e o Ministro Jean-Batiste Colbert (seu sobrinho) convenceram o Rei sobre a ideia do Código, vencendo posições contrárias, como a do presidente do Parlamento de Paris Guillaume de Lamoignon, que se manifestava de maneira mais razoável ao garantismo. POLI, Camilin Marcie de. *Sistemas processuais penais*. Florianópolis: Empório do Direito, 2016, p. 136-137.

[148] POLI, Camilin Marcie de. *Sistemas processuais penais*. Florianópolis: Empório do Direito, 2016, p. 136.

especial); inquisição especial (instrução definitiva, que aconteceria quando existisse prova incriminadora contra pessoa determinada, que estava sujeito à prisão imediata); juízos interlocutórios (*v.g.* decisão que impunha à tortura o acusado, nos casos de fortes indícios e possibilidades de pena capital); juízo definitivo (após a produção da prova, onde o principal se baseava no interrogatório do acusado, remetia-se o processo a juízo e decidia-se sobre a sua continuação); e apelo.[149]

Havia três órgãos nesse sistema: o Ministério Público, composto pelos Procuradores do Rei, a este competindo a ação, manifestação necessárias no processo, com exceção na atuação de ofício; o Instrutor, o juiz, e a Corte.

O exercício da ação penal poderia ocorrer de três formas: a primeira, através da denúncia, realizada pelo *Procureur du Roi* ou pelo *Procureur fiscal* (das cortes senhorais), e poderia ser elaborada por qualquer cidadão que tivesse conhecimento de um crime; a segunda é a querela, elaborada pela parte pública nas hipóteses de crimes cuja punição seria pena aflitiva ou infamante, baseada na ordem social ou ainda pela parte civil, nos crimes baseados em interesses privados que tenham prejudicados; e a terceira, de ofício pelo juiz, pois todos os juízes eram considerados Procuradores-Gerais. O início da instrução preparatória pelo juiz poderia ocorrer sem qualquer comunicação ao Ministério Público.

A fase de instrução preparatória, confiada ao juiz instrutor, iniciava-se pela denúncia, pela querela ou pelo juiz de ofício e servia para coletar informações sobre o crime, sem a participação do acusado, que só conhecia as informações após ser interrogado, e o próprio interrogatório. Era uma fase secreta, escrita, judicial e sem defesa.

O processo penal voltou a servir como modelo de defesa ideológica do governo da época, uma forma de legalizar a violência contra pessoas acusadas, tornando-se novamente um mecanismo de agressão e de desrespeito aos direitos básicos do ser humano.

O modelo implementado possuía elementos pertencentes aos sistemas inquisitivo e acusatório, com fases distintas e separadas, uma de instrução e outra de julgamento. Numa primeira fase de persecução, havia uma investigação preliminar, a cargo do juiz instrutor, destinada a produzir provas do crime e seus agentes, com características de inquisitorial,

---

[149] POLI, Camilin Marcie de. *Sistemas processuais penais*. Florianópolis: Empório do Direito, 2016, p. 137-138.

pois era escrita, secreta, não contraditória e sem a participação do acusado. Na segunda fase, por sua vez, a persecução ocorria perante o júri, para se apurar as responsabilidades dos agentes em relação aos fatos praticados. Como características marcantes dessa fase citam-se as acusatórias, como a publicidade, a oralidade e a contraditoriedade.

Ao final das investigações, o juiz instrutor, após comunicar o Ministério Público, remetia os autos à Câmara do Conselho, composta ao menos por três juízes, se houvesse entendimento de que não existiam provas suficientes para a imputação; se o fato não fosse considerado crime ou contravenção, declarava-se não haver lugar para a acusação; se preso, era colocado em liberdade. Porém, se o entendimento fosse de que era passível de punição com penas aflitivas ou infamantes, os autos eram remetidos ao Procurador-Geral atuante junto a Corte Imperial, para que este pudesse elaborar a acusação.

Dessa forma, se cabível a acusação, a Corte Imperial decidiria se o acusado seria submetido à Corte de Assises ou à Corte Especial. Antes disso, contudo, era possível deliberar a execução de algum ato ou a realização de alguma diligência, não se permitindo a intervenção das partes, acusado ou testemunha. A Corte poderia concluir pela inexistência de provas do crime ou da culpabilidade do acusado, colocando-o em liberdade, se não estivesse preso por outro motivo.[150] O julgamento perante a Corte de Assises, na segunda fase da persecução, era público, oral e com contraditório, pois havia participação da defesa.

Contudo, esse contraditório era limitado, por ser mais aparente que real, na medida em que se permitia o uso de todos os depoimentos e demais elementos utilizados na fase inquisitorial (os colhidos de forma unilateral e com métodos inquisitórios), assim, poderiam ser utilizados nessa fase de julgamento e incidiam na decisão, podendo os jurados deles se valerem para sua íntima convicção, sem necessidade de fundamentar a sua decisão.

O presidente do júri tinha autoridade para tomar qualquer decisão que entendesse necessária para descobrir a verdade, podendo à sua discricionariedade transmitir as informações que julgasse relevantes aos jurados.

Uma crítica da doutrina diz respeito ao fato de que a segunda fase, embora fosse pretensamente acusatória, restaria completamente contaminada pelos elementos produzidos na primeira. Dessa forma,

---

[150] POLI, Camilin Marcie de. *Sistemas processuais penais*. Florianópolis: Empório do Direito, 2016, p. 166-167.

"quando se pode transportar para o julgamento a prova recolhida pela polícia, seja como fonte única de prova seja como fonte prevalente, não se pode definir o processo como 'misto', mas sim essencialmente inquisitório".[151]

Assim, Napoleão não incorporou o espírito iluminista da Revolução Francesa, pois aparelhou o processo penal de maneira a manter uma estrutura política movida pelo poder, de forma que a gestão de provas permanecesse concentrada nas mãos do juiz, possibilitando ainda que numa fase considerada "acusatória" todos os elementos produzidos sob os métodos inquisitórios fossem decisivos para uma condenação, sem prever qualquer mecanismo de controle permitido para questionar esses atos e provas.

Embora parte da doutrina afirme que o Código Napoleônico ou Reformado teria apresentado um sistema processual misto, alguns argumentam que não existe um novo sistema, vez que aquele apresentado como modelo misto trata-se, em essência, de um sistema inquisitório. Ainda que o Código Napoleônico tenha apresentado uma mudança formal para o sistema acusatório, manteve sua estrutura inquisitorial, pois, conforme adverte Jacinto Nelson de Miranda Coutinho,[152] não é possível a conciliação de dois opostos.

Nesse sentido também Carlos Alberto Garcete,[153] ao concluir:

> Portanto, não há, em nossa visão, sistema misto, porque não se colhem mais características do modelo inquisitorial histórico. Além disso: dentro da evolução doutrinária que se pretende, na qual cada sistema deve consubstanciar em um ou mais núcleos fundantes, não há mais que se falar na (tão propalada) existência de sistema misto.

Há, ainda, aqueles que mencionam o sistema adversarial, nascido na Inglaterra, que não se confunde com o sistema acusatório ou com o sistema inquisitivo.

Esse sistema se difere dos modelos convencionais de tradição continental – inquisitório e acusatório – de origem anglo-saxônica,

---

[151] POLI, Camilin Marcie de. *Sistemas processuais penais*. Florianópolis: Empório do Direito, 2016, p. 175.

[152] COUTINHO, Jacinto Nelson de Miranda. Sistema acusatório. Cada parte no lugar constitucionalmente demarcado. *Revista de Informação Legislativa*. Brasília, ano 46, n. 183, jul./set. 2009, p. 109.

[153] GARCETE, Carlos Alberto. *Sistemas Jurídicos no Processo Penal*: uma compreensão a partir da *civil law* e *common law*, os transplantes jurídicos e os sistemas inquisitório, acusatório e adversarial. São Paulo: Thomson Reuters Brasil, 2022, p. 104.

conhecido como "adversário", nascido na conquista normanda à Bretanha e da introdução de costumes locais para a resolução de conflitos, com as principais características: "(a) processo penal de partes; (b) princípio da aportação (contribuição) que deriva do item anterior; (c) neutralidade e imparcialidade do juiz".[154]

Para Ada Pellegrini Grinover,[155] a dissidência na doutrina no que tange ao que diferencia os sistemas está assentada na confusão entre o sistema acusatório moderno e o *adversarial system* dos países anglo-saxônicos, de maneira a influenciar o papel do juiz no processo penal. Segundo a autora, a gestão da prova a cargo do juiz não está ligada ao sistema, mas ao modo como se conduz o processo. No *adversarial system*, o impulso do processo está a cargo das partes, enquanto no *inquisitorial system*, as atividades de impulso recaem sobre o juiz, como ocorre na Europa continental e nos países influenciados.

É o que explica Renato Stanziola Vieira:

> o sistema acusatório se preocupa com a divisão das funções com foco na vedação do juiz na formação dos elementos probatórios, o sistema adversarial é forjado com prevalência na atuação das partes no processo e, mediatamente, atinge o juiz em seu poder instrutório.[156]

O sistema adversarial está fundado sobre a premissa de que as partes em litígio conduzem cada uma a sua investigação para descobrir a verdade, de maneira que apresentem teorias sobre a lei e sobre o caso concreto no tribunal, no qual o juiz é efetivamente neutro e inerte. Nesse sistema, pode haver uma atividade parcial na colheita da prova, apresentando apenas aquelas que mais interessam, fomentando as partes a suprimir ou ainda a distorcer elementos de provas que lhes sejam desfavoráveis.

A intervenção do juiz só ocorrerá quando for determinado por lei ou uma das partes solicitar. Esse modelo, utilizado no direito anglo-americano, não é adotado em sua pureza no direito norte-americano, pois, além de ser alvo de severas críticas, é um sistema que encoraja

---

[154] GARCETE, Carlos Alberto. *Sistemas Jurídicos no Processo Penal:* uma compreensão a partir da *civil law* e *common law*, os transplantes jurídicos e os sistemas inquisitório, acusatório e adversarial. São Paulo: Thomson Reuters Brasil, 2022, p. 104.

[155] GRINOVER, Ada Pellegrini. A iniciativa instrutória do juiz no processo penal acusatório. *Revista do Conselho Nacional de Política Criminal e Penitenciária*, Brasília, v. 18, jan./jun. 2005, p. 71-79.

[156] VIERA, Renato Stanziola. *Paridade de armas no processo penal*. (coord.) Gustavo Badaró e Petronio Calmon. Brasília: Gazeta Jurídica, 2014, p. 155.

as partes a apresentarem versões deturpadas e enganosas, inclusive inverídicas sobre os fatos.

Como esclarece Carlos Alberto Garcete:[157]

> Diversamente do modelo acusatório continental, o sistema adversarial é um padrão em que a produção de provas é de total responsabilidade das partes interessadas, sem qualquer intervenção do Estado-juiz, que se mantém sempre equidistante. É dizer: enquanto, na *common law*, as partes se encarregam de coletar a prova de seu interesse, no padrão *civil law* a prova no processo penal é judicializada, ou seja, é produzida por e diante do Poder Judiciário.

Esse sistema adversarial baseia-se na teoria de que as partes estarão em igualdade (formal) de condições, contudo, aventa-se a possibilidade de injustiça na medida em que essa igualdade das partes pode ser questionada. Isso porque, para sua real condição, tanto os promotores como os advogados possuem habilidades específicas, além de mecanismos e aparatos próprios de investigação. O sistema é criticado, por exemplo, quanto à desigualdade entre os órgãos estatais incumbidos da investigação, pois estes possuem maior aparelhamento em relação aos acusados.

As desigualdades socioeconômicas externas ao processo penal nele repercutem, podendo haver desigualdade entre os próprios acusados, ou seja, na própria distribuição de justiça. Assim, o acusado rico pode bancar uma defesa aparelhada e alcançar fontes mais eficazes de prova para induzi-las no processo penal, enquanto o acusado pobre, ao arcar com uma defesa técnica menos habilitada, poderá ter o seu combate processual prejudicado em razão da impossibilidade de obter recursos para aplicar em sua própria defesa.

Para Pedro Henrique Demercian,[158] o sistema adversarial não é encarado como uma disputa, mas como uma indagação, uma perquirição na qual a Corte é instada a reunir elementos de provas, de forma independente, para depois avaliá-las e julgá-las.

Em razão de o tribunal não estar preso à disputa pelas partes, para esse sistema não interessa se houve ou não admissão de culpa, ou ainda, o que foi oferecido em troca pelo promotor. O procedimento

---

[157] GARCETE, Carlos Alberto. *Sistemas Jurídicos no Processo Penal*: uma compreensão a partir da *civil law* e *common law*, os transplantes jurídicos e os sistemas inquisitório, acusatório e adversarial. São Paulo: Thomson Reuters Brasil, 2022, p. 107.

[158] DEMERCIAN, Pedro Henrique. *Regime jurídico do Ministério Público no processo penal*. São Paulo: Verbatim, 2009, p. 21.

será conduzido indiferente ao trabalho da acusação. No processo penal adversarial, "ganha quem argumenta melhor, dadas as armas disponíveis aos contendores. As regras do jogo são dirigidas às partes. Ganha quem joga melhor".[159]

Ainda que haja pontos críticos sobre o sistema adversarial, esse modelo pode ser apresentado como potencialmente melhor por tratar com seriedade a ideia de igualdade de posições entre acusado e acusador. Renato Stanziola Vieira observa que a principal contribuição do processo penal no modelo adversarial

> é a preocupação com a igualdade no tratamento dos sujeitos do processo e na distribuição das oportunidades para as manifestações com vistas ao convencimento do juiz. O processo penal adversarial preocupa-se com o começo de tudo: a igualdade das partes.[160]

3.2 A distinção dos sistemas processuais e os princípios informadores

Para grande parcela da doutrina, a diferenciação entre os sistemas acusatório e inquisitivo decorre das características extraídas do modelo processual adotado por cada um deles. Tradicionalmente, considera-se característica marcante da diferenciação dos sistemas acusatório e inquisitorial a separação da função entre os atores do processo, ou seja, a distinção clara entre quem acusa, defende e julga.

Conforme analisado, no sistema inquisitivo, as funções de julgar e de acusar estão revestidas em uma só pessoa, enquanto no sistema acusatório há uma autoridade do Estado com a função de julgar, e outra autoridade investida pelo Estado com a função de acusar.

Segundo Fernando da Costa Tourinho Filho, o sistema acusatório possui como traços marcantes:

> a) o contraditório, como garantia político-jurídica do cidadão; b) as partes acusadora e acusada, em decorrência do contraditório, encontram-se no mesmo pé de igualdade; c) o processo é público, fiscalizável pelo olho do povo (excepcionalmente se permite uma publicidade restrita

---

[159] VIERA, Renato Stanziola. *Paridade de armas no processo penal*. (coord.) Gustavo Badaró e Petronio Calmon. Brasília: Gazeta Jurídica, 2014, p. 156.
[160] VIERA, Renato Stanziola. *Paridade de armas no processo penal*. (coord.). Gustavo Badaró e Petronio Calmon. Brasília: Gazeta Jurídica, 2014, p. 162.

ou especial); d) as funções de acusar, defender e julgar são atribuídas a pessoas distintas, e, logicamente, não é dado ao Juiz iniciar o processo (*ne procedat judex ex officio*); e) o processo pode ser oral ou escrito; f) existe, em decorrência do contraditório, igualdade de direitos e obrigações entre as partes, pois "*non debet licere actori, quod reo nom permittitur*"; g) a iniciativa do processo cabe à parte acusadora, que poderá ser o ofendido ou seu representante legal, qualquer cidadão do povo ou órgão do Estado.[161]

José António Barreiros, por sua vez, ressalta dentre as características históricas do sistema acusatório:

a) julgamento por populares; b) igualdade de partes; c) liberdade das partes para apresentar provas, sem interferência do juiz na busca das provas; d) juiz aguardando provocação das partes; e) procedimento oral, público e contraditório; f) persuasão racional do juiz; g) liberdade como regra e prisão processual como exceção; h) existência do limite da coisa julgada.[162]

O acusado possui um tratamento diferente em ambos os sistemas. No inquisitivo, é tratado como objeto de uma investigação; no acusatório, é visto como um sujeito da relação a ser desenvolvida com garantias e pautada em direitos inerentes ao próprio investigado.

Quanto às principais características do sistema inquisitivo, Fernando da Costa Tourinho Filho, com base em Garcia-Velasco, destaca:

a) concentração das três funções, acusadora, defensora e julgadora nas mãos de uma só pessoa; b) sigilação; c) ausência de contraditório; d) procedimento escrito; e) juízes eram permanentes e irrecusáveis; f) as provas eram apreciadas de acordo com umas curiosas regras, mais aritméticas do que processuais; g) a confissão era elemento suficiente para a condenação; h) admitia-se apelação contra a sentença.[163]

Para José António Barreiros, o sistema inquisitório, por sua vez, traz como principais pontos de atenção:

---

[161] TOURINHO FILHO, Fernando da Costa. *Processo penal*. v. 1. 21. ed. São Paulo: Saraiva, 1999, p. 90-91.
[162] BARREIROS, José António. *Processo penal*. Coimbra: Almedina, 2001, p. 13.
[163] TOURINHO FILHO, Fernando da Costa. *Processo penal*. v. 1. 21. ed. São Paulo: Saraiva, 1999, p. 93.

a) Julgamento por juiz funcionário; b) juiz acusa, defende e julga com concentração de funções; c) acusação oficial; d) procedimento predominantemente escrito e secreto; e) não-contraditório; f) prova tarifada ou sistema de prova legal; g) prisão processual se constitui regra; h) não há coisa julgada formal.[164]

Outra parcela da doutrina centra a distinção dos sistemas na gestão e iniciativa da prova, ao identificar um núcleo fundante, argumentando que não existe um princípio fundante misto.[165] O princípio fundante (informador) é aquele que definirá se o sistema é acusatório ou inquisitivo.

Jacinto Nelson de Miranda Coutinho[166] explica que a gestão da prova é a espinha dorsal do processo penal, de forma que fundamenta o sistema sobre a égide de dois princípios: a) princípio dispositivo (gestão de provas pelas partes, com um juiz como espectador); e b) princípio inquisitivo (gestão de provas em poder do julgador, através de um juiz-ator).

Aury Lopes Junior[167] afirma que o fato de o processo separar os seus atores, possuir as características de oralidade, publicidade, coisa julgada e livre convencimento motivado, não o isenta da característica de ser inquisitório. Para essa corrente, a distinção de ambos os sistemas está na inatividade do magistrado em produzir prova, aguardando de forma inerte a iniciativa das partes às quais recai o ônus de produzi-la.

Por outro lado, outra corrente questiona a dicotomia entre o sistema acusatório e inquisitivo, ao defender que esses modelos tradicionais não se coadunam com a estrutura constitucional do processo penal moderno.

Nesse sentido, Rodrigo Chemim revela críticas direcionadas aos critérios adotados para a distinção entre os modelos processuais, pois

---

[164] BARREIROS, José António. *Processo penal*. Coimbra: Almedina, 2001, p. 12.
[165] COUTINHO, Jacinto Nelson de Miranda. Sistema acusatório. Cada parte no lugar constitucionalmente demarcado. *Revista de Informação Legislativa*. Brasília, ano 46, n. 183, jul./set. 2009. In: COUTINHO, Jacinto Nelson de Miranda; CARVALHO, Luís Gustavo Grandinetti Castanho de (org.). *O novo processo penal à luz da Constituição*: análise crítica do Projeto de Lei nº 156/2009 do Senado Federal. Rio de Janeiro: Lumen Juris, 2010, p. 9.
[166] COUTINHO, Jacinto Nelson de Miranda. Sistema acusatório. Cada parte no lugar constitucionalmente demarcado. *Revista de Informação Legislativa*. Brasília, ano 46, n. 183, jul./set. 2009. In: COUTINHO, Jacinto Nelson de Miranda; CARVALHO, Luís Gustavo Grandinetti Castanho de (org.). *O novo processo penal à luz da Constituição*: análise crítica do Projeto de Lei nº 156/2009 do Senado Federal. Rio de Janeiro: Lumen Juris, 2010, p. 9.
[167] LOPES JUNIOR, Aury. *Fundamentos do processo penal*: introdução crítica. 6. ed. São Paulo: Saraiva, 2020, p. 239.

"dissociados de fontes primárias de pesquisa, os quais demonstram que historicamente os discursos dicotômicos de hoje são insustentáveis, não merecendo, portanto, serem aproveitados".[168]

Para o autor,[169] parte da doutrina nacional e estrangeira utiliza critérios irrefletidos para distinguir entre os modelos de processo penal, baseados na existência ou não das funções distintas de acusar, defender e julgar, ou baseados no critério da gestão de provas, como se fossem os únicos capazes de, por si só, identificar e separar esses "sistemas".

A doutrina demonstra uma confusão gerada em torno de alguns conceitos ao revelar autores que distinguem entre "acusatório privado" e "acusatório público", ou ainda, "acusatório formal" e "acusatório material".[170]

Surgem também as expressões utilizadas por Ennio Amodio ("garantismo inquisitório") e Tullio Padovani ("inquisição suave"), ao criticarem o período do processo penal italiano voltado às reformas processuais pós-fascistas para demonstrar que "duas almas distintas" não poderiam atender à exigência para que o Código de Processo Penal fosse aperfeiçoado.[171]

Alguns doutrinadores contemporâneos apontam outra referência conceitual e estrutural ao se referirem a um "processo acusatório com princípio de investigação", entre eles Claus Roxin, na Alemanha; Figueiredo Dias e Nuno Brandão, em Portugal; e Gomes Orbaneja e Herce Quemada, na Espanha.[172]

---

[168] GUIMARÃES, Rodrigo Régnier Chemim. Desvinculando-se da dicotomia "inquisitório *versus* acusatório" e firmando-se o novo paradigma constitucional para sistema processual penal brasileiro, funcionalizado pela dupla baliza de proibição de excesso e proibição de proteção insuficiente. *In*: CAMBI, Eduardo; GUARAGNI, Fábio André. *Ministério Público e princípio de proteção eficiente*. São Paulo: Almedina, 2016, p. 242.

[169] GUIMARÃES, Rodrigo Régnier Chemim. Desvinculando-se da dicotomia "inquisitório *versus* acusatório" e firmando-se o novo paradigma constitucional para sistema processual penal brasileiro, funcionalizado pela dupla baliza de proibição de excesso e proibição de proteção insuficiente. *In*: CAMBI, Eduardo; GUARAGNI, Fábio André. *Ministério Público e princípio de proteção eficiente*. São Paulo: Almedina, 2016, p. 244.

[170] GUIMARÃES, Rodrigo Régnier Chemim. Desvinculando-se da dicotomia "inquisitório *versus* acusatório" e firmando-se o novo paradigma constitucional para sistema processual penal brasileiro, funcionalizado pela dupla baliza de proibição de excesso e proibição de proteção insuficiente. *In*: CAMBI, Eduardo; GUARAGNI, Fábio André. *Ministério Público e princípio de proteção eficiente*. São Paulo: Almedina, 2016, p. 246.

[171] GLOECKNER, Ricardo Jacobsen. *Autoritarismo e processo penal*: uma genealogia das ideias autoritárias no processo penal brasileiro. v. 1. Florianópolis, SC: Tirant lo Blanch, 2018, p. 190.

[172] GUIMARÃES, Rodrigo Régnier Chemim. Desvinculando-se da dicotomia "inquisitório *versus* acusatório" e firmando-se o novo paradigma constitucional para sistema processual penal brasileiro, funcionalizado pela dupla baliza de proibição de excesso e proibição de proteção insuficiente. *In*: CAMBI, Eduardo; GUARAGNI, Fábio André. *Ministério Público e princípio de proteção eficiente*. São Paulo: Almedina, 2016, p. 246-247.

Ernest Beling, no início do século XX, já usava a denominação "princípio acusatório formal" ou "princípio de investigação oficial mediante acusação formal":

> *Dentro del ámbito de principio de investigación oficial, se distingue si la intervención estatal debe ser judicial (principio inquisitivo) o si ha de establecerse una autoridad estatal especial como encargada de las acusaciones, siendo ésta la que exija de los tribunales la protección jurídica (principio acusatorio formal, o principio de investigación, oficial mediante acusación formal).*[173]

Paulo César Busato, ao aprofundar o tema, indica a existência de uma predominância entre um sistema ou outro:

> É sabido que inexiste na prática legislativa um modelo de sistema jurídico processual penal que possa afirmar-se inteiramente acusatório ou inteiramente inquisitivo. Assim, que se fala, mais corretamente de um sistema predominantemente acusatório ou predominantemente inquisitivo. Nessa dinâmica, é possível dizer que o sistema do processo penal brasileiro progressivamente ganha cores acusatórias, já que veio historicamente marcado por um perfil inquisitivo.[174]

O problema para se referenciar um modelo de processo acusatório também é enfrentado em outros ordenamentos jurídicos alienígenas, como na Itália. A doutrina italiana identificou o dilema da referência legislativa a um "sistema acusatório", pois se trata de uma fórmula imprecisa, de definição que não possui um significado único e universalmente aceito. Um exato modelo processual acusatório não traz consigo uma unanimidade entre os juristas, pois sua significação depende de opções ideológicas relacionadas à hierarquia de valores aos quais estão implicados a justiça penal.[175]

---

[173] BELING, Ernest Von. *Derecho procesal penal*. Santiago-Chile: Olejnik, 2018, p. 54. Tradução livre: "No âmbito do princípio da investigação oficial, se distingue se a intervenção estatal deve ser judicial (princípio inquisitivo) ou se há de estabelecer uma autoridade estatal especial como encarregada das acusações, sendo esta a que exige dos tribunais a proteção jurídica (princípio acusatório formal, ou princípio da investigação, oficial mediante acusação formal)".

[174] BUSATO, Paulo César. De magistrados, inquisidores, promotores de justiça e samambaias. Um estudo sobre os sujeitos no processo em um sistema acusatório. *Revista Justiça e Sistema Criminal*. Modernas Tendências do Sistema Criminal. Curitiba: FAE Centro Universitário, v. 2, n. 1, p. 103-126, jan./jun. 2010, p. 104-105.

[175] GUIMARÃES, Rodrigo Régnier Chemim. Desvinculando-se da dicotomia "inquisitório *versus* acusatório" e firmando-se o novo paradigma constitucional para sistema processual penal brasileiro, funcionalizado pela dupla baliza de proibição de excesso e proibição de proteção insuficiente. In: CAMBI, Eduardo; GUARAGNI, Fábio André. *Ministério Público e princípio de proteção eficiente*. São Paulo: Almedina, 2016, p. 251-252.

A lei de delegação italiana do *Codice di Procedura Penale italiano* de 1988 fez referência ao sistema acusatório procurando explicar seu significado através de 105 princípios e critérios de orientação hermenêutica. Porém, muitos deles poderiam se encaixar no modelo inquisitório, pois a legislação italiana permite ao Ministério Público determinar prisões, decretar sigilo bancário e fiscal, decretar sigilo em investigações à margem de decisão judicial, além de permitir ao juiz intervir e determinar provas de ofício.[176]

A vinculação da exegese de um Código a um sistema que não apresenta critérios para sua identificação cria uma confusão de interpretação, de maneira a gerar discussões judiciais sobre o modelo de processo penal italiano adotado. O novo código italiano, que possuía uma coerência sistemática e deveria contribuir para as normas reguladoras do processo penal, após algumas reformas na tentativa de aperfeiçoar o enquadramento do sistema acusatório, somente fez crescer a instabilidade normativa e a incerteza do futuro cenário processual penal italiano.[177]

A exemplo da Itália, a Corte Europeia de Direitos Humanos, assim como o Tribunal Penal Internacional, vem enfrentando dificuldades de conduzir um único pretenso sistema acusatório em seus casos penais, tendo em vista o problema todo "decorrer da falta de definição do "sistema", da falta de referencial histórico e da compreensão do alcance do chamado "sistema acusatório"".[178]

Nota-se que não existe uniformidade doutrinária para se localizar princípios unificadores dos pretensos sistemas processuais acusatório e inquisitório. A simples separação dos atores do processo e o fato de o magistrado possuir livremente a gestão da prova – de forma a assumir um papel intenso para a busca de elementos formadores da

---

[176] GUIMARÃES, Rodrigo Régnier Chemim. Desvinculando-se da dicotomia "inquisitório *versus* acusatório" e firmando-se o novo paradigma constitucional para sistema processual penal brasileiro, funcionalizado pela dupla baliza de proibição de excesso e proibição de proteção insuficiente. *In*: CAMBI, Eduardo; GUARAGNI, Fábio André. *Ministério Público e princípio de proteção eficiente*. São Paulo: Almedina, 2016, p. 252-255.

[177] GUIMARÃES, Rodrigo Régnier Chemim. Desvinculando-se da dicotomia "inquisitório *versus* acusatório" e firmando-se o novo paradigma constitucional para sistema processual penal brasileiro, funcionalizado pela dupla baliza de proibição de excesso e proibição de proteção insuficiente. *In*: CAMBI, Eduardo; GUARAGNI, Fábio André. *Ministério Público e princípio de proteção eficiente*. São Paulo: Almedina, 2016, p. 256-258.

[178] GUIMARÃES, Rodrigo Régnier Chemim. Desvinculando-se da dicotomia "inquisitório *versus* acusatório" e firmando-se o novo paradigma constitucional para sistema processual penal brasileiro, funcionalizado pela dupla baliza de proibição de excesso e proibição de proteção insuficiente. *In*: CAMBI, Eduardo; GUARAGNI, Fábio André. *Ministério Público e princípio de proteção eficiente*. São Paulo: Almedina, 2016, p. 259.

sua convicção – não têm se mostrado suficientes para a definição de um sistema. Parte da doutrina procura identificar um princípio informador para buscar dentro do cenário constitucional e processual brasileiro o sistema adotado e os princípios que o fundamentam. Porém, a identificação do modelo de processo penal vigente no ordenamento brasileiro, ainda hoje é motivo de debate na doutrina, perfilhando entendimentos diversos sobre o tema, de acordo com as características de cada sistema processual penal ou de seu princípio fundante.

3.3 Sistema processual penal brasileiro e o modelo constitucional

Conforme mencionado, debate-se intensamente hoje qual o sistema processual vigente no ordenamento jurídico brasileiro. A doutrina apega-se a classificações que orbitam com mais proximidade ao sistema acusatório ou inquisitivo, demonstrando dificuldade para apontar um dos dois em sua pureza. Ao que parece ser uma orientação doutrinária, não há mais espaço para se adotar um sistema inquisitivo no processo penal brasileiro, tendo em vista as mazelas decorrentes desse sistema, pois o modelo constitucional de processo penal e os princípios que o regem não mais compactuam com essa hipótese.

Há ainda autores que sustentam a vigência de um sistema processual misto, contendo características mais próximas ao sistema processual acusatório. Nessa linha, Aury Lopes Junior[179] argumenta a vigência de um sistema misto, tendo em vista a inexistência de modelos puros, dividindo o processo penal em duas fases (pré-processual e processual) que refletem uma fase inquisitória e outra acusatória, moldando-se assim um modelo misto.

Conforme as lições de Jacinto Nelson de Miranda Coutinho, "o CPP configura um Sistema Misto e, deste modo, mantém na base o Sistema Inquisitorial e a ele agrega elementos típicos da estrutura do Sistema Acusatório".[180]

---

[179] LOPES JUNIOR, Aury. *Fundamentos do processo penal*: introdução crítica. 6. ed. São Paulo: Saraiva, 2020, p. 56.
[180] COUTINHO, Jacinto Nelson de Miranda. Sistema acusatório. Cada parte no lugar constitucionalmente demarcado. *Revista de Informação Legislativa*. Brasília, ano 46, n. 183, jul./set. 2009, p. 111. Para Jacinto Coutinho, não há sistemas puros, sempre serão sistemas mistos, com a conjugação de sistema acusatório e inquisitivo, ou seja, inexiste um princípio unificador próprio, portanto, há um equívoco em se mencionar um terceiro sistema, ou o sistema é inquisitivo (como o brasileiro), com algo do sistema acusatório, ou o inverso.

Aury Lopes Junior[181] ajusta ainda seu entendimento afirmando que no modelo brasileiro vigia o sistema (neo)inquisitório, até a edição da Lei nº 13.964/2019, que, expressamente, adotou o modelo acusatório, ainda que haja no país uma cultura inquisitória fortíssima. Outros afirmam que vigora no processo penal o sistema "acusatório formal", que nas palavras de Alberto Binder, "é o novo nome do sistema inquisitivo que chega até os nossos dias".[182]

Hélio Tornaghi,[183] por sua vez, defende o sistema misto, muito embora utilize argumentos que ao longo do tempo já foram modificados pela legislação e pela jurisprudência.

Rogério Tucci sustenta que o moderno processo penal "delineia-se *inquisitório, substancialmente,* na sua essencialidade; e, *formalmente,* no tocante ao procedimento na segunda fase da persecução penal, *acusatório*"[184] (grifos nossos).

Para Edilson Mougenot Bonfim,[185] o sistema brasileiro configura-se misto, composto por uma fase investigatória, de caráter inquisitivo, na qual não se aplicam as regras do processo, e acusatório, na outra fase, no âmbito específico do processo penal.

Outra parte da doutrina defende, com supedâneo na Constituição Federal e no próprio CPP/1941, a vigência do sistema acusatório no âmbito do processo penal brasileiro. Embora, em razão das suas origens, o Código de Processo Penal ainda possua resquícios do sistema inquisitório que estão sendo varridos da ordem jurídica, seja pelo legislador (através das reformas legislativas), seja por decisões judiciais que garantem a aplicação do sistema acusatório vigente.

Porém, observa-se que o legislador do CPP/1941 já apresentava tendência à adoção de uma linha voltada ao sistema acusatório, conforme se vê da sua Exposição de Motivos:

> V – O projeto atende ao princípio *ne procedat judex ex officio,* que, ditado pela evolução do direito judiciário penal e já consagrado pelo novo Código Penal, reclama a completa separação entre o juiz e o órgão da acusação, devendo caber exclusivamente a este a iniciativa da ação penal.

---

[181] LOPES JUNIOR, Aury. *Fundamentos do processo penal*: introdução crítica. 6. ed. São Paulo: Saraiva, 2020, p. 230.

[182] Alberto Binder *apud* LOPES JUNIOR, Aury. *Fundamentos do processo penal*: introdução crítica. 6. ed. São Paulo: Saraiva, 2020, p. 230.

[183] TORNAGHI, Hélio. *Curso de processo penal*. 5. ed. São Paulo: Saraiva, 1988, p. 18.

[184] TUCCI, Rogério Lauria. *Teoria do direito processual penal*: jurisdição, ação e processo penal (estudo sistemático). São Paulo: RT, 2002, p. 180.

[185] BONFIM, Edilson Mougenot. *Curso de processo penal*. 5. ed. São Paulo: Saraiva, 2010, p. 63.

Não há dúvidas, nesse prisma, de que existem resquícios do sistema inquisitório, quando se examinam os arts. 5º, II (requisição do inquérito policial através da autoridade judiciária), 13, II (cumprimento da autoridade policial de diligências requisitadas pelo juiz), 26 (início da ação penal por portaria expedida pela autoridade judiciária) e 10, §3º (devolução dos autos pela autoridade policial para ulteriores diligências realizadas pelo juiz), todos do CPP/1941.

Na mesma linha, Fernando Galvão menciona a necessidade de reforma processual penal para se depurar o modelo garantista na legislação infraconstitucional e na jurisprudência, tendo em vista que o CPP/1941 ainda possui muitas disposições incompatíveis com o ideal garantista, a começar pela violação ao sistema acusatório, ao apontar a impropriedade da remessa dos autos de inquérito ao juiz, a necessidade de o promotor requerer a devolução de autos de investigação à delegacia, a possibilidade de o delegado representar por prisão preventiva e o duplo grau de jurisdição.[186]

No mesmo sentido, Cândido Rangel Dinamarco, Gustavo Henrique Righi Ivahy Badaró e Bruno Vasconcelos Carrilho Lopes[187] afirmam que o processo penal brasileiro adota o sistema acusatório argumentando que a Constituição Federal realizou uma opção segura do processo penal de partes, através do princípio acusatório, com funções claramente delineadas do juiz, da acusação e da defesa. Assim, prosseguem os autores, em razão do forte impacto constitucional no processo penal, houve a perda da eficácia ou a diversa interpretação de inúmeras disposições da legislação processual penal, a exemplo da titularidade exclusiva da ação penal (art. 129, I, da CF/1988), da abolição dos processos criminais instaurados pela polícia (processos judicialiformes), da supressão do artigo 17 da Lei de Contravenção Penal, dos arts. 26, 530 e 531 do CPP/1941, da proibição da identificação criminal, da impossibilidade de prisão pela autoridade que preside o inquérito policial, da garantia do direito ao silêncio, com a adequação dos arts. 186 e 198 do CPP/1941; a perda da eficácia do art. 240, "f", do CPP/1941, em face da absoluta inviolabilidade do sigilo de correspondência (art. 5º, XII, da CF/1988); a releitura das normas processuais referentes às buscas domiciliares, de acordo com as regras constitucionais referentes à temática.

---

[186] GALVÃO, Fernando. *Política criminal*. 2. ed. Belo Horizonte: Mandamentos, 2002, p. 157-158.
[187] DINAMARCO, Cândido Rangel; BADARÓ, Gustavo Henrique Righi Ivahy; LOPES, Bruno Vasconcelos Carrilho. *Teoria geral do processo*. 32. ed. São Paulo: Malheiros, 2020, p. 110; 178-179.

Afrânio Silva Jardim esclarece que o sistema processual penal, através do Ministério Público, "conseguiu compatibilizar a indispensável neutralidade do juiz com a busca da verdade material ou real, por meio de uma estrutura acusatória moderna, pela qual o Estado atua de maneira eficaz, impedindo que o processo penal venha a se transformar em "coisas das partes" privadas".[188]

E. Magalhães Noronha,[189] Júlio Fabbrini Mirabete[190] e José Frederico Marques,[191] expoentes doutrinadores do processo penal brasileiro, afirmam que o processo penal brasileiro adotou o sistema acusatório.

Pedro Henrique Demercian[192] fundamenta que, após a CF/1988, adotou-se um processo de estrutura acusatória, pois nele há clara separação dos atores do processo, garantindo-se, assim, igualdade entre as partes na presença de um juiz imparcial. Essa imparcialidade não é incompatível com o uso das faculdades instrutórias, conforme ensina José Carlos Barbosa Moreira, mencionado pelo autor.

Nelson Nery Junior[193] esclarece que o processo penal brasileiro está fundado no sistema acusatório ao exigir um juiz imparcial, promotor, juiz natural e assegurar o contraditório, entre outras garantias.

Para Fernando da Costa Tourinho Filho,[194] o modelo processual adotado é o sistema acusatório, pois a acusação está a cargo do Ministério Público e o processo é revestido do contraditório, público, escrito, com alguns atos praticados oralmente e ônus da prova atribuído às partes. O autor[195] observa ainda que se trata de um sistema acusatório, embora afirme que o juiz não é um mero espectador na produção das provas,[196] podendo de ofício determinar diligências para dirimir dúvidas sobre ponto relevante.

---

[188] JARDIM, Afrânio Silva. *Direito processual penal*. 11. ed. Rio de Janeiro: Forense, 2002, p. 45.
[189] NORONHA, E. Magalhães. *Curso de direito processual penal*. 6. ed. São Paulo: Saraiva, 1973, p. 222.
[190] MIRABETE, Júlio Fabbrini. *Processo penal*. 7. ed. São Paulo: Atlas, 1997, p. 42.
[191] MARQUES, José Frederico. *Tratado de direito processual penal*. v. 1. São Paulo: Saraiva, 1980, p. 125.
[192] DEMERCIAN, Pedro Henrique. *Regime jurídico do Ministério Público no processo penal*. São Paulo: Verbatim, 2009, p. 19.
[193] NERY JUNIOR, Nelson. *Princípios do processo na Constituição Federal*. 13. ed. São Paulo: RT, 2017, p. 182.
[194] TOURINHO FILHO, Fernando da Costa. *Processo penal*. v. 1. 21. ed. São Paulo: Saraiva, 1999, p. 94-95.
[195] TOURINHO FILHO, Fernando da Costa. *Processo penal*. v. 1. 21. ed. São Paulo: Saraiva, 1999, p. 94-95.
[196] Nesse sentido: STF, HC 109713, Relator(a): ROSA WEBER, Primeira Turma, julgado em 19.02.2013, PUBLIC 06-03-2013.

Por sua vez, Eugênio Pacelli[197] defende que a estruturação do processo penal brasileiro é de modelo acusatório. Para o autor, a fase investigativa não é processo, ou seja, existe atuação judicial na fase de investigação para fins exclusivos de tutela das liberdades públicas. Segundo o autor, o fato de juízes criminais ignorarem as exigências constitucionais não é justificativa para a adoção de um modelo processual brasileiro misto. Esclarece, por fim, que a iniciativa probatória do juiz para sanar dúvidas produzidas pelas partes no processo (e não fase de investigação), ressalvada a possibilidade de produção de prova *ex officio* para demonstrar a inocência do acusado, pode qualificar o processo penal brasileiro como de natureza acusatória.

Hidejalma Muccio[198] sustenta ser o processo penal brasileiro de tipo acusatório, tendo em vista a clara separação das funções dos atores do processo, ainda que o juiz não seja mero espectador da produção das provas, na medida em que pode determinar de ofício sempre que alguma diligência for necessária para dirimir uma dúvida sobre algum ponto relevante, não obstante o ônus da prova seja das partes (art. 156 do CPP/1941). Esclarece, ainda, que o processo propriamente dito inicia-se com o oferecimento da denúncia ou queixa-crime, ou seja, que a fase do inquérito policial, embora seja inquisitiva, é instrumento meramente informativo e não constitui o processo propriamente dito.

As Cortes Superiores, em algumas oportunidades, registraram a vigência do sistema acusatório no processo penal brasileiro,[199] o que ficou mais evidenciado, ao menos explicitado legalmente, por meio das alterações da Lei nº 13.964/2019 (Lei Anticrime), com a finalidade de enquadrar o processo penal dentro de um sistema acusatório mais purificado. Para essa finalidade, foi inserido no CPP/1941 o art. 3º-A: "O processo penal terá estrutura acusatória, vedadas a iniciativa do juiz na fase de investigação e a substituição da atuação probatória do órgão de

---

[197] PACELLI, Eugênio. *Curso de processo penal*. 10. ed. Rio de Janeiro: Lumen Juris, 2008, p. 8-12.
[198] MUCCIO, Hidejalma. *Curso de processo penal*. 2. ed. Rio de Janeiro: Forense/São Paulo: Método, 2011, p. 30.
[199] BRASIL. *Supremo Tribunal Federal*. Medida Cautelar na Ação Direta de Inconstitucionalidade nº 5.104/DF, Rel. Min. Roberto Barroso, j. 21-5-2014; BRASIL. *Supremo Tribunal Federal*. Medida Cautelar na Ação Direta de Inconstitucionalidade nº 4.693/BA, Rel. Min. Alexandre de Moraes, j. 30-10-2017; BRASIL. *Supremo Tribunal Federal*, Plenário, Agravo Regimental no Inquérito nº 2.913/MT, Rel. p/ acórdão Min. Luiz Fux, j. 1º-3-2012; BRASIL. Superior Tribunal de Justiça. Reclamação nº 31.629/PR, Corte Especial, Rel. Min. Nancy Andrighi, j. 20-9-2017; BRASIL. Superior Tribunal de Justiça. Quinta Turma, Recurso em *Habeas Corpus* nº 77.518/RJ, Rel. Min. Ribeiro Dantas, j. 9-3-2017.

acusação". Consagrou-se expressamente a estrutura acusatória, ou seja, não se permite ao juiz produzir provas de ofício ou substituir a parte.

A Lei nº 13.964/2019 teve por objetivo aperfeiçoar o combate à criminalidade existente no Brasil, melhorando a forma de se enfrentar o crime organizado, na tentativa de reduzir pontos que emperram o andamento do sistema de justiça criminal no país. Nesse contexto, três modificações trazidas pela lei repercutiram diretamente na estrutura do processo acusatório brasileiro: o juiz das garantias, a vedação do contato com a prova ilícita e o novo sistema de arquivamento das investigações criminais.

Essa lei inseriu no CPP/1941 a criação do juiz das garantias, visando a dar maior concretude ao sistema acusatório. Significa dizer que o juiz atuante nas investigações criminais, para determinar medidas de restrição a direitos fundamentais, como a prisão cautelar, deve ser afastado da atuação na fase processual, possibilitando, assim, um julgamento justo.

A alteração promoveu ainda o surgimento do "juiz contaminado" (art. 157, §5º, do CPP), ou seja, quando o magistrado tomar conhecimento de uma prova declaradamente inadmissível, não poderá proferir sentença ou acordão, pois se presume que este não terá a isenção suficiente para julgar o acusado sem considerá-la, pois a prova permeará sua mente.

Outro ponto de mudança importante e significativa ao sistema acusatório foi o regime de arquivamento das investigações criminais. O dispositivo anterior violava o sistema acusatório, na medida em que permitia a ingerência do Poder Judiciário na decisão de se propor ou não uma ação penal. Na nova redação legal, adequando-se ao modelo constitucional acusatório, foi retirada a participação do juiz desse ato, ampliando a possibilidade da participação da vítima.

O sistema acusatório vigente no ordenamento processual penal brasileiro implica especialmente temas diretamente ligados ao Ministério Público e ao magistrado, ao estabelecer diretrizes de atuação de cada um dos sujeitos processuais. Embora esse modelo ainda apresente resquícios do sistema inquisitório no vetusto CPP/1941, suas características devem ser reformuladas após a Constituição Federal de 1988, conforme evidenciado na última alteração das normas processuais (Lei nº 13.964/2019). Trata-se, portanto, de modelo acusatório, conforme mencionado por grande parte da doutrina processual penal, e o que deve vigorar no país.

Necessário, porém, questionar se a dicotomia entre um sistema inquisitório ou acusatório, conforme estudado através do modelo tradicional apontado pela doutrina, seria suficiente para o seu efetivo enquadramento no modelo de processo penal constitucional contemporâneo. Afinal, as diretrizes tradicionalmente traçadas para se classificar um sistema em acusatório ou inquisitório precisam estar alinhadas e fundamentadas com as normas e os princípios relacionados ao processo penal dentro do contexto constitucional vigente.

Conforme observa grande parte da doutrina, há um enorme esforço para se implementar no Brasil um modelo de processo penal com pretensões de sistema acusatório tendo em vista as críticas às ideologias arbitrárias e totalitárias dirigidas à estrutura do CPP/1941. Todavia, a adoção de um modelo de processo penal deve partir da Constituição; assim, os sistemas acusatório e inquisitivo mostram-se insuficientes para abarcar todos os dispositivos constitucionais afetos ao tratamento do direito penal e do processo penal.

Nessa esteira o ensinamento de J. J. Gomes Canotilho que as normas infraconstitucionais devem ser interpretadas à luz da Constituição, não o contrário (interpretação da Constituição conforme as leis – gesetkonforme Verfassungsinterpretation).[200]

É o que observa Rodrigo Chemim:

> o que se extrai é a necessidade de repensar a vinculação discursiva hoje fortemente vinculada à dicotomia acusatório-inquisitório, pois, continuar raciocinando o processo penal brasileiro a partir dessa duplicidade antagônica, por um lado desprovida de precisa referência semântica e, por outro, paradoxalmente imbuída de um excesso epistêmico, ao invés de favorecer a consagração dos dispositivos democráticos constitucionais brasileiros, conduz a incertezas interpretativas não desejadas, particularmente, quanto ao papel que merece ser reservado às garantias processuais de ampla defesa e contraditório e a função do juiz no processo penal brasileiro.[201]

A Constituição Federal deve ser a fonte inicial da interpretação de qual modelo de processo penal deve ser vigente, considerando os paradigmas forjados por ela, dentro de um Estado Democrático de Direito, fundado na soberania, na cidadania, na dignidade da pessoa

---

[200] CANOTILHO, José Joaquim Gomes. *Direito constitucional e teoria da constituição*. 2. ed. Coimbra: Almedina, 1998, p. 1106.

[201] GUIMARÃES, Rodrigo Régnier Chemim. Desvinculando-se da dicotomia "inquisitório *versus* acusatório" e firmando-se o novo paradigma constitucional para sistema processual penal brasileiro, funcionalizado pela dupla baliza de proibição de excesso e proibição de proteção insuficiente. *In*: CAMBI, Eduardo; GUARAGNI, Fábio André. *Ministério Público e princípio de proteção eficiente*. São Paulo: Almedina, 2016, p. 266.

humana, nos valores sociais do trabalho, na livre iniciativa e no pluralismo político (art. 1º da CF/1988).

Assim, o modelo de Estado de Direito implementado é essencial para se definir a estrutura do sistema processual penal, pois este tem como fim proteger o cidadão contra o arbítrio e o abuso de poder do Estado (Estado de Direito), além de ser uma forma de instrumentalização para se implementar políticas públicas, sem a perda de garantias dos cidadãos, somada ainda a ampliação de poderes do Estado (Estado democrático).[202]

Essa linha de raciocínio, porém, dificulta a compreensão de um modelo de estrutura processual penal baseada apenas em um sistema acusatório ou inquisitivo, pois em ambos os casos, seus estudos históricos demonstram uma análise do processo penal apenas, sem considerar uma investigação aprofundada do texto constitucional.

Aliás, não só o texto constitucional, mas também a necessária observância de tratados e de convenções internacionais, em especial os relacionados a direitos humanos, como assevera o art. 5º, §§2º, 3º e 4º, da CF/1988. O sistema processual penal deve observar a Carta Política e ser moldado, obrigatoriamente, sob a égide de diplomas e de dispositivos internacionais, como os princípios orientadores relativos à função dos magistrados e do Ministério Público, aprovados no 8º Congresso das Nações Unidas para a Prevenção do Crime e o Tratamento dos Delinquentes, realizado em Havana em 1990, e os princípios de Bangalore de conduta judicial de 2002, cujos valores primordiais são a independência e a imparcialidade dos juízes, sob pena de suas afrontas sofrerem, dentre outras consequências, um controle de convencionalidade e a impugnação das normas domésticas contrárias.

Ainda, as decisões da Corte Interamericana também podem trazer diretrizes ao processo penal, como aquelas que apontam a apuração de fatos por autoridades públicas independentes e imparciais, cujas apurações devem ser iniciadas de ofício, para avançarem com celeridade e eficácia do início ao fim da prestação jurisdicional, adotando-se diligências e medidas cabíveis, adequadas e efetivas ao acertamento dos eventos lesivos e para responsabilizar os envolvidos, com transparência e acompanhamento das medidas adotadas por parte

---

[202] GUIMARÃES, Rodrigo Régnier Chemim. Desvinculando-se da dicotomia "inquisitório *versus* acusatório" e firmando-se o novo paradigma constitucional para sistema processual penal brasileiro, funcionalizado pela dupla baliza de proibição de excesso e proibição de proteção insuficiente. *In*: CAMBI, Eduardo; GUARAGNI, Fábio André. *Ministério Público e princípio de proteção eficiente*. São Paulo: Almedina, 2016, p. 267-271.

das vítimas e seus familiares,[203] de maneira que essas questões devem ser adequadas a um modelo de processo penal.

Assim, a questão penal deve ser analisada sob uma dupla dimensão, vista como um freio à atividade estatal e um instrumento de proteção do cidadão através do Estado.[204]

O Estado exerce o monopólio da jurisdição através de uma parcela de soberania, da aplicação da sanção criminal. Esse monopólio, materializado pelo direito penal, somente se concretiza por meio do devido processo legal, que deve ser revestido de todas as garantias ao acusado, a fim de se evitar a existência de uma vingança estatal.

Não só o acusado possui direitos e garantias a serem assegurados, mas todos os cidadãos, em especial, as vítimas de crimes. Diante disso, o Estado deve se preocupar com o sofrimento da vítima da infração penal e adotar todas as medidas jurídicas, sociais e psicossociais em seu favor, sem, no entanto, se descuidar das garantias do acusado.

O processo penal contemporâneo deve estar voltado à dimensão da criminalidade atual e ajustar-se às dificuldades e às crises vivenciadas hoje na sociedade pós-moderna pela administração da justiça criminal.

É necessário encontrar soluções para questões novas, sem se descuidar das garantias do acusado, e sempre com um olhar de proteção à sociedade e de cuidado às vítimas dos delitos, pois estas também estão albergadas por diversos direitos e garantias constitucionais que devem ser colocados em prática pelo legislador. Ente elas estão o fato de se dispor de meios para a ação penal privada subsidiária da pública (art. 5º, LIX), quando da inércia do Estado na promoção da justiça penal, além das hipóteses e condições necessárias para oferecer assistência aos herdeiros e dependentes carentes de pessoas vitimadas por crime doloso (art. 245 da CF/1988).

---

[203] FISCHER, Douglas; PEREIRA, Frederico Valdez. *As obrigações processuais penais positivas:* segundo as Cortes Europeia e Interamericana de Direitos Humanos. 3. ed. Porto Alegre: Livraria do Advogado, 2022, p. 74.

[204] Nesse sentido: Claus-Wilhelm Canaris, Winfried Hassemer, Francesco Palazzo, Domenico Pulitano, Alessandro Baratta, Vittorio Manes, Victtorio Grevi, Jorge Reis Novais, Eugênio Pacelli, Luciano Feldens, Vicente de Paulo Barreto e Luiz Flávio Gomes. GUIMARÃES, Rodrigo Régnier Chemim. Desvinculando-se da dicotomia "inquisitório *versus* acusatório" e firmando-se o novo paradigma constitucional para sistema processual penal brasileiro, funcionalizado pela dupla baliza de proibição de excesso e proibição de proteção insuficiente. *In*: CAMBI, Eduardo; GUARAGNI, Fábio André. *Ministério Público e princípio de proteção eficiente*. São Paulo: Almedina, 2016, p. 272-275.

Nesse contexto, Rodrigo Chemim observa:

> o que se deve ter num processo penal constitucional de dupla face dos direitos e garantias, é um processo garantista para o "outro-acusado" como premissa básica de interpretação, porém, moderado com instrumentos que garantam também ao "outro-vítima" não passar por constrangimentos de revitimização que possam ser debitados, paradoxalmente, ao próprio sistema de garantias do réu no processo.[205]

Com base nesse contexto, Rodrigo Chemim[206] construiu novos princípios unificadores e balizadores para se adequarem ao modelo processual penal com fundamento no texto constitucional, consolidados na dupla vertente de proibição de excesso e proibição insuficiente.

Não é possível, portanto, compreender um modelo de processo penal sem analisar o sistema jurídico-penal no sentido, por um lado, de se ter um processo penal com a função primordial de conter o poder do Estado (através de um conjunto de garantias ao acusado), e, por outro, também com o viés de instrumentalizar o direito penal, o que não deixa de ser um contendor de abuso, incluindo aqueles que possam originar-se do cidadão acusado, em desfavor dos demais cidadãos-vítimas.

A Constituição Federal de 1988 determina a proteção de direitos fundamentais por meio de dois mecanismos paralelos e extremos: através da proibição do excesso e da proteção deficiente. Sob esse prisma é que se baliza a compreensão do modelo de processo penal constitucional, a proteger o cidadão dos excessos do Estado e a limitar o seu agir por meio de normas (princípio da proibição do excesso):

> a proibição da tortura (III), a proteção da intimidade e da vida privada, honra e imagem (X), a liberdade de locomoção e o direito ao habeas corpus (XV c.c. LXVIII), o devido processo legal (LIV), o monopólio e a necessidade da jurisdição penal (inciso LIII), a proibição de provas ilícitas (LVI), a presunção de inocência (LVII), as garantias de ampla defesa e contraditório no processo penal (inciso LV), o juiz natural (XXXVII

---

[205] GUIMARÃES, Rodrigo Régnier Chemim. Desvinculando-se da dicotomia "inquisitório versus acusatório" e firmando-se o novo paradigma constitucional para sistema processual penal brasileiro, funcionalizado pela dupla baliza de proibição de excesso e proibição de proteção insuficiente. In: CAMBI, Eduardo; GUARAGNI, Fábio André. Ministério Público e princípio de proteção eficiente. São Paulo: Almedina, 2016, p. 285.

[206] GUIMARÃES, Rodrigo Régnier Chemim. Desvinculando-se da dicotomia "inquisitório versus acusatório" e firmando-se o novo paradigma constitucional para sistema processual penal brasileiro, funcionalizado pela dupla baliza de proibição de excesso e proibição de proteção insuficiente. In: CAMBI, Eduardo; GUARAGNI, Fábio André. Ministério Público e princípio de proteção eficiente. São Paulo: Almedina, 2016, p. 290.

c.c LII), o tribunal do júri para crimes dolosos contra a vida (XXXVIII), a publicidade (XXXIII c.c LX) e o direito ao silêncio (LXIII), ampliado pelo princípio da não autoincriminação (Pacto de San José da Costa Rica, art. 8, 2, "g"). Ainda complementam essa vertente o princípio da inércia jurisdicional (implicitamente extraído do art. 129, I), bem como nova referência à publicidade e a necessidade de fundamentação das decisões estampados no inciso IX do art. 93 da Constituição.[207]

A outra baliza unificadora do processo penal é a proibição da proteção insuficiente, que pode ser identificada através de alguns princípios constitucionais:

a ação penal privada subsidiária (LIX), a razoável duração do processo e os meios que garantam a celeridade de sua tramitação (LXVIII), a possibilidade de prisão em flagrante (XI c.c LXI), a inafiançabilidade para crime de racismo (XLII), para crimes hediondos e equiparados (XLIII), e para ação de grupos armados, civis ou militares, contra a ordem constitucional e o Estado Democrático (XLIV), a possibilidade de prisão cautelar (LXl c.c. LXVI), a possibilidade de interceptação de comunicação telefônica e a possibilidade de expedição de mandado de busca e apreensão (XI), complementados pelo princípio da oficialidade, consignado na regra do monopólio da ação penal de natureza pública pelo Ministério Público (art. 129, I).[208]

Rodrigo Chemim explica que é na harmonização dessas duas vias, do Estado e pelo Estado, que se identificam os princípios unificadores do processo penal constitucional brasileiro.

E é a partir desses princípios, todos moldados aos objetivos do processo penal numa perspectiva constitucional, que se fundamenta um modelo de sistema processual constitucional, capaz de enfrentar alguns dos problemas da justiça criminal, e a possibilitar uma nova leitura dos institutos que terão reflexos diretamente no cumprimento dos objetivos do processo penal, principalmente institutos que têm

---

[207] GUIMARÃES, Rodrigo Régnier Chemim. Desvinculando-se da dicotomia "inquisitório *versus* acusatório" e firmando-se o novo paradigma constitucional para sistema processual penal brasileiro, funcionalizado pela dupla baliza de proibição de excesso e proibição de proteção insuficiente. *In*: CAMBI, Eduardo; GUARAGNI, Fábio André. *Ministério Público e princípio de proteção eficiente*. São Paulo: Almedina, 2016, p. 296-298.
[208] GUIMARÃES, Rodrigo Régnier Chemim. Desvinculando-se da dicotomia "inquisitório *versus* acusatório" e firmando-se o novo paradigma constitucional para sistema processual penal brasileiro, funcionalizado pela dupla baliza de proibição de excesso e proibição de proteção insuficiente. *In*: CAMBI, Eduardo; GUARAGNI, Fábio André. *Ministério Público e princípio de proteção eficiente*. São Paulo: Almedina, 2016, p. 298-300.

relação direta com o órgão acusatório, o Ministério Público, um dos atores que fundamentam esse modelo de processo penal.

3.4 O Ministério Público e o monopólio da ação penal pública

O processo penal ainda precisa ser modificado para definitivamente guardar relação intrínseca com as normas constitucionais, de forma a impactar diretamente o sistema processual, e por consequência o Ministério Público, a parte acusatória definida pela Constituição Federal de 1988.

A origem do Ministério Público se confunde, mistura-se com o exercício da ação penal pública.[209] Historicamente, o início da ação penal era privada, o que significa dizer que ficava a cargo do ofendido. Posteriormente, foi entregue a qualquer do povo a difícil tarefa de acusar publicamente aquele infrator da lei penal, revelando um Estado indiferente ao resultado do julgamento.

O resultado da demanda penal era oriundo das habilidades das partes e suas malícias, o que trazia evidente prejuízo à persecução penal. Posteriormente, superada a ideia da sociedade liberal individualista romana, após uma evolução cultural significativa, surgiu o sistema inquisitório, influenciado diretamente pelo direito canônico.

Com o Estado à frente do interesse de combater e reprimir a criminalidade, o particular afastou-se dessa tarefa; o juiz passou, então, a formular a acusação e a perseguir a prova, fazendo desparecer o triângulo processual. A relação ficou restrita entre juiz e réu, este último considerado mero objeto de investigação.

Nesse contexto, a prova não servia ao juiz-acusador para demonstrar a verdade – à época utilizava-se a confissão, que era extraída mediante tortura – mas para atingir a prova plena e justificar a condenação.

Entendeu-se, então, que o Estado precisava criar mecanismos seguros para prestar a atividade judicial, de forma a afastar o juiz das atividades persecutórias, atuando de forma independente da sua vontade ou interesses das partes, com imparcialidade.

Esse objetivo foi atingido com a institucionalização do Ministério Público, "que pode ser considerado o verdadeiro "ovo de colombo' para

---

[209] Sobre a origem do Ministério Público conferir: LYRA, Roberto. *Novo direito penal*: introdução. Rio de Janeiro: Forense, 1980, p. 17-23.

o processo penal que surgiu modernamente".[210] Baniu-se a figura do juiz inquisitivo, com a separação cabal entre "acusação" e "jurisdição", e o Ministério Público tornou-se o "dono"[211] ou "senhor"[212] da ação penal pública, o dominus litis.

O Ministério Público, ao agir pelo Estado, assumiu a titularidade da persecutio criminis in judicio, a partir da volta das três funções concedidas a agentes diversos, e sem acusação privada. O processo penal publicizou o sistema acusatório através de meios para a descoberta da verdade, resguardando direitos individuais e preservando a defesa social.

No sistema acusatório, a jurisdição penal deve ser provocada pelo órgão acusador do Estado, sem justiça privada, e no qual os exercícios das atividades jurisdicionais são realizados por órgãos absolutamente independentes.

A atuação do Ministério Público, como órgão acusador do Estado, deve ser pela correta aplicação da lei, a funcionar no caso concreto como um custo iuris, tendo em vista que o Estado não tem interesse em sustentar uma acusação injusta. A Constituição Federal de 1988, em seu art. 129, I, instituiu a cláusula constitucional para atribuir ao Ministério Público o monopólio da ação penal, incumbindo-o ainda do exercício da promoção da política criminal repressiva no Brasil.[213] Além da ação penal pública, o Ministério Público tem legitimidade ativa para requerer medidas acauteladoras e demais incidentes previstos no Código de Processo Penal, embora a legislação processual atribua capacidade postulatória a outros órgãos e autoridades públicas, contrariamente ao comando constitucional.[214]

Ademais, ser titular da ação penal pública é um dos fundamentos para a possibilidade de o Ministério Público exercer poderes investigatórios criminais, por isso, não se pode falar em "monopólio" de investigação criminal pela polícia.

---

[210] JARDIM, Afrânio Silva. *Ação penal pública*: princípio da obrigatoriedade. 3. ed. Rio de Janeiro: Forense, 1998, p. 25.
[211] MARQUES, José Frederico. *Tratado de direito processual penal*. v. 2. São Paulo: Saraiva, 1980, p. 87.
[212] NORONHA, E. Magalhães. *Curso de direito processual penal*. 6. ed. São Paulo: Saraiva, 1973, p. 25.
[213] GAZOTO, Luís Wanderley. *O princípio da não-obrigatoriedade da ação penal pública*: uma crítica ao formalismo no Ministério Público. Barueri, SP: Manole, 2003, p. 115.
[214] MARTINS JÚNIOR, Wallace Paiva. *Ministério Público* – a Constituição e as Leis Orgânicas. São Paulo: Atlas, 2015, p. 111.

Alexandre Magno Benites de Lacerda, ao afiançar a possibilidade e a necessidade da investigação criminal pelo Ministério Público, esclarece:

> No Estado Democrático de Direito, o Ministério Público brasileiro – instituição independente dos demais Poderes – tem a missão constitucional de atuar de forma proativa e eficaz, em especial, no combate a corrupção e ao crime organizado, que ofendem de sobremaneira bens jurídicos e valores fundamentais da sociedade, precipuamente em razão de sua titularidade privativa na ação penal.[215]

Não se coaduna com um Estado Democrático de Direito a perspectiva legal e doutrinária de que uma única instituição reúna em si todos os poderes de investigação possíveis, excluindo, assim, outras instituições que possuem semelhante missão constitucional em suas respectivas áreas de competência. É o que adverte Alexandre Rocha: "Aliás, a ideia é paradoxalmente contrária a um modelo de processo penal de caráter constitucional que defenda um sistema cada vez mais acusatório, em detrimento das reminiscências inquisitórias da época do feudalismo".[216]

Em um sistema com mais proximidade ao acusatório, baseado nas regras constitucionais vigentes, afasta-se a possibilidade de uma investigação criminal pelo juiz, deixando de lado a figura do juiz investigador, para um juiz de garantias.

Contudo, em cenário recente de decisões do STF, essa questão ainda comporta discussões.

O Pleno do STF já havia julgado, decidido por maioria, no julgamento da questão de ordem na Petição nº 3.825,[217] sobre alguns pontos que envolvem os inquéritos originários:

> Considerações doutrinárias e jurisprudenciais acerca do tema da instauração de inquéritos em geral e dos inquéritos originários de competência do STF: i) a jurisprudência do STF é pacífica no sentido

---

[215] LACERDA, Alexandre Magno Benites de Lacerda. A investigação criminal pelo Ministério Público na visão do Supremo Tribunal Federal. In: LACERDA, Alexandre Magno Benites et al. Garantismo e processo penal. Campo Grande: Contemplar, 2019, p. 95.

[216] MORAES, Alexandre Rocha Almeida. A política criminal pós-1988: o Ministério Público e a dualidade entre garantismos positivo e negativo. In: SABELLA, Walter Paulo; DAL POZZO, Antônio Araldo Ferraz; BURLE FILHO, José Emmanuel (coord.). Ministério Público: vinte e cinco anos do novo perfil constitucional. São Paulo: Malheiros, 2013, p. 763.

[217] Pet 3825 QO, Relator(a): SEPÚLVEDA PERTENCE, Relator(a) p/ Acórdão: GILMAR MENDES, Tribunal Pleno, julgado em 10.10.2007, PUBLIC 04-04-2008.

de que, nos inquéritos policiais em geral, não cabe a juiz ou a Tribunal investigar, de ofício, o titular de prerrogativa de foro; ii) qualquer pessoa que, na condição exclusiva de cidadão, apresente "notitia criminis", diretamente a este Tribunal é parte manifestamente ilegítima para a formulação de pedido de recebimento de denúncia para a apuração de crimes de ação penal pública incondicionada. Precedentes: INQ nº 149/DF, Rel. Min. Rafael Mayer, Pleno, DJ 27.10.1983; INQ (AgR) nº 1.793/DF, Rel. Min. Ellen Gracie, Pleno, maioria, DJ 14.6.2002; PET – AgR – ED nº 1.104/DF, Rel. Min. Sydney Sanches, Pleno, DJ 23.5.2003; PET nº 1.954/DF, Rel. Min. Maurício Corrêa, Pleno, maioria, DJ 1º.8.2003; PET (AgR) nº 2.805/DF, Rel. Min. Nelson Jobim, Pleno, maioria, DJ 27.2.2004; PET nº 3.248/DF, Rel. Min. Ellen Gracie, decisão monocrática, DJ 23.11.2004; INQ nº 2.285/DF, Rel. Min. Gilmar Mendes, decisão monocrática, DJ 13.3.2006 e PET (AgR) nº 2.998/MG, 2ª Turma, unânime, DJ 6.11.2006; iii) diferenças entre a regra geral, o inquérito policial disciplinado no Código de Processo Penal e o inquérito originário de competência do STF regido pelo art. 102, I, b, da CF e pelo RI/STF. A prerrogativa de foro é uma garantia voltada não exatamente para os interesses dos titulares de cargos relevantes, mas, sobretudo, para a própria regularidade das instituições em razão das atividades funcionais por eles desempenhadas. Se a Constituição estabelece que os agentes políticos respondem, por crime comum, perante o STF (CF, art. 102, I, b), não há razão constitucional plausível para que as atividades diretamente relacionadas à supervisão judicial (abertura de procedimento investigatório) sejam retiradas do controle judicial do STF. A iniciativa do procedimento investigatório deve ser confiada ao MPF contando com a supervisão do Ministro-Relator do STF.

Posteriormente, decidiu o STF, de ofício, a instauração de inquérito originário e sua presidência por um dos Ministros.[218]

Porém, o STF através da Presidência, por meio da Portaria nº 69 GP/2019, com fundamento no art. 43, c.c art. 56, V, do RISTF, inaugurou o Inquérito nº 4.781/DF,[219] para apurar fake news que atingem a honorabilidade e a segurança do Supremo Tribunal Federal, de seus membros e familiares, designando para a condução do feito o Ministro

---

[218] Inquérito instaurado por determinação da Segunda Turma do STF. 2. Transferência de Preso. 3. Abuso no uso de algemas. Violação à Súmula Vinculante nº 11 do STF. 4. Remessa de cópia do inquérito à Procuradoria-Geral da República, ao Ministério da Segurança Pública, ao Conselho Nacional de Justiça, ao Conselho da Justiça Federal e Conselho Nacional do Ministério Público. 5. Manutenção da competência desta Corte para a supervisão dos atos subsequentes a serem praticados. STF, Inq nº 4696, Relator(a): GILMAR MENDES, Segunda Turma, julgado em 14.08.2018, PUBLIC 15-10-2018.

[219] STF, Inq nº nº 4781 Ref, Relator(a): ALEXANDRE DE MORAES, Tribunal Pleno, julgado em 17.02.2021, PUBLIC 14-05-2021.

Alexandre de Moraes, com a possibilidade de requerer à Presidência a estrutura material e de pessoal necessária para a respectiva condução. O Ministério Público requereu o arquivamento do referido procedimento, com fundamento no posicionamento jurisprudencial da própria Corte, porém, não foi acolhido pelo relator, que entendeu que o sistema acusatório não se estenderia às investigações penais.

Contra a Portaria nº 69 GP/2019 foi proposta uma ADPF,[220] sustentando: a) a violação ao sistema acusatório previsto na CF/88, em especial, no art. 129, inc. I, ao atribuir privativamente ao Ministério Público a titularidade da ação penal pública. O art. 43, do RISTF, e a Resolução nº 564/2014, que lhe regulamenta, não se aplicariam ao caso, pois se referem a infrações penais praticadas "na sede ou dependências do Tribunal", ao que não se equipara "contra os Ministros do Tribunal"; b) O inquérito originário exige, assim, manifestação do Ministério Público, nos termos dos arts. 230-A a 232 do RISTF c/c art. 46 da LC nº 75/93, assim a ausência de intervenção do Ministério Público violaria o art. 129, inc. I, II, VII, VIII e §2º, da Constituição, o art. 38, inc. II, da LC nº 75/93 e o art. 52 do RISTF, os quais impõem a sua participação como destinatário da prova e como instituição de controle externo da atividade policial, cabendo ao ministro relator apenas a supervisão judicial sobre a investigação, deliberando sobre diligências submetidas à reserva de jurisdição e obstando investigações ilegais;[221] c) a não possibilidade de se recusar o arquivamento; d) ofensa ao devido processo legal, por violação à regra de competência do Supremo Tribunal Federal do art. 102, inc. I, "b", e o próprio art. 43, §1º, do RISTF, uma vez que, em princípio, os investigados não têm prerrogativa de foro;[222] e) por violação à regra do juiz natural (art. 5º, LIII, da CF), pois não houve distribuição aleatória; e f) violação ao Estado Democrático de Direito, tendo em vista que o objeto da Portaria é genérico, não havendo justa causa para a sua instauração, gerando insegurança social, inclusive porque está sob sigilo.

Contudo, o STF declarou constitucional, por maioria, a referida portaria inaugural investigatória, constando da decisão a adequação do procedimento para que:

---

[220] STF, ADPF nº 572, Relator(a): EDSON FACHIN, Tribunal Pleno, julgado em 18.06.2020, PUBLIC 07-05-2021.

[221] Conforme referenciado no STF, Inq nº 2913 AgR, Relator(a): DIAS TOFFOLI, Relator(a) p/ Acórdão: LUIZ FUX, Tribunal Pleno, julgado em 01.03.2012, PUBLIC 21-06-2012.

[222] Conforme delimitação na STF, AP nº 937 QO, Relator(a): ROBERTO BARROSO, Tribunal Pleno, julgado em 03.05.2018, PUBLIC 11-12-2018.

(a) seja acompanhado pelo Ministério Público; (b) seja integralmente observada a Súmula Vinculante nº 14; (c) limite o objeto do inquérito a manifestações que, denotando risco efetivo à independência do Poder Judiciário (CRFB, art. 2º), pela via da ameaça aos membros do Supremo Tribunal Federal e a seus familiares, atentam contra os Poderes instituídos, contra o Estado de Direito e contra a Democracia; e (d) observe a proteção da liberdade de expressão e de imprensa nos termos da Constituição, excluindo do escopo do inquérito matérias jornalísticas e postagens, compartilhamentos ou outras manifestações (inclusive pessoais) na internet, feitas anonimamente ou não, desde que não integrem esquemas de financiamento e divulgação em massa nas redes sociais.

Único voto contrário, do então Min. Marco Aurélio, foi pela procedência do pedido formulado na ADPF para arquivar o referido inquérito, tendo em vista que a instauração não foi submetida ao colegiado, sendo decidida pela Presidente da Corte, o qual designou um relator, que imediatamente iniciou as diligências investigatórias, sem a observância de sistema democrático de distribuição, afirmando ainda que a CF/88, ao prever o sistema acusatório, não recepcionou o art. 43 do RISTF.

Outro assunto gira entorno da necessidade de autorização para o início de investigações aos detentores de foro por prerrogativa de função.

O STF já decidiu, através da ADI nº 7.083 que há compatibilidade com a CF/88 a autorização do relator para instauração de inquérito originário. Segundo decidiu o STF, é constitucional norma de Regimento Interno de TJ que condiciona a instauração de inquérito à autorização do desembargador relator nos processos de competência originária do Tribunal, situação similar com o art. 21, inc. XV, do Regimento Interno do STF.

Assim, tratando-se de autoridades com prerrogativa de foro nesse Supremo Tribunal, consolidando a jurisprudência que "a atividade de supervisão judicial deve ser constitucionalmente desempenhada durante toda a tramitação das investigações desde a abertura dos procedimentos investigatórios até o eventual oferecimento, ou não, de denúncia pelo dominus litis",[223] conforme precedentes, a mesma interpretação tem sido aplicada pelo STF aos casos de investigações envolvendo autoridades com prerrogativa de foro nos Tribunais

---

[223] STF, Inquérito nº 2411-QO, Relator o Ministro Gilmar Mendes, Plenário, julgado em 10.10.2007, DJe 25.4.2008.

de segundo grau, afirmando-se a necessidade de supervisão das investigações pelo órgão judicial competente.[224]

Segundo decisão do STF não se cogita de usurpação das funções institucionais conferidas constitucionalmente ao Ministério Público, pois o órgão mantém a titularidade da ação penal e as prerrogativas investigatórias, devendo apenas submeter suas atividades ao controle judicial, julgando improcedente a ADI nº 7.083.[225]

Na ADI nº 7.083 do STF foi reafirmado o entendimento de que o STF, na abertura de investigações com autoridades com prerrogativa de foro, possui o prévio controle judicial, devendo essa atividade investigativa ser desempenhada durante toda a tramitação das investigações, desde a abertura dos procedimentos até o oferecimento ou não da peça acusatória.[226]

O STJ,[227] por sua vez, já decidiu da desnecessidade prévia de autorização do Tribunal de Justiça para abertura de investigação contra autoridades sujeitas a foro especial.

Conforme pondera Hugo Nigro Mazzilli, quando o Ministério Público deixa de propor uma ação penal, ao deixar de acusar, é a única hipótese identificada em que a instituição "condiciona o ius puniendi do Estado soberano. Somente o Ministério Público pode, fundamentadamente e de acordo com a lei, decidir pelo Estado, por sua palavra final, a não acusação".[228]

---

[224] Nesse sentido: AP nº 933-QO, Relator o Ministro Dias Toffoli, Segunda Turma, DJ 6.10.2015, DJe 3.2.2016; AP nº 912, Relator o Ministro Luiz Fux, Primeira Turma, DJ 7.3.2017; e RE nº 1.322.854, Relator o Ministro Ricardo Lewandowski, Segunda Turma, DJ 3.8.2021.

[225] ADI nº 7.083, Relator(a): CÁRMEN LÚCIA, Tribunal Pleno, julgado em 16.05.2022, PUBLIC 24-05-2022.

[226] Nesse sentido: STF, Inq nº 3438, Relator(a): ROSA WEBER, Primeira Turma, julgado em 11.11.2014, PUBLIC 10-02-2015; STF, Pet nº 3825 QO, Relator(a): SEPÚLVEDA PERTENCE, Relator(a) p/ Acórdão: GILMAR MENDES, Tribunal Pleno, julgado em 10.10.2007, PUBLIC 04-04-2008.

[227] A jurisprudência atual deste Tribunal Superior fixou-se no sentido de que, "no que concerne às investigações relativas a pessoas com foro por prerrogativa de função, tem-se que, embora possuam a prerrogativa de serem processados perante o tribunal, a lei não excepciona a forma como se procederá à investigação, devendo ser aplicada, assim, a regra geral trazida no art. 5º, inciso II, do Código de Processo Penal, a qual não requer prévia autorização do Judiciário. 'A prerrogativa de foro do autor do fato delituoso é critério atinente, de modo exclusivo, à determinação da competência jurisdicional originária do tribunal respectivo, quando do oferecimento da denúncia ou, eventualmente, antes dela, se se fizer necessária diligência sujeita à prévia autorização judicial' (Pet nº 3825 QO, Relator p/ acórdão: Min. Gilmar Mendes, Pleno, julgado em 10.10.2007, Precedentes do STF e do STJ." (RHC nº 79.910/MA, relator Ministro REYNALDO SOARES DA FONSECA, QUINTA TURMA, julgado em 26.3.2019, DJe 22.4.2019). (AgRg no AREsp nº 1.541.633/PR, relator Ministro Antonio Saldanha Palheiro, Sexta Turma, julgado em 6.10.2020, DJe de 13.10.2020.).

[228] MAZZILLI, Hugo Nigro. Regime Jurídico do Ministério Público. 8. ed. São Paulo: Saraiva, 2014, p. 359.

O Ministério Público, no exercício dessa parcela do poder estatal, consubstanciada na possibilidade legal de propor ou não a ação penal pública, implica uma função constitucional elevada a cláusula pétrea expressa, vez que a ação penal pública é uma garantia constitucional da sociedade, conforme prevê o art. 5º, inc. LIX c.c art. 129, I, da CF/88.

A sociedade espera que o violador da lei penal receba uma resposta penal adequada ao caso concreto, através da ação penal pública, em razão da atuação funcional do Ministério Público prevista na Constituição, mediante a propositura da ação penal pública, arquivamento ou ainda outras medidas de consenso previstas em lei, permitindo que haja um mecanismo de freios e contrapesos constitucional a esse exercício (art. 5º, LIX, da CF/88), exatamente por se tratar de um direito fundamental previsto ao cidadão, portanto, uma cláusula pétrea.

A exceção da privatividade da ação penal pública está presente em duas hipóteses decorrentes da própria Constituição Federal de 1988: a) a ação penal privada subsidiária da pública (art. 5º, LIX, da CF/1988); e b) a situação provisória, quando da nomeação de um advogado para responder interinamente, pela Procuradoria-Geral, quando da criação de um Estado (art. 235, VIII, da CF/1988).

Após a promulgação da Constituição Federal de 1988, foram derrogados todos os procedimentos que remanesciam no CPP/1941 contrários à normativa constitucional, abolindo os procedimentos penais ex officio e judicialiformes, instaurados e parcialmente instruídos pela autoridade policial, comprometendo em ambos os casos a imparcialidade na colheita de provas e o contraditório, prestigiando-se, dessa forma, o sistema acusatório.

Ainda não será qualquer órgão estatal que poderá ingressar com a ação penal pública, assim como também não será qualquer do povo, pois se trata de uma restrição que reforça, implicitamente, o rol de direitos fundamentais, restringido a apenas um órgão estatal, alinhado ao interesse público, a possibilidade constitucional de se ingressar com a ação penal pública.[229] Não se admitem, além de serem repudiados, quaisquer expedientes que tencionem transferir essa tarefa para outro órgão, salvo quando decorrente da própria Constituição Federal.[230]

---

[229] GARCIA, Emerson. *Ministério Público:* organização, atribuição e regime jurídico. 5. ed. São Paulo: Saraiva, 2015, p. 406.
[230] MARTINS JÚNIOR, Wallace Paiva. *Ministério Público:* a Constituição e as Leis Orgânicas. São Paulo: Atlas, 2015, p. 111.

Portanto, decorrerá do monopólio da ação penal pública exercida pelo Ministério Público, além de lhe ser permitido o exercício do poder investigatório, a decisão final de arquivar qualquer peça de informação criminal, seja fundado em análise da justa causa da ação penal ou mediante o uso da justiça penal consensual, "a partir de uma ótica contemporânea do processo penal baseado no princípio acusatório".[231]

A titularidade do direito de ação penal pública pelo Ministério Público decorre da evolução do sistema acusatório e de todos os reflexos processuais dele oriundos. Assim, o CPP/1941 deve ser revisto e moldado a modelo de processo penal com suporte real no atual regime constitucional. É necessário adequar os novos instrumentos de política criminal, a exemplo da possibilidade de se fazer uma releitura do princípio da obrigatoriedade da ação penal, permitindo a elaboração de acordos e de negociações com os acusados, considerando o interesse público e o interesse das vítimas, além da possibilidade de "não acusar" dentro de limites impostos constitucional e legalmente, com vistas a um processo penal voltado à sociedade contemporânea, cujos efeitos já foram gerados pela globalização diante da imposição de diversos desafios correlacionados ainda a serem enfrentados.

A titularidade da ação penal possui também como objetivos proteger o réu dos arbítrios do Estado e garantir à vítima e à sociedade uma resposta do Estado para os infratores da norma penal.

Com perfil dotado pela Constituição cidadã, constituído de garantias e abrigado pelo princípio da unidade e da independência funcional, o Ministério Público, na ação penal pública, representa a sociedade. Assim, é necessária a imposição da formatação de políticas criminais pautadas pela eficiência, que deverão nortear sua atuação como órgão indivisível e assegurar sua missão constitucional de defesa do regime democrático.[232]

3.5 O princípio da obrigatoriedade e sua repercussão no sistema processual penal constitucional

Ao avocar a administração da Justiça, o Estado vedou o exercício do particular por um suposto direito com as próprias mãos, evitando, assim, a desmedida e irracional justiça privada.

---

[231] MARTINS JÚNIOR, Wallace Paiva. *Ministério Público:* a Constituição e as Leis Orgânicas. São Paulo: Atlas, 2015, p. 111.
[232] PONTE, Antonio Carlos da; DEMERCIAN, Pedro Henrique. O Ministério Público brasileiro e a justiça consensual. Foro, *Nueva Época*, v. 22, n. 1, 2019. Disponível em: https://dx.doi.org/10.5209/foro.66636. Acesso em: 13 jun. 2022, p. 107.

O Código Criminal do Império previa nos arts. 37 e 74 a obrigatoriedade da ação penal; as alterações propostas pela Lei nº 261/1841 e seu regulamento nº 120/1842[233] confirmavam para a doutrina a existência da obrigatoriedade da sua propositura. A Lei nº 2.033/1871, regulamentada pelo Decreto nº 4.824/1871, disciplinou expressamente a obrigatoriedade da ação penal, na medida em que o art. 15, §5º, previa a possibilidade de o magistrado aplicar multa aos promotores nos casos em que a denúncia não fosse oferecida tempestivamente.

Com a primeira Constituição Republicana, de 1891, aos Estados foi conferida a competência para legislar sobre matéria processual penal, no entanto, alguns deles ainda preferiram manter a aplicação do Código de Processo Penal da Primeira Instância de 1832, a exemplo do Estado de São Paulo.

Todavia, a maioria deles promulgou seu próprio Código estadual, prevendo a obrigatoriedade do exercício da ação penal (Bahia,[234] Rio Grande do Sul,[235] Minas Gerais[236] e o Distrito Federal[237]).

Com fundamento nessas heranças históricas, sempre se entendeu que tendo em vista o monopólio da vingança pública, o Estado possui o dever de punir para combater a criminalidade, ou seja, a obrigatoriedade não se trata de uma opção arbitrária do legislador (*nec delicta maneant impunita* – os delitos não podem ficar impunes).

Nesse contexto, o princípio da obrigatoriedade da ação penal é explicado como um dever do órgão de acusação de promover a ação penal pública. Significa dizer que ele não pode se utilizar de critérios de ordem política ou de conveniência e oportunidade para não denunciar, desde que presentes as condições previstas em lei para essa função.

Mas, se considerado uma regra, o ordenamento jurídico poderia prever-lhe exceções, como, aliás, ocorreu no CPP Alemão (StPO), em seu art. 153, ao estabelecer a renúncia ao processo por insignificância,[238]

---

[233] BRASIL. Lei nº 261/1841. Regulamento nº 120/1842. "Art. 222. Nos casos em que ao Promotor incumbe denunciar, incumbe igualmente promover a accusação, e todos os termos do processo, nos quaes, bem como na concessão e arbitramento das fianças, deverá ser sempre ouvido".
[234] Arts. 1.779 e 1.787 da Lei nº 1.121/1915.
[235] Art. 100 da Lei nº 24/1898.
[236] Arts. 26 e 29 do Decreto nº 9.640/1930.
[237] Arts. 3º e 22 do Decreto-Lei nº 16.751/1924.
[238] CRUZ, Rogério Schietti; EISELE, Andreas. *Os crimes de bagatela na dogmática e na jurisprudência*. São Paulo: Juspodivm, 2021, p. 169.

e no CPP Austríaco (StPO), em seu art. 191,[239] o arquivamento por insignificância.

Alguns sistemas fixam o princípio da obrigatoriedade como matriz constitucional,[240] impedindo de forma absoluta o reconhecimento ao titular da ação penal pelo legislador ordinário de poderes *nolle posequi* para buscar o acordo processual. É a hipótese da *Costituzionone della Repubblica Italiana*, que consagra em seu art. 112 a obrigatoriedade da ação penal, restringindo, assim, o espaço de consenso no processo penal. No processo penal italiano, porém, há procedimentos de simplificação procedimental, cuja confissão não implica renúncia total ao procedimento, como os institutos do *giudizio abbreviato*, do *giudizio diretíssimo* e do *patteggiamento*.[241]

Outros sistemas não preveem o princípio da obrigatoriedade na Carta Política, relegando sua presença ao legislador ordinário ou a construções doutrinárias – é essa a hipótese do sistema processual penal brasileiro.

A tradicional doutrina processual brasileira sempre entendeu estar em vigência no sistema processual penal o princípio da obrigatoriedade da ação penal pública. Embora não exista previsão constitucional, essa vigência é marcada pela cultura de uma tradição *civil law*, com arrimo nos arts. 24, 28, 42 e 576 do CPP/1941, na medida em que o não oferecimento da ação penal pelo Ministério Público dá origem a um controle judicial.

A partir do Iluminismo, a legalidade processual decorreu da necessidade de se conter o arbítrio judicial, passando a ser tratada como um instrumento de garantia atribuído ao cidadão, um princípio inerente ao Estado de Direito e uma garantia indispensável à administração da justiça frente a um processo penal.[242]

---

[239] CRUZ, Rogério Schietti; EISELE, Andreas. *Os crimes de bagatela na dogmática e na jurisprudência*. São Paulo: Juspodivm, 2021, p. 169.

[240] Além da Itália, a Espanha possui o princípio da obrigatoriedade com *status* constitucional e não há nenhum instituto que o excepcione, muito embora também tenha um procedimento abreviado, que elimina a fase probatória. Diante da anuência das partes, passa-se de imediato à prolação da sentença. MORAES, Alexandre Rocha Almeida de; POGGIO SMANIO, Gian Gianpaolo; PEZZOTTI, Olavo Evangelista. A discricionariedade da ação penal pública. *Argumenta Journal Law*, Jacarezinho-PR, n. 30, p. 353-390, jun. 2019, p. 374.

[241] MORAES, Alexandre Rocha Almeida de; POGGIO SMANIO, Gian Gianpaolo; PEZZOTTI, Olavo Evangelista. A discricionariedade da ação penal pública. *Argumenta Journal Law*, Jacarezinho-PR, n. 30, p. 353-390, jun. 2019, p. 358-359. Tradução livre: "julgamento abreviado, julgamento direto e barganha".

[242] FERNANDES, Fernando. *O processo penal como instrumento de política criminal*. Lisboa: Almedina, 2001, p. 90.

Assim, a manifestação do princípio da legalidade se exprime em pelo menos duas situações. Na primeira delas, pela exclusão da discricionariedade da ação penal, com a obrigação do Ministério Público de promover a ação penal, desde que preenchidos os requisitos legais; a segunda, pela impossibilidade de dispor da ação penal já proposta.[243]

Por isso, renomados autores processualistas nacionais e internacionais, acompanhando o desenvolvimento e o raciocínio processual à sua época, defendiam fervorosamente o princípio da obrigatoriedade da ação penal.

Segundo Fernando da Costa Tourinho Filho, o princípio da legalidade ou obrigatoriedade

> é o que melhor atende aos interesses do Estado. Dispondo o Ministério Público dos elementos mínimos para a propositura da ação penal, deve promovê-la (sem inspirar-se em critérios políticos ou de utilidade social). O contrário implicaria atribuir-lhe um desconchavado poder de indulto.[244]

Em outras palavras, o princípio da obrigatoriedade da ação penal possui a função de obrigar ao acusador público, quando houver uma infração penal de ação penal pública incondicionada, o dever legal de ingressar com a ação penal, pois este não age em nome próprio, mas representando a própria vontade do Estado-Administração.

A doutrina ora trata a obrigatoriedade como princípio, ora como regra, sem se preocupar em manter uma coerência interna, embora essa distinção não influencie na sua incidência ou não no ordenamento jurídico.[245]

Contudo, o assunto não é pacífico. Há na doutrina processual penal diversos posicionamentos que tratam sobre a incidência, total ou parcial, ou não incidência do princípio da obrigatoriedade da ação penal no ordenamento jurídico brasileiro.

Pedro Henrique Demercian e Tiago Caruso Torres apontam três correntes de pensamento que esclarecem a obrigatoriedade da ação penal pública:

---

[243] FERNANDES, Fernando. *O processo penal como instrumento de política criminal*. Lisboa: Almedina, 2001, p. 91.
[244] TOURINHO FILHO, Fernando da Costa. *Processo penal*. v. 1. 21. ed. São Paulo: Saraiva, 1999, p. 327.
[245] PEREIRA, Diogo Abineder Ferreira Nolasco. *Justiça penal negociada*: uma análise do princípio da obrigatoriedade da ação penal pública. 2. ed. Rio de Janeiro: Lumen Juris, 2021, p. 78.

(a) há quem defenda a adoção de um sistema baseado estritamente na obrigatoriedade; (b) em sentido diametralmente oposto, estão os idealizadores de uma suposta nova era no direito processual, preconizando a imperiosa necessidade de se adotar um método mais flexível e ágil para a solução dos litígios, que estaria baseado, precisamente, na adoção do princípio da oportunidade; (c) por fim, há quem defenda a coexistência e conciliação dos dois métodos anteriores.[246]

Diogo Abineder Pereira argumenta que o princípio da obrigatoriedade tem previsão no sistema de direito positivo, não se tratando, pois, de hipótese de construção doutrinária. Para o autor, o princípio pode ser extraído dos arts. 5º, I e II, §3º e 6º, do CPP/1941, ou seja, quando presentes os elementos de indícios de autoria e materialidade do delito, cabe obrigatoriamente ao representante do Ministério Público apresentar a peça inicial acusatória (denúncia).[247] Extrai-se também o princípio dos arts. 27 e 29 do CPP/1941, ao outorgarem a qualquer cidadão o poder de provocar a atuação do órgão de acusação, conferindo aos jurisdicionados instrumento de fiscalização da atividade do Estado.[248] Aponta, ainda, o art. 43 do CPP/1941, o art. 30 do Código de Processo Penal Militar e os arts. 343 e 357 do Código Eleitoral para sustentar a existência no direito positivo do princípio da obrigatoriedade.[249]

Outra parte da doutrina defende que a obrigatoriedade não decorre diretamente da CF/1988, conforme se observa do art. 129, I, pois o exercício da ação penal tem origem na forma prevista em lei, admitindo a possibilidade também de arquivamento das peças investigativas. Assim como a Constituição, o CPP/1941 não possui qualquer disposição expressa acerca da obrigatoriedade da ação penal.[250]

---

[246] DEMERCIAN, Pedro Henrique; TORRES, Tiago Caruso. A constitucionalidade do artigo 385 do Código de Processo Penal. *Revista Jurídica da Escola Superior do Ministério Público de São Paulo*, v. 12, n. 2, p. 116-137, 2018. Disponível em: http://www.esmp.sp.gov.br/revista_esmp/index.php/RJESMPSP/article/view/347. Acesso em: 18 nov. 2021.

[247] PEREIRA, Diogo Abineder Ferreira Nolasco. *Justiça penal negociada*: uma análise do princípio da obrigatoriedade da ação penal pública. 2. ed. Rio de Janeiro: Lumen Juris, 2021, p. 87.

[248] PEREIRA, Diogo Abineder Ferreira Nolasco. *Justiça penal negociada*: uma análise do princípio da obrigatoriedade da ação penal pública. 2. ed. Rio de Janeiro: Lumen Juris, 2021, p. 88.

[249] PEREIRA, Diogo Abineder Ferreira Nolasco. *Justiça penal negociada*: uma análise do princípio da obrigatoriedade da ação penal pública. 2. ed. Rio de Janeiro: Lumen Juris, 2021, p. 88.

[250] MORAES, Alexandre Rocha Almeida de; POGGIO SMANIO, Gian Gianpaolo; PEZZOTTI, Olavo Evangelista. A discricionariedade da ação penal pública. *Argumenta Journal Law*, Jacarezinho-PR, n. 30, p. 353-390, jun. 2019, p. 377.

André Luis Alves de Melo,[251] após denso estudo, sustenta que a obrigatoriedade não é um princípio, tampouco positivada no ordenamento jurídico, mas trata-se de um "mito", e acaso existisse, seria inconstitucional, pois ofenderia ao princípio da independência funcional do membro do Ministério Público e à autonomia do Ministério Público para estabelecer as prioridades no uso dos recursos orçamentários. Nessa mesma linha adverte Vladimir Aras,[252] ao sustentar que a obrigatoriedade da ação penal não é um princípio, pois inventada na década de 1930 no Brasil, além de não estar positivada no ordenamento jurídico.

Alexandre Rocha Almeida de Moraes e Fábio Ramazzini Bechara[253] argumentam que não existe o princípio da obrigatoriedade na ação pública, tendo em vista que a atuação do Ministério Público é pautada de forma única e exclusivamente pelo primado da lei.

Outros autores preferem a linha de uma reinterpretação do princípio da obrigatoriedade da ação penal, com fundamento na CF/1988 e nas disposições legais, pois admitem que a atuação do órgão de acusação seja estabelecida em parâmetros diversos do modelo tradicional de processo penal, visto que esse não se enquadra em um moderno processo penal fundado em premissas constitucionais. Nesse sentido, com fundamento em diversos autores, Antonio Scarance Fernandes leciona:

> Parece-nos ser estreme de dúvida que de forma geral deve vigorar o princípio da obrigatoriedade. Havendo elementos indicadores de crime e de autoria, o Ministério Público deve apresentar a denúncia. Não se concebe que, praticado um fato criminoso, possa o seu autor não ser perseguido por razões de conveniência. O delito afronta o sistema legal vigente, que para sua garantia exige, se ficar provada a prática delituosa em regular processo, a punição do autor do crime, o que só é possível se houver oferecimento da denúncia. Mas o princípio deve reinar como norma geral, admitindo-se, por meio de previsões legais, exceções.[254]

---

[251] MELO, André Luis Alves. Da não obrigatoriedade da ação penal pública. *In*: CUNHA, Rogério Sanches *et al*. *Acordo de não persecução penal*. Salvador: Juspodivm, 2019, p. 214-215. O autor aponta doutrinadores que defendem o princípio da oportunidade da ação penal.

[252] ARAS, Vladimir. Acordos penais no Brasil: uma análise à luz do direito comparado. *In*: CUNHA, Rogério Sanches *et al*. *Acordo de não persecução penal*. Salvador: Juspodivm, 2019, p. 328.

[253] MORAES, Alexandre Rocha Almeida de; BECHARA, Fábio Ramazzini. Acordo de não persecução penal e restrições de cabimento a partir dos mandados constitucionais de criminalização. *In*: SALGADO, Daniel de Resende; KIRCHER, Luis Felipe Scheider; QUEIROZ, Ronaldo Pinheiro. *Justiça consensual*. São Paulo: Juspodivm, 2022, p. 438.

[254] FERNANDES, Antonio Scarance. *Processo penal constitucional*. 6. ed. São Paulo: RT, 2010, p. 185.

O princípio da obrigatoriedade já há algum tempo vem sendo questionado pela doutrina, conforme se vê das considerações de James Goldschmidt:

> Tampouco para o direito moderno se resolveu o problema sobre a preferência do princípio da legalidade ou a oportunidade. A história demonstra o seguinte: O princípio da legalidade segue sendo o que garante a legalidade estreitíssima à justiça punitiva. Também por ele, obterá o domínio em um tempo em que se preocupa, principalmente, com a constituição do Estado de direito e das suas garantias. Frente a isso, o princípio da oportunidade pode se justificar de *dois* modos completamente distintos, a saber: *de um lado*, partindo de um enfoque que favorece um influxo do Governo sobre a justiça penal; *de outro lado*, no interesse da verificação material, em contraste do formalismo legal. Ao domínio da oportunidade, no primeiro sentido, opôs-se a tendência do Estado de direito da segunda metade do século XIX, ao passo que hoje, o princípio da legalidade tem que ceder a um princípio da oportunidade no segundo sentido, ou seja, em favor da justiça material. [...] Por isso, comprava-se que, mesmo hoje em dia, o problema, se o princípio da legalidade ou de oportunidade deve ter validade, estabelece-se não só com relação ao acusador, senão também com relação ao juiz, e que, por outro lado, o princípio da oportunidade não é, de maneira alguma, uma consequência ou um aumento do princípio acusatório.[255]

Nesse sentido, o Código modelo de Processo Penal para Ibero-América, ao propor um rompimento do tradicional processo penal na América Latina[256] e influenciar politicamente as alterações do processo penal nos países da comunidade hispano-americana, dispõe

---

[255] GOLDSCHMIDT, James. *Problemas jurídicos e políticos do processo penal*. Trad. Mauro Fonseca Andrade e Mateus Marques. Porto Alegre: Livraria do Advogado, 2018, p. 74.

[256] O Código-Tipo foi configurado a partir das tendências modernas ao processo penal já reclamadas naquela época: "a – adoção do modelo acusatório, com a nítida separação das funções de acusar, defender e julgar; b – supressão dos juizados de instrução; c – atribuição da investigação prévia ao Ministério Público, com a intervenção do juiz para as medidas cautelares; d – intransponibilidade para o processo dos elementos probatórios recolhidos na investigação da *opinio delicti* do Ministério Público; e – processo público e oral, em contraditório; f – procedimento ordinário, com uma etapa intermédia objetivando receber a acusação; g – previsão da suspensão condicional do processo (*probation*); h – existência de procedimentos abreviados; i – supressão, em princípio, da apelação, substituída pelo recurso de cassação e pela revisão *pro reo*; j – tribunais integrados por elementos do povo; k – adoção de vários mecanismo de seleção de casos, quebrando o princípio da obrigatoriedade da ação penal; l – suspensão do processo em caso de revelia; m – preocupação coma vítima e previsão de acordos reparatórios; n – jurisdicionalização da execução; o – efetivação das garantias do devido processo legal". GRINOVER, Ada Pellegrini. O Código modelo de Processo Penal para Ibero-américa: 10 anos depois. *Revista Brasileira de Ciências Criminais*, v. 30, p. 41-50, 2000, p. 42.

de mudanças inovadoras, como a adoção de mecanismos de seleção de casos, prevendo a quebra do princípio da obrigatoriedade da ação penal, a preocupação com a vítima e a previsão de acordos reparatórios.[257]

Alinhada aos argumentos acima, parte da doutrina encampa a possibilidade de se mitigar o princípio da obrigatoriedade, denominando-o de várias formas, como princípio da discricionariedade regrada ou regulada, oportunidade mitigada ou regrada, obrigatoriedade mitigada ou regrada e oportunidade controlada, entre outras designações.[258]

Primeiramente, argumenta-se que o princípio da obrigatoriedade da ação penal não possui a mesma concepção totalitária de legalidade, arrimada no ultrapassado CPP/1941. Depois, porque o princípio, como mencionado, não possui supedâneo na Constituição Federal de 1988,[259] assim como não encontra suporte na legislação processual penal, ou seja, o CPP/1941 não alberga o princípio da obrigatoriedade da ação penal.

Também se questiona o art. 24 do CPP/1941, pois este apenas esclarece que a atribuição do início da ação penal pública será do Ministério Público, sem atribuir significado de uma obrigação, mas de uma atribuição. Trata-se, pois, da legitimação para ação penal, uma das condições para o exercício da ação penal. Outro ponto diz respeito ao art. 28 do CPP/1941, pois este não prevê quais são as razões para o arquivamento, podendo incluir, por exemplo, razões de política criminal.

Para Afrânio Silva Jardim,[260] não há mitigação ao princípio da obrigatoriedade. O princípio da obrigatoriedade existe em sua plenitude, como regra, admitindo a incidência do princípio da oportunidade nos casos admitidos pelo legislador. Segundo o autor,[261] não há uma discricionariedade regulada ou mitigada na Lei dos Juizados Especiais Criminais, pois a Lei nº 9.099/1995

> não mitigou o princípio da obrigatoriedade da ação penal pública pois, através da proposta de transação penal, o Ministério Público está manifestando uma verdadeira pretensão punitiva. Há pedido de condenação,

---

[257] GRINOVER, Ada Pellegrini. O Código modelo de Processo Penal para Ibero-américa: 10 anos depois. *Revista Brasileira de Ciências Criminais*, v. 30, p. 41-50, 2000, p. 41-50.
[258] Registre-se a observação de Ada Pellegrini Grinover, Antônio Magalhães Gomes Filho, Antonio Scarance Fernandes e Luis Flávio Gomes entendem não ser adequada a locução legalidade mitigada. GRINOVER, Ada Pellegrini; GOMES FILHO, Antonio Magalhães; FERNANDES, Antonio Scarance; GOMES, Luiz Flávio. *Juizados Especiais Criminais*: comentários à Lei 9.099, de 26.09.1995. 3 ed. São Paulo: RT, 2000, p. 42.
[259] Ao contrário da Constituição Italiana que o prevê no art. 112.
[260] JARDIM, Afrânio Silva; AMORIM, Pierre Souto Maior Coutinho de. *Direito processual penal*: estudos, pareceres e crônicas. 15. ed. Salvador: Juspodivm, 2018, p. 220-221.
[261] JARDIM, Afrânio Silva; AMORIM, Pierre Souto Maior Coutinho de. *Direito processual penal*: estudos, pareceres e crônicas. 15. ed. Salvador: Juspodivm, 2018, p. 245.

ainda que seu acolhimento, nesta fase preliminar do processo, dependa de assentimento do imputado. A discricionariedade que foi outorgada ao Ministério Público se refere a exercer este tipo de ação tradicional, mediante denúncia oral.[262]

O exercício da ação penal será obrigatório se preenchidas as condições mínimas previstas no sistema processual penal; nesse contexto, não se subtrai do Ministério Público o poder de apreciar os pressupostos técnicos da ação penal.

É possível prever o dever de não agir e o arquivamento das investigações penais, dentre outras razões possíveis, pelo não preenchimento de requisitos processuais necessários ao início de uma ação penal (arts. 395 e 397 do CPP/1941).

Afrânio Silva Jardim, ao criticar o princípio da oportunidade, especifica:

> não há nada de liberal na autorização ao membro do Ministério Público para decidir, no caso concreto, se invoca ou não a aplicação do Direito Penal. Não faz sentido, em uma sociedade democrática, outorgar tal poder a um órgão público. A aplicação inarredável da norma penal cogente, realizado o seu suporte fático, não pode ser afastada pelo agente público à luz de critérios pessoais ou políticos.[263]

Na visão de Pedro Henrique Demercian e Jorge Assaf Maluly[264] tendo em vista a moderna tendência de globalização do direito penal e processual penal, atribuindo outras formas de prevenção geral, a legislação buscou soluções alternativas para desenrolar de forma célere casos menores, como a Lei nº 9.099/1995, mitigando o princípio da legalidade e atribuindo ao órgão de acusação uma dose certa de discricionariedade.

A lei em questão não deixou a possibilidade de o membro do Ministério Público não agir, mas regrou a possibilidade de não agir desde que presentes as limitações legais impostas, ou seja, impedindo que o órgão de acusação extrapole o poder discricionário, pois, se atuar dissociado da lei, incorrerá em abuso.

---

[262] JARDIM, Afrânio Silva; AMORIM, Pierre Souto Maior Coutinho de. *Direito processual penal*: estudos, pareceres e crônicas. 15. ed. Salvador: Juspodivm, 2018, p. 253.
[263] JARDIM, Afrânio Silva; AMORIM, Pierre Souto Maior Coutinho de. *Direito processual penal*: estudos, pareceres e crônicas. 15. ed. Salvador: Juspodivm, 2018, p. 224.
[264] DEMERCIAN, Pedro Henrique; MALULY Jorge Assaf. *Curso de processo penal*. 9. ed. Rio de Janeiro: Forense, 2014, p. 112.

Assim, novos parâmetros e interpretações com arrimo na Constituição e na evolução do processo penal contemporâneo devem ser utilizados para guiar o Ministério Público na tarefa do exercício da ação penal pública. Isso porque a defesa da obrigatoriedade da ação penal se coadunava à época em um modelo de processo de inspiração clássica e iluminista, contudo, hoje, o modelo de processo tem demandado novos parâmetros, por critérios de eficiência e de utilidade.[265]

O princípio da oportunidade, sem qualquer parâmetro legal ou limitação, embora possa existir no direito alienígena, não encontra fundamento no sistema processual penal brasileiro, especificamente no que alberga à ação penal pública condenatória. Diante disso, atualmente, o Ministério Público não é mais o acusador a qualquer custo, conforme observa Hugo Nigro Mazzilli:

> Hoje, contudo, longe de ser visto como um simples acusador público, obrigado a acusar a qualquer preço, ao contrário, o órgão do Ministério Público, detendo em mãos a titularidade da ação penal, acabou constituindo um primeiro fator da própria imparcialidade judicial dos julgamentos, já que possibilita, com sua iniciativa, o princípio da inércia da jurisdição.[266]

Assim, a ação penal será exercida pelo órgão investido para tanto pela Constituição Federal, deixando a seu cargo a decisão de formular ou não a acusação penal, sempre escorada nos parâmetros constitucionais e legais, pois este se reveste de uma parcela da soberania do Estado.[267]

Não por outra razão houve inserções de mecanismos dos sistemas anglo-saxônicos[268] para conferir racionalidade ao sistema processual

---

[265] MORAES, Alexandre Rocha Almeida de; POGGIO SMANIO, Gianpaolo; PEZZOTTI, Olavo Evangelista. A discricionariedade da ação penal pública. *Argumenta Journal Law*, Jacarezinho-PR, n. 30, p. 353-390, jun. 2019, p. 378.

[266] MAZZILLI, Hugo Nigro. *Regime Jurídico do Ministério Público*. 8. ed. São Paulo: Saraiva, 2014, p. 359.

[267] MAZZILLI, Hugo Nigro. *Regime Jurídico do Ministério Público*. 8. ed. São Paulo: Saraiva, 2014, p. 359-360.

[268] O princípio da oportunidade não é exatamente uma herança do *common law*, pois trata-se de mais de um século de desenvolvimento dos mecanismos de solução do processo pelo consenso das partes, conforme se verifica com a reconstrução da história do surgimento da figura do promotor de justiça naquela tradição jurídica. MORAES, Alexandre Rocha Almeida de; POGGIO SMANIO, Gianpaolo; PEZZOTTI, Olavo Evangelista. A discricionariedade da ação penal pública. *Argumenta Journal Law*, Jacarezinho-PR, n. 30, p. 353-390, jun. 2019, p. 360-371.

penal, como as súmulas e os precedentes vinculantes, a Lei do Juizado Especial e, mais recentemente, a colaboração premiada.

Vladimir Aras[269] argumenta que o princípio da obrigatoriedade jamais será levado às suas últimas consequências ao lembrar a existência de inúmeras infrações penais que, embora conhecidas pelo Estado, não são apuradas ou punidas; outras sequer chegam a ser conhecidas ou, mesmo se conhecidas pelas vítimas, não são levadas ao conhecimento das autoridades competentes (cifras ocultas).[270] Por todo esse contexto, ganha força o princípio da oportunidade através das Leis nº 9.099/1995 e 12.850/2013, assumindo corpo através da releitura do art. 28 do CPP/1941, transformando-se em um novo instrumento de política criminal, superando o sistema de justiça penal conflitiva.

Nesse contexto, Vladimir Aras acrescenta e esclarece:

> Ante o exposto, verifica-se que a oportunidade da ação penal não gera impunidade, e sim, mais eficiência, o que está em conformidade com o princípio constitucional da independência funcional do Membro do Ministério Público, sendo que o CPP no art. 28 não delimita as razões de arquivamento, portanto, pode ser por política criminal e até mesmo provisoriamente por prioridades, em analogia nos termos do art. 18, do CPP, pois não tem a palavra "definitivo". Logo, o art. 24 do CPP não prevê a palavra obrigatoriedade, e no mesmo sentido o art. 100, §1º, do CP, e não há espaço para entender obrigatoriedade como implícito, e ainda que o previsse, seria inconstitucional (não recepcionado) pela

---

[269] ARAS, Vladimir. Acordos penais no Brasil: uma análise à luz do direito comparado. In: CUNHA, Rogério Sanches et al. Acordo de não persecução penal. Salvador: Juspodivm, 2019, p. 288. Segundo aponta Vladimir Aras, o art. 28 do CPP/1941 pode abrir um espaço de consenso para a não persecução penal, na medida em que o dispositivo não indica quais as razões a serem invocadas para o pedido de arquivamento. Assim, pode o membro do Ministério Público promover o arquivamento com base em razões de política criminal, em razão de ausência de utilidade para promover a demanda, alegando insignificância penal da conduta ou por inconveniência da ação, por motivos de mérito administrativo.

[270] Existem outras denominações de cifras para referenciar crimes que não chegam ao conhecimento das autoridades, como: "a) cifras negras (oculta ou escura): trata-se de um termo mais genérico das cifras, apontando a quantidade de crimes que não chegam ao conhecimento das autoridades; b) cifras douradas: refere-se a criminalidade do colarinho branco; c) cifra cinza: são as ocorrências policiais que não chegam a fase judicial, por diversas razões; d) cifras amarela: delitos relacionados a funcionários públicos que não chegam ao conhecimentos dos órgãos do Estado, devido ao temor de represálias; e) cifras verde: delitos contra o meio ambiente que não chegam ao conhecimento das autoridades policiais; f) cifras azul: são delitos econômicos praticados por pessoas menos favorecidas; g) cifras rosa: relaciona-se aos delitos que envolvem a Lei Maria da Penha que não chegam ao conhecimento das autoridades; h) cifras arco-íris: referem-se a crimes de homofobia que não chegam as autoridades." GOLDFINGER, Fábio Ianni. Manual de Direito Penal. Leme: Mizuno. 2. ed. 2022, p. 282.

Constituição Federal em face da independência funcional, sendo que este princípio não é algo absoluto, pois todo princípio tem efetividade, mas é um mandado de otimização, e com base no princípio da proporcionalidade perfeitamente aplicável a crimes de baixa e até média ofensividade.[271]

Antonio Scarance Fernandes pondera ainda que há arquivamentos de inquérito, na hipótese de pequena intensidade ao bem jurídico, cujo fundamento é justamente a política criminal, ou por se tratar de fatos de pouco relevância. Isso porque não é possível, especialmente nos grandes centros, que a todo crime seja iniciado um processo, pois, se isso ocorresse, se instalaria o caos em uma justiça já atravancada.[272]

O princípio da obrigatoriedade importa em uma releitura a exigir o alinhamento aos fundamentos das atribuições e princípios constitucionais do Ministério Público, como a independência funcional e a autonomia funcional, assim como as balizas por um sistema-jurídico penal visto em sua forma geral, estruturado também por normas constitucionais e internacionais.

Nessa linha, o princípio da obrigatoriedade deve coadunar-se com a ideia do direito penal mínimo, com o direito penal da *ultima ratio*, permitindo ao Ministério Público maior liberdade para decidir quando oferecer ou não a denúncia, sem prejuízo do abandono do dever de defender a sociedade.

A vigência do princípio da obrigatoriedade da ação penal, de forma mitigada junto ao sistema processual penal, deve possuir uma convivência harmônica com todo o sistema processual, conforme esclarece José Frederico Marques:

> A verdade, no entanto, é que o princípio da legalidade e o da oportunidade podem e devem conviver, porquanto se não é aconselhável adotar-se esse último sem limitações, controle ou providências supletivas, de outro lado não cabe impor o primeiro com rigidez e inflexibilidade.[273]

---

[271] ARAS, Vladimir. Acordos penais no Brasil: uma análise à luz do direito comparado. *In*: CUNHA, Rogério Sanches *et al*. *Acordo de não persecução penal*. Salvador: Juspodivm, 2019, p. 328.

[272] FERNANDES, Antonio Scarance. *Processo penal constitucional*. 6. ed. São Paulo: RT, 2010, p. 191.

[273] MARQUES, José Frederico. *Tratado de direito processual penal*. v. 1. São Paulo: Saraiva, 1980, p. 89.

Trata-se da legalidade/obrigatoriedade como regra e da oportunidade "controlada" como exceção, "eis o sistema ideal e que melhor atende aos imperativos do bem comum".[274]

Sob um prisma de ordem constitucional, a própria Constituição Federal prevê que as infrações penais menos graves tenham tratamento diferenciado, apontando para a existência de um princípio da proporcionalidade. Assim, a Constituição Federal conferiu legitimidade e legalidade ao Ministério Público para exercer o princípio da oportunidade regrada, de forma a oferecer um tratamento isonômico entre as infrações penais, mediante um critério de proporcionalidade, fundado na utilidade e na eficiência. Sob essa ótica, é possível sustentar a convivência de dois princípios (obrigatoriedade e oportunidade), sem a exclusão de quaisquer um deles.

A Lei dos Juizados Especiais, por exemplo, traçou um novo modelo de política criminal baseado no consenso e na mitigação do até então rígido princípio da obrigatoriedade na propositura para a ação penal, cuja finalidade era desburocratizar e agilizar a Justiça Criminal para assegurar uma resposta mais eficaz do Estado ao delito cometido.

A Lei nº 9.099/1995 criou institutos que incidem na fase extraprocessual (art. 76), como depois de oferecida a denúncia (art. 79), adotando um modelo semelhante ao arquivamento condicional do processo alemão, prevendo injunções e regras de conduta como forma de eliminar o interesse público na persecução penal. Seu inadimplemento acarretará a propositura da ação penal ou, ainda, a retomada de eventual ação penal já ajuizada.

Observa-se que a Lei nº 9.099/1995 foi pautada numa relação de imediatidade entre o direito penal e o processo penal, através de medidas de consenso, pela qual as partes abrirão mão de algo visando à aplicação de uma sanção especial. Trata-se de uma lei fruto da mudança de mentalidade, que deixou ao órgão de acusação (*dominus litis*) certa discricionariedade, que não é absoluta.

Ao mitigar as regras da legalidade e da indisponibilidade,[275] o Juizado Especial não previu que o membro do Ministério Público não agisse, mas que exerça o seu poder-dever de instaurar a instância penal (obrigatoriedade), podendo deixar de fazê-lo desde que obedeça

---

[274] MARQUES, José Frederico. *Tratado de direito processual penal*. v. 1. São Paulo: Saraiva, 1980, p. 90.
[275] DEMERCIAN, Pedro Henrique; MALULY, Jorge Assaf. *Teoria e prática dos juizados especiais criminais*. Rio de Janeiro: Forense, 2008, p. 46.

às limitações legais (parâmetros limitados), em um verdadeiro poder discricionário (discricionariedade)[276].

Quando da vigência da lei, muito se questionou a discricionariedade do Ministério Público, porém, o Supremo Tribunal Federal[277] decidiu que as medidas despenalizadoras não são direitos dos imputados, mas integram a esfera de discricionariedade do Ministério Público, sujeito às políticas criminais da persecução penal traçadas institucionalmente.

É certo que a atuação do Ministério Público está sujeita a controle externo e interno no intuito de se evitar abusos. Não se permite ao integrante do MP atuar em razão de seu mero capricho ou de acordo com sua simples convicção pessoal sobre os fatos, pois toda a atuação institucional está fundada sob a égide das normas constitucionais e legais que regulamentam a sua atuação processual.

Tal como idealizado na Lei do Juizado Especial, o CPP/1941 amplia o espaço da justiça consensual no processo penal através do acordo de não persecução penal, de maneira a apontar o caminho do processo penal contemporâneo, no sentido de discutir alternativas aos problemas criminais que agravam a sociedade, tendo em vista que o modelo tradicional do processo penal já não está conseguindo resolvê-los.

Uma nova visão da atuação do Ministério Público na esfera da ação penal pública condenatória deve ser trazida justamente por meio de um olhar diferenciado de política criminal, seja através do princípio da obrigatoriedade, seja pelo princípio da discricionariedade, porém, dentro de um modelo de sistema processual constitucional. Esse é o olhar necessário para se enfrentar os desafios e as dificuldades que hoje emperram a promoção de uma justiça penal mais célere e eficaz.

---

[276] Por outro lado, Diogo Abineder Pereira esclarece que a transação não mitigou o princípio da obrigatoriedade, tendo em vista que o Ministério Público, ao apresentar a proposta de transação penal, ainda sim estaria se manifestando em um juízo de uma pretensão punitiva estatal, pois o acordo estabelece uma pena (ainda que *sui generis*), de modo a aplicar uma pena restritiva de direito, por isso, necessária à homologação judicial. PEREIRA, Diogo Abineder Ferreira Nolasco. *Justiça penal negociada*: uma análise do princípio da obrigatoriedade da ação penal pública. 2. ed. Rio de Janeiro: Lumen Juris, 2021, p. 99.
[277] BRASIL. *Supremo Tribunal Federal*. Habeas Corpus n° 75.343-4/Minas Gerais, Rel. Min. Sepúveda Pertence, j. 12-11-1997, com voto divergente do Min. Marco Aurélio.

3.6 A magistratura espectadora e a consensualidade no processo penal

A justiça penal fundada no consenso está estruturada em técnicas de negociação para a resolução de conflitos criminais, como uma alternativa ao método tradicional de realização da justiça penal, baseada na persecução penal.

A indicação de soluções consensuais foi trazida pela Constituição Federal de 1988, ao permitir a criação dos juizados especiais voltados exclusivamente à resolução de infrações penais de menor potencial ofensivo, com possibilidade de transação penal (art. 98, I, da CF/1988). Portanto, a Lei nº 9.099/1995 (Lei do Juizado Especial Criminal) já previu institutos ressocializantes, a exemplo da transação penal e da suspensão condicional do processo.

Em que pese muitos tratarem a "justiça consensual" e a "justiça negociada" como sinônimos, há quem os diferencie, na medida em que o consenso se refere à possibilidade de a parte/acusado aceitar ou negar as medidas impostas; já a negociação é a faculdade de tratar, examinar e sugerir o conteúdo das propostas, participando efetivamente das tratativas.

A despeito da distinção indicada, o processo penal consensual vem ocupando espaço, tornando possível que se renuncie às respostas tradicionais e adotando soluções alternativas ao processo e à aplicação de sanção penal.

Trata-se de um modo alternativo de resolução de conflitos para que acusação e defesa, protagonistas da discussão penal, conciliem e ajustem medidas a serem tomadas para se alcançar um resultado justo e adequado à solução de uma futura ação penal, ou ainda, de ação penal já em andamento. A possibilidade do processo penal consensual faz emergir um outro ator processual relegado há anos pelo processo penal tradicional: a vítima.[278]

Assim, o processo penal consensual não está modelado para atribuir valores às formalidades, mas às consequências do processo, ou seja,

---

[278] Arturo Rocco, um dos articuladores do Código Penal italiano, o qual inspirou o CPP/1941 ainda vigente no Brasil, ao discutir o direito de punir, apontou que o direito, através da lei penal, implica na violação do preceito penal, contra o violador, o acusado. Assim, não se trata de um direito da vítima, de um direito privado, pois ao contrário, se está diante de um direito público, ou seja, de um direito de Estado. Portanto, ao invés de vingança, este direito seria uma defesa social. GLOECKNER, Ricardo Jacobsen. *Autoritarismo e processo penal*: uma genealogia das ideias autoritárias no processo penal brasileiro. v. 1. Florianópolis, SC: Tirant lo Blanch, 2018, p. 214.

trata-se de um método inovador e condizente com um processo penal contemporâneo, que busca obter resultados justos entre as partes,[279] sem se esquecer da vítima. Além disso, lhe são característicos a racionalidade, a celeridade e a eficiência, todos voltados a proporcionar resoluções efetivas e melhor distribuição da justiça e a transformar o consenso em um importante instrumento processual de política criminal.

Dessa forma, os acordos firmados no âmbito de um processo penal consensual propiciam agilidade, de maneira a não sobrecarregar o aparato judicial, além de alcançar resultados efetivos, transformar o processo em um instrumento eficaz de realização de justiça penal, abreviar e simplificar o processo penal, alcançando, assim, uma política criminal eficiente.[280]

Outro ponto positivo[281] desse contexto diz respeito à técnica consensual, ou seja, a proximidade entre o juízo e seus destinatários, de maneira que será decidido conjuntamente, com autonomia, a vontade do órgão de acusação, da defesa e da vítima através de uma relação horizontal entre os sujeitos, amparados pela lei e pela transparência. O objetivo é adotar a melhor solução ao caso concreto, sem a imposição de uma das partes sobre a outra, visando ao atendimento de todos os interesses – e não de um acima do outro.

Nota-se que o processo penal consensual é um caminho ainda a ser pavimentado através do diálogo e da eficiência, para tornar-se um instrumento de política criminal capaz de superar desafios do sistema jurídico-penal, como a morosidade e a ineficiência da administração da justiça, a carência de valorização da vítima no processo penal e a obtenção de resultados justos e adequados às partes, tornando efetivo e resolutivo o combate aos problemas sociais contemporâneos.

Importante registrar que o processo penal consensual não viola a estrutura acusatória, pois no momento da celebração de um acordo, as funções de acusação, defesa e órgão imparcial estão preservadas.

O consenso não foi previsto no processo penal tradicional, assim, sob essa ótica, esse instituto pouco pode ser explicado ou até aceito.

---

[279] FERNANDES, Fernando. *O processo penal como instrumento de política criminal.* Lisboa: Almedina, 2001, p. 145.

[280] MORAES, Alexandre Rocha Almeida de; DEMERCIAN, Pedro Henrique. Um novo modelo de atuação criminal para o Ministério Público brasileiro: agências e laboratório de jurimetria, *Revista Jurídica da Escola Superior do Ministério Público de São Paulo*, v. 11, n. 1, 2017. Disponível em: http://www.esmp.sp.gov.br/revista_esmp/index.php/RJESMPSP/ article/view/338. Acesso em: 10 jul. 2020.

[281] OLIVEIRA, Rafael Serra. *Consenso no processo penal*: uma alternativa para a crise do sistema criminal. São Paulo: Almedina, 2015, p. 76-77.

Para a sua aceitação deve haver uma compatibilização das normas processuais penais com a Constituição Federal, longe das amarras impostas por um processo penal anterior às normas constitucionais vigentes.

O órgão de acusação, titular da ação penal, proporá o consenso, conforme as possibilidades regradas; a defesa, por sua vez, avaliará se o acordo respeita a legalidade e os direitos individuais do acusado; por fim, ficará a cargo do juiz, imparcial e inerte – pois não influenciará nas tratativas – decidir, fundamentadamente, sobre a homologação do acordo, além de atuar no controle e na garantia da legalidade e na paridade de armas.

No sistema acusatório e no processo penal constitucional, no qual há a separação das funções de Estado-acusador e Estado-julgador, ao se implementar a consensualidade no processo penal, deve haver uma preponderância da atuação do Ministério Público como titular da ação penal e, por consequência, uma redução do protagonismo da autoridade judicial.

A participação da magistratura no acordo de não persecução penal, por exemplo, restringe-se a homologar, aferir os requisitos legais e conferir eficácia ao que foi ajustado pelo órgão de acusação e o imputado. A atividade do magistrado no consenso é, pois, bastante restrita, enquanto na colaboração premiada, conforme observa Pedro Henrique Demercian, o cenário é um pouco diferente:

> Não é por outra razão que o artigo 4º, §§6º e 7º, estabelece com muita clareza que o juiz não participará das negociações realizadas entre as partes para a formalização do acordo de colaboração. Esse dispositivo, por sinal, é consentâneo com um processo penal de estrutura acusatória, que observe rigorosamente a iniciativa das partes e a inércia de jurisdição.[282]

Na hipótese de acordo de não persecução penal (medida pré-processual), caberá somente ao titular da ação penal pública propor o acordo, não cabendo sob qualquer hipótese essa iniciativa ao magistrado, pois se trata de tarefa que não lhe é afeta. Assim, a importância da magistratura na justiça consensual reveste-se na necessidade de se estabelecer um controle, pois o magistrado não participa de nenhuma

---

[282] DEMERCIAN, Pedro Henrique. A colaboração premiada e a lei das organizações criminosas. *Revista Jurídica ESMP-SP*, v. 9, p. 53-88, 2016, p. 73.

das suas fases, como também não será intermediário da vontade das partes. A função judicial se limita a validar um acordo, a verificar as condições de adequação aos dispositivos legais, podendo o magistrado observar se há fundamentos legais ou não para a sua homologação.

Não é possível haver intervenção judicial *ex officio* para refazer cláusulas, ou ainda, participar no acordo, mas é possível devolvê-lo quando se verificar condições insuficientes da proposta, ou se abusiva, excessiva ou estranha à disciplina legal.[283]

Se recusada a homologação, o magistrado devolverá os autos ao Ministério Público para oferecer denúncia, realizar diligências ou interpor recurso contra a decisão, na hipótese de recurso em sentido estrito.[284]

Embora a magistratura seja espectadora no processo penal consensual, a doutrina estabelece contornos próprios para sua atuação perante a negociação entre as partes do processo. Na hipótese, por exemplo, da colaboração premiada, embora o papel do juiz seja homologatório, a análise judicial deverá corresponder ao modelo processual penal constitucional, ou seja, controlar a legalidade, a regularidade e a voluntariedade das declarações do colaborador.[285]

A resolução do litígio de índole criminal através do consenso das partes, ao apontar caminhos para a justiça restaurativa e menos punitivistas, também abarcado pela Lei Anticrime (através do acordo de não persecução penal), não é uma novidade no sistema brasileiro de justiça criminal. Consolidada no direito estrangeiro, o processo penal consensual foi inaugurado pela Lei nº 9.099/1995, que tratou dos institutos da composição civil, da transação penal e da suspensão condicional do processo.

Posteriormente, a Lei nº 12.850/2013 (Lei das Organizações Criminosas) trouxe o acordo de colaboração premiada, adquirindo regras e particularidades próprias desse instrumento de consenso, de forma a tornar-se um mecanismo fundamental para combater, entre outros delitos, a criminalidade organizada.

Assim, o acordo de não persecução penal abriu mais espaços para a substituição das penas privativas de liberdade como medida de prevenção e de repressão ao crime.

---

[283] BRASIL. Código de Processo Penal (1941). Art. 28, §5º.
[284] BRASIL. Código de Processo Penal (1941). Art. 581, XXV.
[285] HARTMANN, Stefan Espírito Santo. O papel do juiz nos acordos de colaboração premiada. In: PACELLI, Eugênio; CORDEIRO, Nefi; REIS JÚNIOR, Sebastião dos (org.). *Direito penal e processual penal contemporâneos*. São Paulo: Atlas, 2019, p. 164-174.

O agir resolutivo – através de um processo penal consensual, em meio às mudanças de comportamentos da sociedade contemporânea e a exigência de novas formas de controle social – é imperioso, pois se trata de fomentar instrumentos de racionalização, pautados na informalidade, na transparência e na eficiência, a fim de se concretizar resposta jurisdicional adequada.

3.7 Poderes de investigação: vedação da investigação probatória e produção de prova *ex officio*

A atividade probatória do magistrado no processo penal tornou-se um dos calcanhares da distinção entre os sistemas acusatório e inquisitivo, pois, para parte da doutrina, a gestão da prova penal é um dos princípios informadores do modelo de sistema adotado no processo penal.

Alguns apontam que essa dicotomia de sistemas não esclarece a possibilidade de o magistrado exercer de forma supletiva e complementar uma atividade probatória de ofício, possibilidade essa que deve ser verificada no âmbito de um processo penal constitucional.[286]

O magistrado não poderá determinar a produção de provas no lugar das partes, por isso, as atividades relativas às investigações de fatos criminosos (colheitas de provas indiciárias de autoria e materialidade do delito), assim como produção de provas no processo penal, em regra, não são permitidas ao juiz se adotado um sistema acusatório.

Assim, partindo de uma premissa majoritária da doutrina de que vigora no ordenamento jurídico brasileiro o sistema acusatório, a gestão e a iniciativa da prova devem permanecer, em regra, fora do alcance judicial.

No âmbito do processo penal, ao tratar do inquérito policial, o Código de Processo Penal prevê ainda alguns dispositivos característicos do sistema inquisitivo, como o art. 5º, II, porém, não são e não poderão ser utilizados por confrontarem o sistema acusatório.[287] A

---

[286] PEREIRA, Frederico Valdez. *Iniciativa probatória de ofício e o direito ao juiz imparcial no processo penal*. Porto Alegre: Livraria do Advogado, 2014, p. 41.

[287] Nesse contexto o STF: 1. Sendo o ato de indiciamento de atribuição exclusiva da autoridade policial, não existe fundamento jurídico que autorize o magistrado, após receber a denúncia, requisitar ao Delegado de Polícia o indiciamento de determinada pessoa. A rigor, requisição dessa natureza é incompatível com o sistema acusatório, que impõe a separação orgânica das funções concernentes à persecução penal, de modo a impedir que o juiz adote qualquer postura inerente à função investigatória. Doutrina. Lei 12.830/2013. 2. Ordem concedida. HC 115015, Relator(a): TEORI ZAVASCKI, Segunda Turma, julgado em 27.08.2013, PUBLIC 12-09-2013.

doutrina, inclusive, já se encarregou[288] de considerar o dispositivo não recepcionado pela ordem constitucional vigente, pois fere o modelo acusatório de processo penal. Nessa hipótese, o magistrado deve encaminhar os fatos ao Ministério Público para providências legais, com fundamento no art. 40 do CPP/1941.

O art. 8º da Resolução nº 23.396/2013 do TSE previa que o inquérito policial eleitoral seria instaurado mediante requisição do Ministério Público Eleitoral ou determinação da Justiça Eleitoral, salvo a hipótese de prisão em flagrante, de modo semelhante ao disposto no art. 5º, II, do CPP. Tal dispositivo foi alvo da ADI nº 5.104/DF,[289] que em medida cautelar suspendeu o dispositivo:

> A Constituição de 1988 fez uma opção inequívoca pelo sistema penal acusatório. Disso decorre uma separação rígida entre, de um lado, as tarefas de investigar e acusar e, de outro, a função propriamente jurisdicional. Além de preservar a imparcialidade do Judiciário, essa separação promove a paridade de armas entre acusação e defesa, em harmonia com os princípios da isonomia e do devido processo legal.

De igual sorte, o disposto no art. 13, II, do CPP/1941. Não se pode atribuir ao magistrado poderes de investigação, pois isso afetaria sua imparcialidade, visto que ele deve atuar no inquérito policial garantidor da aplicação dos direitos e garantias fundamentais, e não como investigador.

Por sua vez, o art. 10, §3º, do CPP/1941, também teve a sua previsão legal adequada ao sistema acusatório. O inquérito policial deve ter sua tramitação direta entre a autoridade que a preside e o órgão acusador. Em razão do sistema acusatório, amoldado pelo sistema constitucional pátrio, o magistrado deve afastar-se das atividades que impliquem a contaminação ou, ainda, a formação de conhecimento prévio a respeito do fato criminoso noticiado e apurado. A mera prorrogação dos prazos dos cadernos investigatórios deve ser dispensada, cabendo ao magistrado proteger os direitos fundamentais e intervir ao menor sinal de constrangimento ilegal.

Nesse sentido vem orientando as normas do Poder Judiciário, como a Resolução do Conselho da Justiça Federal (Resolução nº 63/2009

---

[288] GOMES FILHO, Antônio Magalhães; TORON, Alberto Zacharias; BADARÓ, Gustavo Henrique (coord.). *Código de Processo Penal comentado*. 4. ed. São Paulo: RT, 2021, p. 74.

[289] STF, Medida Cautelar na Ação Direta de Inconstitucionalidade nº 5.104/DF, relator o ministro Roberto Barroso, d. 21-5-2014.

CJF), ao permitir a tramitação direta do inquérito policial ao Ministério Público, após a primeira remessa ao Poder Judiciário para registro.

O Supremo Tribunal Federal também discutiu, em RE nº 660814,[290] a constitucionalidade ou não da tramitação direta das investigações entre Ministério Público e Polícia Civil, declarando-a constitucional:

> O procedimento do inquérito policial, conforme previsto pelo Código de Processo Penal, torna desnecessária a intermediação judicial quando ausente a necessidade de adoção de medidas constritivas de direitos dos investigados, razão por que projetos de reforma do CPP propõem a remessa direta dos autos ao Ministério Público.[291]

O art. 26 do CPP/1941, que permitia a ação penal de ofício pelo juiz (procedimento judicialiforme), também não foi recepcionado pela Constituição Federal, conforme o entendimento da doutrina e da jurisprudência.[292]

As alterações promovidas recentemente no CPP/1941 por meio da Lei nº 13.964/2019 inseriram a figura do juiz das garantias,[293] com

---

[290] CONSTITUCIONAL E PROCESSUAL PENAL. RECURSO EXTRAORDINÁRIO. SISTEMA PENAL ACUSATÓRIO. PROVIMENTO DA CORREGEDORIA GERAL DE JUSTIÇA QUE DETERMINA A TRAMITAÇÃO DIRETA DO INQUÉRITO POLICIAL ENTRE O MINISTÉRIO PÚBLICO E A POLÍCIA CIVIL. INTELIGÊNCIA DOS ARTIGOS 22, I; 128, §5º; 129, i; E 144, IX; TODOS DA CONSTITUIÇÃO FEDERAL. REPERCUSSÃO GERAL RECONHECIDA. 1. Revela especial relevância, na forma do art. 102, §3º, da Constituição, a questão acerca da possibilidade da tramitação direta do inquérito policial entre o Ministério Público e a Polícia Civil por Provimento da Corregedoria Geral de Justiça. 2. Repercussão geral da matéria reconhecida, nos termos do art. 1.035 do CPC. BRASIL. *Supremo Tribunal Federal*. RE 66081 RG, Rel. Alexandre de Moraes, Tribunal Pleno, j. 07-03-2019, Processo Eletrônico DJe-053.

[291] BRASIL. *Supremo Tribunal Federal*. ADI 2886, Rel. Min. Eros Grau, Rel. p/ acórdão: Joaquim Barbosa, Tribunal Pleno, j. 03-04-2014, DJe-150.

[292] 1. CONTRAVENÇÃO PENAL. PROCEDIMENTO SUMARÍSSIMO. AÇÃO PENAL PÚBLICA PRIVATIVA DO MINISTÉRIO PÚBLICO. REVOGAÇÃO DOS ARTS. 26 E 531 DO CPP PELA CONSTITUIÇÃO FEDERAL DE 1988, ART. 129, I. COM O ADVENTO DA NOVA CONSTITUIÇÃO FEDERAL, ART. 129, I, FORAM REVOGADOS, PORQUE NÃO RECEPCIONADOS PELO TEXTO CONSTITUCIONAL, OS DISPOSITIVOS DO CPP (ARTS. 26 E 531) QUE PREVIAM O PROCEDIMENTO DE OFÍCIO (AUTO DE PRISÃO EM FLAGRANTE, PORTARIA DO DELEGADO OU DO JUIZ), CABENDO AGORA AO MINISTÉRIO PÚBLICO INICIAR POR DENÚNCIA, TAMBÉM NESSAS HIPÓTESES, A AÇÃO PENAL RESPECTIVA. PRECEDENTES DO STF. 2. DESCREVENDO A DENÚNCIA CRIME EM TESE, COM APOIO EM ELEMENTOS COLHIDOS, HÁ JUSTA CAUSA PARA A AÇÃO PENAL, DEVENDO AS QUESTÕES ENVOLVIDAS COM O MÉRITO SEREM REMETIDAS PARA SOLUÇÃO COM A SENTENÇA. RECURSO DE HABEAS CORPUS A QUE SE NEGA PROVIMENTO. BRASIL. Superior Tribunal de Justiça. RHC nº 1.886/SP, Rel. Min. Assis Toledo, Quinta Turma, j. 20-04-1992, DJ 11-05-1992, p. 6.442.

[293] A figura do juiz das garantias já vinha sendo tratada nas propostas de reforma global do Código de Processo Penal (Projeto de Lei do Senado nº 156/2009 e nº 8.045/2010) (Câmara dos Deputados).

a finalidade de controlar a legalidade da investigação criminal e de proteger os direitos fundamentais. O magistrado que atuar na fase da investigação ficará impedido de funcionar no processo, como meio de evitar que as provas produzidas durante a investigação criminal o influenciem em futuro julgamento.[294] O objetivo é justamente distanciá-lo do processo que dará a decisão de mérito, dos elementos produzidos e dirigidos ao órgão de acusação, além de romper com os traços do sistema inquisitório do CPP/1941 para direcionar um processo acusatório puro, observando os moldes constitucionais.

Contudo, a implementação efetiva do modelo de sistema acusatório não depende de uma reforma que separe um juiz das garantias do juiz da instrução do processo, tendo em vista que tanto o juiz das garantias, como qualquer outro juiz, julgará com imparcialidade, no intuito de garantir a correta aplicação da lei processual penal e, especialmente, velar pela proteção dos direitos e das garantias fundamentais, tanto do acusado, como da vítima.[295]

O juiz das garantias não é parcial, nem ao menos pode ser assim considerado, pois nesse caso tampouco poderia decidir nas fases de investigação criminal. O que determinará a violação do sistema acusatório, em tese, será a produção *ex officio* de provas, em especial na fase investigatória ou o início da acusação pelo Poder Judiciário, aí, sim, aproximando-se do modelo de um sistema inquisitório.

Sobre a figura do juiz das garantias, Fernando da Costa Tourinho Filho pontua algumas dificuldades e equívocos:

---

[294] O juiz das garantias vem sendo objeto de intensa discussão na doutrina, com críticas em especial em razão de uma importação açodada e com equívocos na transferência automática de concepções alienígenas para o direito brasileiro, a dificuldade de se implantar dois juízes diferentes para cada investigação, com vertiginoso impacto financeiro e necessidade modificação regulamentar dentro de todos os Tribunais brasileiros, assim, fomentando a discussão da constitucionalidade dessa implementação por diferentes instituições. Ainda há que se destacar a investidura dos magistrados no Brasil, por meio de concurso público, que lhes conferem independência, ao contrário da maioria dos demais países da América Latina, nomeados politicamente, razão pela qual há que se falar em imparcialidade do juiz brasileiro, ao contrário de outras legislações que possui o juiz das garantias, com juízes indicados politicamente. A aplicação dos juízes de garantias nos Tribunais também é uma dificuldade levantada pela doutrina. GEBRAN NETO, João Pedro; ARENHART, Bianca Geórgia Cruz; MANORA, Luís Fernando Gomes. Comentários ao novo inquérito policial: juiz das garantias, arquivamento e acordo de não persecução penal: conforme a Lei nº 13.964/2019. São Paulo: Quartier Latin, 2021, p. 33-38.

[295] GEBRAN NETO, João Pedro; ARENHART, Bianca Geórgia Cruz; MANORA, Luís Fernando Gomes. *Comentários ao novo inquérito policial*: juiz das garantias, arquivamento e acordo de não persecução penal: conforme a Lei nº 13.964/2019. São Paulo: Quartier Latin, 2021, p. 39.

> O nosso CPP não deve conter disposições mirabolantes nem empavonadas, uma vez que a grande maioria das nossas comarcas tem apenas um Juiz (quando tem...), de sorte que teríamos uma aplicação desunificada do CPP, a menos que venham a ser criados cargos de "Juiz de Garantias", com evidente sangria aos cofres públicos, já maltratados e descaradamente surripiados em detrimento do bem-estar da população carente e sofrida, que no Brasil assume proporção bem significativa, para não dizermos alarmante, e sem nenhum proveito, porquanto o Juiz de Garantias é aquele que não investiga. O que investiga não julga. Aí, sim, teríamos o pretendido Juiz de Garantias. Esse sim é o verdadeiro Juiz de Garantias, e o Brasil não tem estrutura para manter um Juiz para instruir o processo e outro para julgá-lo. O papel do Juiz das Garantias seria semelhante ao do leitor que tirasse da sua biblioteca um livro, lesse e sobre ele fizesse um juízo de valor. *Mutatis mutandis*, seria assim no Processo Penal: concluída toda a investigação policial e instrutória, os autos seriam remetidos a outro Juiz, para proferir o julgamento. Aí, sim, teríamos o verdadeiro Juiz das Garantias. Mesmo que se pretenda criar esse Juiz das Garantias tupiniquim, preferimos mil vezes a lição do Tribunal Europeu de Direitos Humanos, a partir do precedente *Le Compte – Val Leuven – De Meyere vs. Bélgica*: o juiz é imparcial até que se demonstre o contrário. A propósito, Marcelo Sancinetti, *La violación a la Garantía de Imparcialidad del Tribunal* (Buenos Aires: Ad-Hoc, 2001, p. 18) e José Daniel Cesano (op. cit., p. 37). Partindo desse princípio adotado no primeiro mundo, e sabendo nós que o nosso diploma não permite que o Juiz de instrução e julgamento possa proferir sentença condenatória respaldado apenas nas investigações pré-processuais, para que esse Juiz das Garantias?[296]

Muito embora criticado, o juiz das garantias possui virtudes, como a separação da análise das provas pelo juiz das garantias colhidas por aquele que atuou na investigação criminal, e aquele que atuará na decisão de mérito, de forma a aumentar as garantias do acusado ao transformar as investigações criminais em um processo administrativo investigatório, além de assegurar o distanciamento do juiz da fase de investigação e a tramitação direta das investigações entre a polícia e o Ministério Público.[297]

---

[296] TOURINHO FILHO, Fernando da Costa. A reforma do Código de Processo Penal. *Revista do Tribunal Regional Federal da 1ª Região*, Brasília, v. 29, n. 9, set.-out. 2017, p. 31.

[297] GEBRAN NETO, João Pedro; ARENHART, Bianca Geórgia Cruz; MANORA, Luís Fernando Gomes. *Comentários ao novo inquérito policial*: juiz das garantias, arquivamento e acordo de não persecução penal: conforme a Lei nº 13.964/2019. São Paulo: Quartier Latin, 2021, p. 42-43.

Ao lado do juiz das garantias existe um Ministério Público de garantias.

Igualmente, alguns dispositivos do processo penal que permanecem no CPP/1941, referentes à gestão da prova no processo penal, e que possuem algum alinhamento com o sistema inquisitivo (ou misto), devem ser modificados pela legislação, ou corrigidos judicialmente para se adequarem ao modelo de processo penal constitucional.

As iniciativas probatórias do juiz em relação aos fatos controvertidos, tanto no processo penal, como no processo civil, possuem reflexo direto na importância de se distribuir o ônus da prova. Se diante de um sistema puramente inquisitório, no qual o Estado chamasse para si toda a função de investigação da verdade dos fatos, não haveria sentido a disciplina legal do ônus da prova.

O princípio constitucional da imparcialidade não impede a total iniciativa de provas de ofício pelo magistrado, visto que não há vedação constitucional para tanto. Em geral, as normas constitucionais não se ocupam diretamente dessa temática.[298] Não há nas regras constitucionais qualquer referência no sistema processual penal ao magistrado como sujeito passivo, rigidamente separado pelas partes, bem como ônus probatório exclusivo a cargo da acusação.[299]

Em uma visão tradicional do processo, ao tomar alguma iniciativa probatória, o magistrado poderia, de forma temerária, perder a imparcialidade para o julgamento. Assim, o princípio do dispositivo, em uma concepção clássica, será compreendido como aquele "o qual só as partes provariam e o juiz permaneceria sempre *au-dessus de la mêlée*, simplesmente recebendo as provas que elas trouxessem, para afinal examiná-las e valorá-las".[300]

Sob outra perspectiva, considerando um Estado moderno, exige-se que o magistrado seja mais participativo e responsável, "não mero figurante de uma comédia de mau gosto".[301] Reflete-se ainda a contradição decorrente de se evitar um risco de parcialidade, ao negar

---

[298] PEREIRA, Frederico Valdez. *Iniciativa probatória de ofício e o direito ao juiz imparcial no processo penal*. Porto Alegre: Livraria do Advogado, 2014, p. 148-149.

[299] SOUZA, João Fiorillo. *A iniciativa instrutória do juiz e o sistema processual penal brasileiro*: uma abordagem a partir do garantismo de Luigi Ferrajoli. Curitiba: Juruá, 2013, p. 130.

[300] DINAMARCO, Cândido Rangel; BADARÓ, Gustavo Henrique Righi Ivahy; LOPES, Bruno Vasconcelos Carrilho. *Teoria geral do processo*. 32. ed. São Paulo: Malheiros, 2020, p. 437-438.

[301] DINAMARCO, Cândido Rangel; BADARÓ, Gustavo Henrique Righi Ivahy; LOPES, Bruno Vasconcelos Carrilho. *Teoria geral do processo*. 32. ed. São Paulo: Malheiros, 2020, p. 438.

toda e qualquer possibilidade de integração de prova *ex officio* e ao mesmo tempo aceitar maiores poderes na prática judicial probatória, permitindo ao magistrado denegar ou acolher meio de prova, ou dirigir perguntas às testemunhas, peritos ou ao próprio réu.[302]

Contudo, há que se medir a atuação do magistrado na gestão da prova, pois viola o sistema acusatório a possibilidade de produção indiscriminada de provas *ex officio*, em especial na fase investigatória.

Nessa senda, pondera-se a possiblidade de uma mitigação do princípio dispositivo, alinhando-o ao processo penal constitucional, a demonstrar que a experiência do magistrado moderno pode suprimir as deficiências probatórias do processo, de maneira a não se desequilibrar e se tornar parcial.

Assim, o magistrado não poderá substituir as partes na produção das provas, como sistema inquisitivo, ou seja, não poderá assumir as responsabilidades de uma parte negligente, porém, o que se discute é se deve ser exigida dele uma postura indiferente ao que ocorre no processo penal.

O direito processual alemão, na linha de direção do sistema acusatório, permitiu a participação do juiz na coleta de provas, conforme rege o §244 II StPO: "o juízo tem, para descobrir a verdade, de estender a colheita das provas de ofício a todos os fatos e meios de prova que são relevantes para a decisão". Em Portugal, com fundamento no princípio da investigação, a atividade judicial possui um caráter subsidiário à atuação das partes, sob pena de renascer o juiz inquisidor. Na Itália, não há incompatibilidade com o sistema acusatório – permite-se a iniciativa probatória judicial se necessária, desde que exercida na fase processual, mas vetada na etapa preliminar.[303]

O Código-Modelo para Ibero-América admite explicitamente a possibilidade de produção de provas de ofício pelo magistrado, conforme disciplinado nos seus arts. 147, 272 e 317.[304]

No âmbito do ordenamento jurídico nacional, o art. 156, I e II, do CPP/1941, permite ao magistrado determinar diligências *ex officio* para dirimir dúvidas sobre pontos relevantes, além de possibilitar, no art. 209 do CPP/1941, indicar a oitiva de outras testemunhas, além das

---

[302] PEREIRA, Frederico Valdez. *Iniciativa probatória de ofício e o direito ao juiz imparcial no processo penal*. Porto Alegre: Livraria do Advogado, 2014, p. 141.
[303] SOUZA, João Fiorillo. *A iniciativa instrutória do juiz e o sistema processual penal brasileiro*: uma abordagem a partir do garantismo de Luigi Ferrajoli. Curitiba: Juruá, 2013, p. 106.
[304] SOUZA, João Fiorillo. *A iniciativa instrutória do juiz e o sistema processual penal brasileiro*: uma abordagem a partir do garantismo de Luigi Ferrajoli. Curitiba: Juruá, 2013, p. 128.

indicadas pelas partes; já o art. 385 do CPP/1941 admite a condenação do acusado, ainda que o Ministério Público pleiteie a sua absolvição, ou reconheça agravante, quando não indicada pela acusação.

No mesmo sentido o art. 616 do CPP,[305] prevê a possiblidade no julgamento das apelações perante o tribunal, câmara ou turma, que seja procedido a um novo interrogatório do acusado, reinquirir testemunhas ou ainda determinar outras diligências.

Os dispositivos acima são intensamente debatidos na doutrina e presentes na jurisprudência, tendo em vista o possível confronto com o modelo de estrutura constitucional do processo penal. Uma corrente sustenta que esses poderes instrutórios do magistrado criminal atentariam contra o processo acusatório. Alinha-se, portanto, a uma versão *adversary* anglo-americana na qual sua estrutura está assentada na igualdade entre os contendores, na paridade de armas estrita, e no "distanciamento absoluto do julgador da *dispute resolution*, elevada a monopólio dominante da iniciativa e da atividade das partes".[306]

Aury Lopes Junior[307] afirma que o art. 156 do CPP/1941 encontra-se tacitamente revogado, tendo em vista que a Constituição Federal de 1988 estabelece uma estrutura acusatória, considerando o dispositivo substancialmente inconstitucional. Assim, para o autor toda e qualquer iniciativa probatória do juiz, determinando a produção de provas de ofício, representaria uma "substituição" da atuação probatória do magistrado.

---

[305] Segundo o STJ não afronta o sistema acusatório o referido dispositivo: "3. O art. 616 do CPP dispõe que, "no julgamento das apelações poderá o tribunal, câmara ou turma proceder a novo interrogatório do acusado, reinquirir testemunhas ou determinar outras diligências". A diligência, no entanto, deve ser meramente supletiva, sem extrapolar o âmbito das provas já produzidas, evitando-se, assim, que o juiz substitua "atuação probatória do órgão de acusação", conforme explicitado no art. 3º-A do CPP, em homenagem ao sistema acusatório, que tem assento constitucional (art. 129, I) (HC nº 347.748/AP, Rel. Ministro JOEL ILAN PACIORNIK, QUINTA TURMA, julgado em 27.09.2016, DJe 10.10.2016). (REsp nº 1658752/MG, Rel. Ministro NEFI CORDEIRO, SEXTA TURMA, julgado em 17.04.2018, DJe 02.05.2018).
5. Agravo regimental a que se nega provimento. Ordem concedida de ofício para reconhecer a nulidade do laudo complementar e, por consequência, do acórdão recorrido, por se tratar de prova principal determinada de ofício em prejuízo da defesa. Devem os autos retornar ao Tribunal de origem para que a apelação da defesa seja novamente julgada, como entender de direito, excluído o laudo considerado nulo" (AgRg no AREsp nº 1.877.128/DF, relator Ministro Jesuíno Rissato (Desembargador Convocado do Tjdft), relator para acórdão Ministro Reynaldo Soares da Fonseca, Quinta Turma, julgado em 8.2.2022, DJe de 25.3.2022.)

[306] PEREIRA, Frederico Valdez. *Iniciativa probatória de ofício e o direito ao juiz imparcial no processo penal*. Porto Alegre: Livraria do Advogado, 2014, p. 146.

[307] LOPES JUNIOR, Aury. *Fundamentos do processo penal*: introdução crítica. 6. ed. São Paulo: Saraiva, 2020, p. 247.

No mesmo sentido argumenta Jacinto Miranda Coutinho, ao afirmar que os poderes instrutórios do magistrado são incompatíveis com o sistema acusatório.[308]

Geraldo Prado,[309] por sua vez, sustenta que o magistrado deve se afastar da produção da prova, com a expectativa de manter-se a imparcialidade necessária. Seu dever, explica o autor, é valorar a prova trazida pelas partes, ou, no máximo, secundariamente, atuar em prol da demonstração da inocência.[310]

Outra corrente, considerada intermediária, sustenta que a atividade probatória do magistrado no processo penal deve ser supletiva. Trata-se de uma corrente derivada do *civil law*, por reconhecer a existência de valores indisponíveis no processo, o carácter eminentemente público dos interesses discutidos, a justiça na solução dos conflitos e a indisponibilidade do objeto do procedimento, de forma a admitir "matizes de intensidade, a complementação do material probatório *ex officio*".[311]

Dessa forma, essas regras de instrução de provas não foram derrogadas pela lei que reformou o processo penal brasileiro (Lei Anticrime), pois elas devem ser interpretadas como poder residual e complementar do magistrado, e podem ser exercidas após a atuação das partes. O magistrado deve manter-se inerte, porém, ter a possibilidade de atuação complementar, devendo ser extrema sua atenção e autocontenção vislumbrando obter a verdade dos fatos.[312]

---

[308] COUTINHO, Jacinto Nelson de Miranda. Sistema acusatório. Cada parte no lugar constitucionalmente demarcado. *Revista de Informação Legislativa*. Brasília, ano 46, n. 183, jul./set. 2009. In: COUTINHO, Jacinto Nelson de Miranda; CARVALHO, Luís Gustavo Grandinetti Castanho de (org.). *O novo processo penal à luz da Constituição*: análise crítica do Projeto de Lei nº 156/2009 do Senado Federal. Rio de Janeiro: Lumen Juris, 2010.

[309] PRADO, Geraldo. Sistema acusatório. *A conformidade constitucional das leis processuais penais*. 4. ed. Rio de Janeiro: Lumen Juris, 2006, p. 140.

[310] Critica-se essa posição por não se sustentar no sistema anglo-americano (plena isonomia das partes), nem com o sistema jurídico europeu continental (admite a iniciativa judicial complementar). PEREIRA, Frederico Valdez. *Iniciativa probatória de ofício e o direito ao juiz imparcial no processo penal*. Porto Alegre: Livraria do Advogado, 2014, p. 146-147.

[311] PEREIRA, Frederico Valdez. *Iniciativa probatória de ofício e o direito ao juiz imparcial no processo penal*. Porto Alegre: Livraria do Advogado, 2014, p. 146.

[312] GEBRAN NETO, João Pedro; ARENHART, Bianca Geórgia Cruz; MANORA, Luís Fernando Gomes. *Comentários ao novo inquérito policial*: juiz das garantias, arquivamento e acordo de não persecução penal: conforme a Lei nº 13.964/2019. São Paulo: Quartier Latin, 2021, p. 42-43.

Nesse sentido, Gustavo Henrique Badaró explica:

> De outro lado, os poderes instrutórios do juiz não representam um perigo à sua imparcialidade. É necessário, porém, esclarecer em que medida poderá exercer tais poderes. A categoria "poderes instrutórios do juiz" é bastante heterogênea, incluindo poderes que vão desde a busca da fonte de provas (atividade propriamente investigativa) até a introdução em juízo de provas de cuja existência já tenha conhecimento. Partindo da distinção entre fontes de provas e meios de prova, percebe-se, facilmente, que a imparcialidade corre perigo quando o juiz é um pesquisador, ou um "buscador" de fontes de provas. Já o juiz que, diante da notícia de uma fonte de prova, por exemplo, a informação de que certa pessoa presenciou os fatos, determina a produção do meio de prova correspondente – o testemunho – para incorporar ao processo os elementos de informações contidos na fonte de prova, não está comprometido com uma hipótese prévia, não colocando em risco a sua posição de imparcialidade. Ao contrário, o resultado da produção daquele meio de prova pode ser em sentido positivo ou negativo, quanto à ocorrência do fato.[313]

Assim, não se pode confundir a investigação de fonte de provas, que pode comprometer a imparcialidade do magistrado, na medida em que pode antecipar uma hipótese preferível a ser investigada, comprometendo-se com a sua ocorrência, e a atividade de apenas determinar um meio de prova quando já se noticia a fonte de prova correspondente no processo.[314] Assim, o que existe é a permissão do magistrado para realizar meios de provas, mas não investigar fontes de prova.[315]

Nesse sentido argumentam Pedro Henrique Demercian e Jorge Assaf Maluly[316] ao afirmarem que o magistrado não é mero espectador das provas produzidas pelas partes, por isso, deve buscar a verdade real, determinando diligências de ofício para dirimir dúvidas, sem obrigar as partes a demonstrar algo.

Para Eugênio Pacelli, é possível haver atividade probatória a fim de se resolver dúvidas sobre pontos relevantes, sobre material

---

[313] BADARÓ, Gustavo Henrique. *Processo penal*. 7. ed. São Paulo: RT, 2019, p. 102.
[314] DINAMARCO, Cândido Rangel; BADARÓ, Gustavo Henrique Righi Ivahy; LOPES, Bruno Vasconcelos Carrilho. *Teoria geral do processo*. 32. ed. São Paulo: Malheiros, 2020, p. 438.
[315] DINAMARCO, Cândido Rangel; BADARÓ, Gustavo Henrique Righi Ivahy; LOPES, Bruno Vasconcelos Carrilho. *Teoria geral do processo*. 32. ed. São Paulo: Malheiros, 2020, sp. 438.
[316] DEMERCIAN, Pedro Henrique; MALULY Jorge Assaf. *Curso de processo penal*. 9. ed. Rio de Janeiro: Forense, 2014, p. 328.

probatório então produzido, e não sobre o não produzido, assim, admite-se "a dúvida do juiz apenas sobre *prova produzida*, e não sobre a insuficiência ou a ausência da atividade persecutória".[317]

Ainda esclarece Carlos Alberto Garcete,[318] no sistema acusatório, não há espaço para o juiz investigador, mas em casos excepcionais, pode determinar a produção de elementos necessários para complementar o seu convencimento, com fundamento no primado da presunção constitucional da não culpabilidade.

Ada Pellegrini Grinover, por entender que a iniciativa probatória do magistrado não conflita com o sistema acusatório e não ofende a garantia da imparcialidade, explica que não se pode admitir um julgador passivo e conformista, por isso, permite-se a iniciativa instrutória do magistrado, desde que exercida na fase processual, em observância ao contraditório, à motivação e à licitude das provas.[319]

No que diz respeito ao art. 385 do CPP/1941, embora existam discussões sobre sua constitucionalidade,[320] o magistrado não está vinculado aos argumentos articulados pelas partes nas alegações finais. Assim, ele poderá condenar – ainda que seja pleiteada a absolvição pelo Ministério Público – ou reconhecer agravante, mesmo quando não indicada pela acusação.[321] Essa regra não está em conflito com a

---

[317] PACELLI, Eugênio. *Curso de processo penal*. 10. ed. Rio de Janeiro: Lumen Juris, 2008, p. 291.

[318] GARCETE, Carlos Alberto. *Sistemas Jurídicos no Processo Penal*: uma compreensão a partir da *civil law* e *common law*, os transplantes jurídicos e os sistemas inquisitório, acusatório e adversarial. São Paulo: Thomson Reuters Brasil, 2022, p. 95-96.

[319] GRINOVER, Ada Pellegrini. A iniciativa instrutória do juiz no processo penal acusatório. *Revista do Conselho Nacional de Política Criminal e Penitenciária*, Brasília, v. 18, jan./jun. 2005, p. 15-16.

[320] GEBRAN NETO, João Pedro; ARENHART, Bianca Geórgia Cruz; MANORA, Luís Fernando Gomes. *Comentários ao novo inquérito policial*: juiz das garantias, arquivamento e acordo de não persecução penal: conforme a Lei nº 13.964/2019. São Paulo: Quartier Latin, 2021, p. 71.

[321] Em relação à primeira parte do dispositivo, o STJ manifestou-se pela recepção: "1. Nos termos do art. 385 do Código de Processo Penal, nos crimes de ação pública, o juiz poderá proferir sentença condenatória, ainda que o Ministério Público tenha opinado pela absolvição. 2. O artigo 385 do Código de Processo Penal foi recepcionado pela Constituição Federal. Precedentes desta Corte. 3. Agravo regimental não provido". BRASIL. Superior Tribunal de Justiça. AgRg no REsp nº 1612551/RJ, Rel. Min. Reynaldo Soares da Fonseca, Quinta Turma, j. 02-02-2017, *DJe* 10-02-2017; assim como também o fez no que se refere à segunda parte: III – É franqueado o reconhecimento de agravantes pelo magistrado, ainda que não descritas na denúncia, porquanto tal reconhecimento não envolve a questão da quebra de congruência entre a imputação e a sentença, sendo aplicável o disposto no art. 385 do CPP (precedentes). Habeas corpus não conhecido". BRASIL. Superior Tribunal de Justiça. HC 385.736/SC, Rel. Min. Felix Fischer, Quinta Turma, j. 20-04-2017, *DJe* 09-05-2017.

estrutura acusatória, porque com ela não guarda qualquer relação, mas liga-se aos poderes instrutórios do juiz.[322]

O magistrado é o destinatário da prova, sendo-lhe facultado determinar diligências complementares sobre pontos controvertidos, conforme, aliás, já decidiu o Superior Tribunal de Justiça:

> 1.2. O processo é produto da atividade cooperativa triangular entre o juiz e as partes, onde todos devem buscar a justa aplicação do ordenamento jurídico no caso concreto.
> 1.3. A produção de prova testemunhal de ofício está ligada aos princípios da verdade real, do impulso oficial e da persuasão racional (livre convencimento motivado). O juiz pode entender pela necessidade de produção de prova essencial ao esclarecimento da verdade, em nítido caráter complementar.[323]

Conforme observa Frederico Valdez Pereira, há que se ponderar entre a exigência de uma imparcialidade do magistrado, a pretensão de uma correção e a justiça nas manifestações do poder público, em matéria penal.[324] A garantia de imparcialidade não pressupõe a absoluta passividade do julgador, nem exige o monopólio das partes para o esclarecimento dos fatos em juízo, ao contrário, "a complementação probatória *ex officio* apresenta-se como importante mecanismo a favorecer o exercício correto da função jurisdicional".[325]

A iniciativa instrutória supletiva do magistrado possui amparo constitucional, como possível forma de reforço à aplicabilidade do controle da indisponibilidade do objeto do processo penal. Trata-se de possível controle de espaço de discricionariedade do Ministério Público, na medida em que a atividade instrutória supletiva do magistrado possibilita "correção endoprocessual de displicência na preservação de interesses públicos não disponíveis".[326]

---

[322] DEMERCIAN, Pedro Henrique; TORRES, Tiago Caruso. A constitucionalidade do artigo 385 do Código de Processo Penal. *Revista Jurídica da Escola Superior do Ministério Público de São Paulo*, v. 12, n. 2, p. 116-137, 2018.

[323] BRASIL. Superior Tribunal de Justiça. AgRg no REsp nº 1573829/SC, Rel. Min. Reynaldo Soares da Fonseca, Quinta Turma, j. 09-04-2019, DJe 13-05-2019.

[324] PEREIRA, Frederico Valdez. *Iniciativa probatória de ofício e o direito ao juiz imparcial no processo penal*. Porto Alegre: Livraria do Advogado, 2014.

[325] PEREIRA, Frederico Valdez. *Iniciativa probatória de ofício e o direito ao juiz imparcial no processo penal*. Porto Alegre: Livraria do Advogado, 2014, p. 184.

[326] PEREIRA, Frederico Valdez. *Iniciativa probatória de ofício e o direito ao juiz imparcial no processo penal*. Porto Alegre: Livraria do Advogado, 2014, p. 145.

Ao se retirar qualquer possibilidade de atuação probatória do magistrado, seria ampliado o espaço de discricionariedade do Ministério Público, pois, após ingressar com a inicial acusatória, bastaria sua permanência passiva em seu dever de buscar a prova da imputação, sem que esses rumos pudessem ser controlados pelo magistrado inerte.

Ademais, a Corte IDH, em diversos julgados, como os casos Kawas Fernández c. Honduras, e Velásquez Rodriguez c. Honduras, apontou a necessidade de se fixar obrigações processuais penais de conduzir uma apuração efetiva em relação aos delitos graves para a busca da verdade. A essência é que os estados implementem um sistema judiciário eficaz e independente, que permita de forma concreta e com acerto punir os responsáveis, além do dever de as autoridades investigativas e judiciárias conduzirem uma apuração diligente, séria, completa e efetiva, enfim, apta a permitir a identificação e a punição dos responsáveis.[327]

Contudo, a questão prevista no art. 156, I, do CPP/1941[328] é mais complexa, incompatível com o sistema acusatório, pois não se permite ao magistrado produzir de ofício prova durante a fase de investigação, pois somente as partes devem produzi-las.[329]

Diante disso, pondera-se que a iniciativa suplementar da atividade probatória do magistrado não será resolvida em razão da adoção de um sistema acusatório ou inquisitório, mas pela observância de um modelo constitucional do processo penal. Há que se compatibilizar no processo penal constitucional o princípio da imparcialidade com a atividade probatória complementar do magistrado, e a atuação das demais partes do processo penal, criando, assim, um espaço para o exercício de um processo penal democrático justo.

O modelo de sistema de processo penal constitucional que indicará aos atores processuais qual o tratamento infraconstitucional que cada um deverá receber.

---

[327] FISCHER, Douglas; PEREIRA, Frederico Valdez. *As obrigações processuais penais positivas:* segundo as Cortes Europeia e Interamericana de Direitos Humanos. 3. ed. Porto Alegre: Livraria do Advogado, 2022, p. 160.

[328] Para Eugênio Pacelli, o dispositivo é inconstitucional. PACELLI, Eugênio. *Curso de processo penal.* 10. ed. Rio de Janeiro: Lumen Juris, 2008, p. 288.

[329] Dispositivo semelhante foi debatido na revogada Lei nº 9.034/1995, que permitia o juiz penal realizar diligências investigatórias na fase de persecução. O STF, porém, através da ADI nº 1570-DF, assentou que o dispositivo violava o devido processo legal e comprometia a imparcialidade, afetando o quadro de modelo acusatório previsto na Constituição Federal de 1988.

No que tange ao Ministério Público, sob uma perspectiva constitucional, revela-se possível indicar formas de atuação voltadas à instauração de um processo penal constitucional, a partir de uma abordagem contemporânea, de forma a contribuir com soluções processuais para o enfrentamento de questões que desafiam a sociedade de risco na era globalizada, e na qual paira a insegurança e a desconfiança da atuação do Estado na esfera penal.

CAPÍTULO 4

DISCRICIONARIEDADE REGRADA NA ATUAÇÃO DO MINISTÉRIO PÚBLICO

Neste capítulo, abordam-se algumas formas de atuação discricionária de forma regrada pelo Ministério Público, ao conduzir uma notícia criminosa ou supostamente criminosa.

Na sequência, discute-se como pode o Ministério Público, dentre as atividades discricionárias e regradas, estabelecer segurança jurídica perante a sociedade, tendo em vista a presença do princípio da independência funcional aos membros da instituição.

4.1 A justa causa da ação penal e os "delitos de bagatela"

O tema a ser enfrentado nesse momento é tormentoso e polêmico no processo penal, pois não há na doutrina uma visão pacificada sobre a denominada justa causa no direito processual penal.

De antemão, registra-se que não se trata de concluir um conceito ou natureza jurídica da justa causa para a ação penal, mas apenas inseri-lo na discussão sob uma perspectiva constitucional, de maneira a posicionar a justa causa para a ação penal no modelo constitucional de processo penal, alinhado à conformidade constitucional do órgão acusatório.

A justa causa para a ação penal, assim como outros institutos do processo penal, precisa evoluir sob o ponto de vista doutrinário e alinhar-se aos princípios e normas constitucionais, pois é possível enquadrá-la como um valioso instrumento de política criminal a ser utilizado pelo Ministério Público na condução de uma política criminal.

O modelo de sistema do processo penal deve ser estruturado a partir da Carta Magna, por isso, sem transitar por caminho diferente o sentido da justa causa para ação penal. Para além disso, certo é que cada ramo do direito possui uma significação própria, distinta e inconfundível, todavia, nessa pesquisa, os estudos concentram-se especificamente no instituto perante o processo penal.[330] Decorre daí que o conceito, o sentido e o alcance da justa causa para a ação penal há tempos são objetos de intensos debates na doutrina e na jurisprudência, inexistindo posicionamento definitivo sobre o tema.

Em um modelo tradicional de processo penal, acompanhado por grande parte da doutrina, a justa causa para a ação identifica-se como um mínimo de lastro probatório, ou seja, um mínimo de suporte probatório para o oferecimento da inicial acusatória.

Parte da doutrina tradicional estudou o significado e a natureza jurídica da justa causa para a ação penal antes da inclusão do disposto no art. 395, III, do CPP/1941, inserido pela Lei nº 11.719/2008, a qual previu expressamente a justa causa para o exercício da ação penal, determinando que sua ausência ensejaria o não recebimento da inicial acusatória.

No entanto, a modificação legislativa não afastou a dificuldade de se encontrar um conceito, tampouco conseguiu esclarecer sua natureza jurídica, tornando-se ainda um instituto processual penal de necessário aprofundamento.

Antes da mencionada alteração do CPP/1941, a tradicional doutrina processual penal compreendia a justa causa para a ação penal através de uma visão simples de equipará-la à estrita verificação de legalidade quando da prática criminosa do acusado ou suspeito.

Após a alteração legal, novas interpretações sobre o conceito de justa causa para a ação penal foram apresentadas, estabelecendo uma evolução conceitual sobre o tema, porém, pouco se estudou sobre a sua vinculação com os princípios constitucionais.

Também a natureza jurídica da justa causa da ação penal é objeto de desencontros na doutrina, com argumentos e posicionamentos que, por vezes, podem ser conflitantes. Não há consenso na doutrina sobre o enquadramento da justa causa para a ação penal entre as condições da ação penal.[331] Parte a considera como integrante do interesse de

---

[330] MOURA, Maria Thereza Rocha de Assis. *Justa causa para ação penal*: doutrina e jurisprudência. São Paulo: RT, 2001, p. 97-120.

[331] MOURA, Maria Thereza Rocha de Assis. *Justa causa para ação penal*: doutrina e jurisprudência. São Paulo: RT, 2001, p. 176.

agir,³³² outros, como possibilidade jurídica do pedido. Para Ada Pellegrini Grinover, ao não permitir a formulação da acusação em razão de ausência da justa causa, caracteriza-se falta de condição da ação, pela impossibilidade jurídica (negativa). Para a autora, ainda que o art. 395 do CPP/1941 separe a justa causa das demais condições da ação, a hipótese se caracteriza como possibilidade jurídica.³³³

Tullio Delogu entende que o legítimo interesse é a causa do pedido, logo, se ausente o interesse de agir, faltará a justa causa para se propor a ação penal.³³⁴ Há, ainda, os que a definem como uma condição da ação autônoma, uma quarta condição da ação,³³⁵ conforme apregoado por Afrânio Silva Jardim:

> Por tudo isso, ouso sugerir o reconhecimento de outra categoria no processo penal condenatório, cujo nome adequado poderia ser o de 'pressuposto de legitimação do processo penal condenatório'. Esta seria, então, a natureza jurídica da justa causa, referida no já aludido inc. III do art. 395 do Cod. Proc. Penal. A justa causa seria um pressuposto para que um processo condenatório fosse igualmente instaurado. Não pode haver atividade jurisdicional sem acusação, ainda que em tese, de uma ação típica. Seria um processo ilegítimo e injusto.³³⁶

Por sua vez, para Maria Thereza Rocha de Assis Moura, a justa causa constitui um "conjunto de elementos de Direito e de fato que tornam legítima a coação",³³⁷ ou seja, corresponde ao fundamento da acusação. Visto por um ângulo positivo, a justa causa estabelece um fundamento de fato e de direito para a acusação, um mínimo de probabilidade para a condenação. Sob um ponto de vista negativo, a falta desses elementos inviabiliza alguém ser submetido ao processo penal, pois não haveria probabilidade de condenação.³³⁸

---

[332] TUCCI, Rogério Lauria. *Teoria do direito processual penal*: jurisdição, ação e processo penal (estudo sistemático). São Paulo: RT, 2002, p. 95.
[333] GRINOVER, Ada Pellegrini. *O processo III*. Série Estudos e Pareceres de Processo Penal. Brasília, DF: Gazeta Jurídica, 2013.
[334] Tullio Delogu apud MARQUES, José Frederico. *Elementos de direito processual penal*. v. 1. Campinas: Bookseller, 1997, p. 294.
[335] MOURA, Maria Thereza Rocha de Assis. *Justa causa para ação penal*: doutrina e jurisprudência. São Paulo: RT, 2001, p. 218-223.
[336] JARDIM, Afrânio Silva; AMORIM, Pierre Souto Maior Coutinho de. *Direito processual penal*: estudos, pareceres e crônicas. 15. ed. Salvador: Juspodivm, 2018, p. 750.
[337] MOURA, Maria Thereza Rocha de Assis. *Justa causa para ação penal*: doutrina e jurisprudência. São Paulo: RT, 2001, p. 248.
[338] MOURA, Maria Thereza Rocha de Assis. *Justa causa para ação penal*: doutrina e jurisprudência. São Paulo: RT, 2001, p. 248.

Contudo, observa-se que o art. 395 do CPP/1941, após a alteração pela Lei nº 11.719/2008, previu no inciso II as condições da ação penal, e no inciso III, a justa causa, razão pela qual a legislação a tratou como um fenômeno distinto das condições da ação penal, sem elencá-la como uma "quarta" condição para a propositura da ação penal.

O desentendimento sobre o tema, não por outra razão, é arrastado para o âmbito das decisões dos Tribunais Superiores. Tanto o STJ como o STF se revelam oscilantes ao analisarem a justa causa para a ação penal. Na tentativa de enfrentar a questão e de dar sentido ao instituto, a jurisprudência ora permite a análise de uma tipicidade meramente formal, ora admite transpor uma análise de tipicidade para uma concepção mais densa, porém, ambas decisões não fazem uma análise constitucional sobre a justa causa.

O STJ, por exemplo, vem decidindo que não haverá justa causa para a ação penal nos casos de atipicidade da conduta, presença de extinção de punibilidade e ausência de indícios de autoria ou de prova da materialidade delitiva (ausência de lastro mínimo probatório)[339].

Na mesma linha são os posicionamentos do Supremo Tribunal Federal:

> [...] 2. A justa causa é exigência legal para o recebimento da denúncia, instauração e processamento da ação penal, nos termos do artigo 395, III, do Código de Processo Penal, e consubstancia-se pela somatória de três componentes essenciais: (a) TIPICIDADE (adequação de uma conduta fática a um tipo penal); (b) PUNIBILIDADE (além de típica, a conduta precisa ser punível, ou seja, não existir quaisquer das causas extintivas da punibilidade); e (c) VIABILIDADE (existência de fundados indícios de autoria) [...].[340]

---

[339] BRASIL. Superior Tribunal de Justiça. AgRg no RHC nº 138.532/RJ, Rel. Min. Laurita Vaz, Sexta Turma, DJe 4-11-2021. BRASIL. Superior Tribunal de Justiça. HC nº 532.052/SP, Rel. Min. Antonio Saldanha Palheiro, Sexta Turma, DJe 18-12-2020; BRASIL. Superior Tribunal de Justiça. AgRg no AREsp nº 1.441.535/ES, Rel. Min. Laurita Vaz, Sexta Turma, DJe 5-6-2019; BRASIL. Superior Tribunal de Justiça. AgRg no RHC nº 163.422/RJ, Rel. Min. Sebastião Reis Júnior, Sexta Turma, DJe 13-5-2022; BRASIL. Superior Tribunal de Justiça. AgRg no HC nº 695.368/GO, Rel. Min. Olindo Menezes (desembargador Convocado do TRF 1ª Região), Sexta Turma, DJe 6-5-2022; BRASIL. Superior Tribunal de Justiça. AgRg no HC nº 725.636/SP, Rel. Min. Ribeiro Dantas, Quinta Turma, DJe 20-5-2022; BRASIL. Superior Tribunal de Justiça. AgRg no RHC nº 152.511/SP, Rel. Min. Ribeiro Dantas, Quinta Turma, DJe 28-4-2022.

[340] BRASIL. *Supremo Tribunal Federal*. HC 167549 AgR, Rel. Alexandre de Moraes, Primeira Turma, j. 22-03-2019, Processo Eletrônico DJe-064, Divulg 29-03-2019, Public 01-04-2019.

Sobre o tema, há que se buscar um recorte a respeito da significação da justa causa para a ação penal, conferindo-lhe um norte a partir de uma abordagem com sentido constitucional, para inseri-la na compreensão do modelo constitucional de processo penal.

Assim, o alcance da significação da justa causa para a ação penal através da Carta Magna possui uma dupla dimensão "de direito fundamental e institucional, eis que os tipos penais protegem institutos jurídicos, devendo a ponderação ser analisada à luz do princípio democrático da dignidade da pessoa humana, no caso de eventual embate".[341]

Nessa linha, entende-se que a justa causa para a ação penal não está limitada a um suporte mínimo probatório, ou ainda, não se restringe ao conceito de interesse de agir ou mesmo na análise formal e superficial de tipicidade, mas é também "uma cláusula de encerramento, que concretiza, no âmbito processual penal, os preceitos constitucionais da dignidade, da proporcionalidade, além de exercer todas aquelas outras funções antes referidas".[342]

Trata-se de submeter alguém ao processo penal desde que presentes as perspectivas exigidas pela ordem constitucional, apresentando-se, nesse viés, uma ordem de ideias fincadas em uma justa causa para a ação penal.

Para Denilson Feitoza, o conceito de justa causa tradicionalmente adotado é insuficiente para acompanhar o modelo constitucional do processo penal. Por isso, inseriu o autor ao direito processual penal duas outras condições genéricas da ação penal: provas preliminares suficientes (justa causa) e a probabilidade de condenação efetiva, conclusão extraída com fundamento constitucional, através do princípio do Estado Democrático de Direito, da dignidade da pessoa humana e da liberdade.[343]

Nessa perspectiva, Luis Gustavo Grandinetti Castanho Carvalho, Fernando Cerqueira Chagas, Flávia Ferrer, Paulo de Oliveira Lanzelotti Baldez e Ronaldo Leite Pedrosa[344] sustentam que a tipicidade penal

---

[341] CARVALHO, Luís Gustavo Grandinetti Castanho; CHAGAS, Fernando Cerqueira; FERRER, Flávia; BALDEZ, Paulo de Oliveira Lanzelotti; PEDROSA, Ronaldo Leite. *Justa causa penal constitucional*. Rio de Janeiro: Lumen Juris, 2004, p. 104-105.

[342] CARVALHO, Luís Gustavo Grandinetti Castanho; CHAGAS, Fernando Cerqueira; FERRER, Flávia; BALDEZ, Paulo de Oliveira Lanzelotti; PEDROSA, Ronaldo Leite. *Justa causa penal constitucional*. Rio de Janeiro: Lumen Juris, 2004, p. 105.

[343] FEITOZA, Denilson. *Direito processual penal*: teoria, crítica e práxis. 6. ed. Niterói, RJ: Impetus, 2019, p. 448-253.

[344] CARVALHO, Luís Gustavo Grandinetti Castanho; CHAGAS, Fernando Cerqueira; FERRER, Flávia; BALDEZ, Paulo de Oliveira Lanzelotti; PEDROSA, Ronaldo Leite. *Justa causa penal constitucional*. Rio de Janeiro: Lumen Juris, 2004, p. 105.

relativa à justa causa da ação penal exige mais do que a simples subsunção fática feita na peça inicial acusatória. Para os autores, a máquina de persecução penal não pode se movimentar apenas através de uma análise simples de tipicidade, como indícios de antijuridicidade, na medida em que determinadas condutas, embora sejam fatos típicos, não são graves o suficiente para justificar uma imposição de sanção penal. O mesmo ocorre quando o fato narrado puder ser tratado de modo menos ofensivo à dignidade da pessoa humana, de modo a ser mais proveitoso socialmente, não revelando justa causa "para a propositura da ação penal, considerando tratar-se o Direito Penal de *ultima ratio* para recompor o tecido injustamente violado".[345]

Na hipótese de possibilidade da utilização do consenso no processo penal, mas a mesma não tenha sido oferecida ao acusado, iniciando-se a ação penal com o oferecimento da denúncia ou queixa-crime com pedido de sanção penal, é possível considerar uma hipótese em que há a "perda da justa causa por desconsideração absoluta dos princípios constitucionais da dignidade e da proporcionalidade".[346]

Ainda, nas hipóteses em que houver a possibilidade de pacificação social, por exemplo, nas questões relacionadas às infrações de menor potencial ofensivo, a exemplo daquelas envolvendo relações de vizinhança, a ação penal não pode ser iniciada por ausência de justa causa, mas, se já iniciada, deveria ser encerrada.[347] Nota-se que são várias as formas a considerar justa causa para a ação penal, mas não é objetivo dessa pesquisa fechar questão sobre quais hipóteses possam ser consideradas. Neste momento, o estudo propõe, apenas, analisar a justa causa para o início da ação penal relacionada e fundamentada na teoria da insignificância ou bagatela.

É certo que a proteção jurídico-penal de bens jurídicos obedece a um critério seletivo e fragmentário, decorrendo daí a ideia de um Estado de intervenção mínima, legitimando a punição e a repressão sobre as liberdades individuais que dizem respeito à proteção de bens jurídicos importantes. Sobre essa direção, aporta-se um direito penal envolvido

---

[345] CARVALHO, Luís Gustavo Grandinetti Castanho; CHAGAS, Fernando Cerqueira; FERRER, Flávia; BALDEZ, Paulo de Oliveira Lanzelotti; PEDROSA, Ronaldo Leite. *Justa causa penal constitucional*. Rio de Janeiro: Lumen Juris, 2004, p. 105.
[346] CARVALHO, Luís Gustavo Grandinetti Castanho; CHAGAS, Fernando Cerqueira; FERRER, Flávia; BALDEZ, Paulo de Oliveira Lanzelotti; PEDROSA, Ronaldo Leite. *Justa causa penal constitucional*. Rio de Janeiro: Lumen Juris, 2004, p. 107.
[347] CARVALHO, Luís Gustavo Grandinetti Castanho; CHAGAS, Fernando Cerqueira; FERRER, Flávia; BALDEZ, Paulo de Oliveira Lanzelotti; PEDROSA, Ronaldo Leite. *Justa causa penal constitucional*. Rio de Janeiro: Lumen Juris, 2004, p. 108.

pelo princípio da *ultima ratio* e pelo princípio da fragmentariedade, complementado pelo princípio da subsidiariedade.

Em razão da intervenção penal do Estado no controle social através do direito penal, por atuar na restrição de direito das pessoas, necessária se faz a orientação de dois princípios políticos que possuem clara função limitadora, denominados fragmentariedade e subsidiariedade. Em razão da fragmentariedade, considera-se legítima a intervenção penal do Estado nas hipóteses em que há uma proteção de valores, de bens e de interesses mais relevantes no âmbito social, contra as formas de vulneração estabelecidas eticamente, conforme o modelo de convivência social definido em determinada sociedade. A subsidiariedade, por sua vez, estabelece que a necessidade da intervenção penal decorre da insuficiência de outros meios de controle para se evitar a realização de fatos típicos.

Tanto o princípio da fragmentariedade como o da subsidiariedade possuem aplicação prática no âmbito concreto da intervenção penal. Segundo o critério da fragmentariedade, os casos que não possuírem relevância social de seus efeitos em relação aos objetos tutelados pela norma penal, não ensejarão uma punibilidade concreta, enquanto de forma complementar, pela subsidiariedade, exclui-se a possibilidade de se aplicar a pena nas hipóteses em que a sanção penal não for necessária para obter suas finalidades preventivas.[348]

Segundo o princípio da intervenção mínima,[349] o Estado deve caminhar por uma política restritiva de intervenção penal, de forma a limitar o controle penal para as hipóteses em que fosse necessário tutelar valores, direitos e bens indispensáveis ao convívio social, de forma a viabilizar o desenvolvimento livre, seguro e pacífico da personalidade dos indivíduos.[350]

É possível ao Ministério Público realizar uma verificação sistematizada, com fundamento na ordem constitucional, sobre a afetação ao bem jurídico penal, no sentido de implementar na prática, através de um processo penal justo, o princípio da intervenção mínima, através da análise da justa causa.

---

[348] CRUZ, Rogério Schietti; EISELE, Andreas. *Os crimes de bagatela na dogmática e na jurisprudência*. São Paulo: Juspodivm, 2021, p. 45-46.

[349] CRUZ, Rogério Schietti; EISELE, Andreas. *Os crimes de bagatela na dogmática e na jurisprudência*. São Paulo: Juspodivm, 2021, p. 48-54.

[350] Ocorre que há uma pluralidade de perspectivas políticas sobre a ideia geral do que se considera "intervenção mínima" ou do "direito penal mínimo" que causa uma imprecisão sobre os termos, embora exista uma convergência sobre opiniões que se manifestam sobre a necessidade de redução da dimensão do direito penal. Nesse sentido, a bagatela torna-se um dos instrumentos para a implementação de uma intervenção penal mínima.

Nesse sentido, defendem Luis Gustavo Grandinetti Castanho Carvalho, Fernando Cerqueira Chagas, Flávia Ferrer, Paulo de Oliveira Lanzelotti Baldez e Ronaldo Leite Pedrosa, que caso esteja presente a hipótese de insignificância da lesão, não haverá justa causa para o início de uma ação penal.[351]

Na mesma linha observa Gabriel Antinolfi Divan:

> Por isso, afirma-se que a *justa causa para a ação penal* pode ser observada sem necessariamente refletir exame exclusivamente processual de condicionamento para uma ação penal, mas sim como critério de interpretação penal-constitucional de seletividade. [...]
> Quando, por exemplo, um juiz *rejeita* uma "denúncia" em termos de verificar conteúdo ofensivo "insignificante" na conduta imputada, inegavelmente está fazendo um exame de verificação da legitimidade (qualitativa) da intervenção penal que, naquele caso, não via gerar subsunção de norma punitiva, dado o fato de que o caráter fragmentário do direito penal não foi acionado pela não lesão (ou irrelevância jurídica de eventual lesão fática) do bem jurídico.[352]

No mesmo sentido observa Aury Lopes Junior, ao ensinar que a justa causa destina-se tanto a apurar a existência de indícios razoáveis de autoria e materialidade, como também a um controle ou filtragem processual do caráter fragmentário da intervenção penal, de maneira a considerar que "o princípio da proporcionalidade visto como proibição de excesso de intervenção pode ser visto como base constitucional da justa causa".[353] Trata-se de uma justa causa assumindo uma condição de elemento político no âmbito do processo penal, de forma a se evitar o abuso. Dessa forma, ao se analisar o início da ação penal, deve-se observar a proporcionalidade entre os elementos justificadores da intervenção penal e processual, e o custo do processo, de outro, entrando nessa seara as questões relativas à insignificância ou bagatela.[354]

Segundo Afrânio Silva Jardim, para além do suporte mínimo narrado pela acusação, a justa causa também pressupõe a acusação de uma

---

[351] CARVALHO, Luís Gustavo Grandinetti Castanho; CHAGAS, Fernando Cerqueira; FERRER, Flávia; BALDEZ, Paulo de Oliveira Lanzelotti; PEDROSA, Ronaldo Leite. *Justa causa penal constitucional*. Rio de Janeiro: Lumen Juris, 2004, p. 109.

[352] DIVAN, Gabriel Antinolfi. *Processo penal e política criminal*: uma reconfiguração da justa causa para a ação penal. Porto Alegre, RS: Elegantia Juris, 2015, p. 366.

[353] LOPES JUNIOR, Aury. *Direito processual penal e sua conformidade constitucional*. v. 1. 5. ed. Rio de Janeiro: Lumen Juris, 2010, p. 465.

[354] LOPES JUNIOR, Aury. *Direito processual penal e sua conformidade constitucional*. v. 1. 5. ed. Rio de Janeiro: Lumen Juris, 2010, p. 465.

conduta típica, pois a falta de imputação de uma conduta penalmente típica não legitima a formação de um processo penal condenatório, em razão da ausência de justa causa. Trata-se, pois, de uma consequência do princípio constitucional do devido processo legal.[355]

Nesse contexto, para se aferir a existência de justa causa para a propositura da ação penal, é necessário realizar um controle quanto à real lesividade da conduta, visando averiguar a necessidade concreta da intervenção penal, como forma de garantir à sociedade a existência da integridade de um bem jurídico fragmentário. Esse controle, a revisão da intervenção fragmentária ou seletiva das normas penais, poderá ser compreendido como uma opção compatível de uma política-criminal, a ser exercido pelo Ministério Público.

Assim como a justa causa para a ação penal, a teoria da insignificância não possui ainda uma uniformidade de tratamento doutrinário, demandando estudos mais aprofundados para o seu enquadramento à teoria do delito. Os ilícitos penais de pequena repercussão social, como bagatelas, não possuem um conceito preciso para a exata identificação do objeto e a determinação de características essenciais que permitam averiguar seu uso eficiente.

As bagatelas não podem ser previamente definidas, na medida em que há valoração da relevância social de um fato no âmbito penal que pode ser alterada a depender do caso concreto. Isso ocorre por estarem ligadas a um contexto, estarem relacionadas a diferenças culturais, sociais e econômicas do ambiente em que se deu o fato, além da percepção sobre as características da pessoa que praticou a conduta, assim como a vítima.[356]

A teoria da insignificância deve possuir definição jurídica e classificação na estrutura sistemática do delito, assim, é possível esclarecer os motivos pelos quais determinadas características do fato não ensejaram a aplicação de uma sanção penal na hipótese, demonstrando-se, então, uma coerência lógica e justificando a não intervenção penal.[357]

A partir daí, surgem teorias jurídicas que procuram explicar o princípio da insignificância[358] frente à teoria do delito.

---

[355] JARDIM, Afrânio Silva; AMORIM, Pierre Souto Maior Coutinho de. *Direito processual penal*: estudos, pareceres e crônicas. 15. ed. Salvador: Juspodivm, 2018, p. 749.
[356] CRUZ, Rogério Schietti; EISELE, Andreas. *Os crimes de bagatela na dogmática e na jurisprudência*. São Paulo: Juspodivm, 2021, p. 73.
[357] CRUZ, Rogério Schietti; EISELE, Andreas. *Os crimes de bagatela na dogmática e na jurisprudência*. São Paulo: Juspodivm, 2021, p. 135-137.
[358] Alertam Rogério Schietti e Andreas Eisele que a expressão "princípio da insignificância" não possui uma configuração estrita, pois parece não haver suficiente estabilidade teórica

Hans Welzel, jurista e filósofo alemão, ao elaborar a concepção do critério de adequação social da conduta, partiu da ideia de que o direito penal não deveria proibir a prática de condutas consideradas adequadas no âmbito sociocultural. Esses fatos deveriam ser excluídos da incidência da norma para se evitar contradições ético-valorativas. Além disso, propôs, na mesma classificação, os fatos com pequena repercussão social (as bagatelas)[359].

Por sua vez, Claus Roxin[360] esclarece que a adequação social do fato não se confunde com insignificância penal, pois são situações distintas. Argumenta, ainda, que isso se verifica através da interpretação teleológica do tipo, a partir do pressuposto de que condutas culturalmente toleradas não devem fazer parte do tipo penal, devendo ser verificada a afetação do bem jurídico na situação concreta para se avaliar o conteúdo lesivo do espaço.[361]

Outra proposta para a teoria da insignificância é a tipicidade conglobante de Raúl Zaffaroni. Para o autor, a valoração do fato é ampla, ao classificar como tipicidade a análise conjunta (conglobada) de diversas normas que compõem um juízo valorativo sintético para definir o fato delitivo.[362] Para a tipicidade conglobante, devem ser abrangidos aspectos classificados em outras categorias de delito, como ilicitude e culpabilidade, tornando complexas as categorias dos elementos estruturais do delito individualizado ao longo da história do direito penal. Os critérios classificatórios dessa teoria mostram-se amplos e vagos, por isso, não é possível formular uma análise precisa de parâmetros racionais, visto que estariam sujeitas "a manipulações

---

para que os critérios sejam classificados como um princípio específico do direito penal. A expressão "princípios da insignificância" tem sido utilizada no Brasil tanto na doutrina, como na aplicação de casos concretos, não havendo, portanto, problema no emprego dessa expressão para se referir aos critérios de classificação jurídica de ilícitos penais de pequena expressão social. CRUZ, Rogério Schietti; EISELE, Andreas. *Os crimes de bagatela na dogmática e na jurisprudência*. São Paulo: Juspodivm, 2021, p. 68.

[359] Welzel *apud* CRUZ, Rogério Schietti; EISELE, Andreas. *Os crimes de bagatela na dogmática e na jurisprudência*. São Paulo: Juspodivm, 2021, p. 139.

[360] CRUZ, Rogério Schietti; EISELE, Andreas. *Os crimes de bagatela na dogmática e na jurisprudência*. São Paulo: Juspodivm, 2021, p. 141.

[361] São partidários dessa classificação dos fatos como bagatela no Brasil: Francisco Assis Toledo, Guaracy Rebêlo, Queiroz e Sobral; Navarro Massip (Espanha); Guzmán Dalbora (Chile) e Muller-Dietz (Alemanha). CRUZ, Rogério Schietti; EISELE, Andreas. *Os crimes de bagatela na dogmática e na jurisprudência*. São Paulo: Juspodivm, 2021, p. 141-142.

[362] ZAFFARONI, Eugenio Raúl; BATISTA, Nilo; ALAGIA, Alejandro; SLOKAR, Alejandro. *Direito penal brasileiro II*. 4. ed. Rio de Janeiro: Revan, 2011, p. 221-215.

retóricas, prejudicando a previsibilidade da aplicação do direito e, consequentemente, a segurança jurídica".[363]

A teoria jurídica nacional preponderante sugere a valoração da lesividade do fato típico na denominada tipicidade material.[364] Seguindo essa linha, o STF adota a categoria de tipicidade material para classificar o bem jurídico no intuito de definir casos de bagatela.[365]

Para Rogério Schietti Cruz e Andreas Eisele, a categoria tipicidade material não é adequada para a afetação de um bem jurídico, pois este não é um elemento do tipo penal, mas objeto de tutela da norma. O bem jurídico afetado não pode ser aferido na tipicidade, pois esta se trata de categoria afeta a conceito absoluto, cujo conteúdo não é quantificável – não é possível, portanto, a graduação de seu objeto. Além disso, a conduta social do sujeito não pode ser considerada para se definir a tipicidade do fato, pois não integra fato típico. A análise da afetação do bem jurídico não ocorre no contexto da tipicidade do fato, mas somente após a classificação do fato como típico.[366] Se a relevância social fosse definida no contexto de tipicidade penal material, tal conteúdo configuraria uma modalidade típica correspondente ao modelo de intervenção penal denominado "direito penal do autor".[367]

---

[363] CRUZ, Rogério Schietti; EISELE, Andreas. *Os crimes de bagatela na dogmática e na jurisprudência*. São Paulo: Juspodivm, 2021, p. 154.

[364] Nesse sentido: Damásio de Jesus, Vico Mañas, Regis Prado, Busato. CRUZ, Rogério Schietti; EISELE, Andreas. *Os crimes de bagatela na dogmática e na jurisprudência*. São Paulo: Juspodivm, 2021, p. 146.

[365] BRASIL. *Supremo Tribunal Federal*. HC 159.435-AgR, Segunda Turma, j. 28-06-2019; BRASIL. *Supremo Tribunal Federal*. HC 155.075-AgR, Segunda Turma, j. 12-04-2019; BRASIL. *Supremo Tribunal Federal*. HC 150.147-AgR, Segunda Turma, j. 12-04-2019; BRASIL. *Supremo Tribunal Federal*. RHC nº 165.031-AgR, Segunda Turma, j. 5-4-2019; BRASIL. *Supremo Tribunal Federal*. RHC nº 165.976-AgR, Primeira Turma, j. 5-04-2019; BRASIL. *Supremo Tribunal Federal*. RHC nº 160.621-AgR, Primeira Turma, j. 15-03-2019; BRASIL. *Supremo Tribunal Federal*. RHC nº 164.346-AgR, Primeira Turma, j. 12-03-219.

[366] CRUZ, Rogério Schietti; EISELE, Andreas. *Os crimes de bagatela na dogmática e na jurisprudência*. São Paulo: Juspodivm, 2021, p. 147-155.

[367] Segundo Rogério Schietti e Andreas Eisele, esse raciocínio pode acarretar três problemas: o primeiro de ordem metodológica, pois não pode o conteúdo da categoria delimitar o objeto, mas sim, as características do objeto que devem definir a natureza jurídica da categoria; o segundo de ordem lógica, pois a insignificância não é classificada na tipicidade, portanto, sua aplicação não implica em atipicidade; e terceiro também de conteúdo lógico, tendo em vista que a premissa da incompatibilidade da reincidência com o ordenamento jurídico não é correta, não havendo óbice para se considerar a reincidência e os antecedentes penais para a valoração da reincidência social da conduta praticada pelo agente. CRUZ, Rogério Schietti; EISELE, Andreas. *Os crimes de bagatela na dogmática e na jurisprudência*. São Paulo: Juspodivm, 2021, p. 165-168.

Legislações como a brasileira,[368] a italiana[369] e o Código Penal austríaco revogado,[370] ao regulamentarem as bagatelas, dispõem que a insignificância penal do fato implica a exclusão da punibilidade, o que é materializado pela não aplicação da pena.[371]

Seguindo essa linha, Rogério Schietti Cruz e Andreas Eisele propõem outra forma de definição dos casos de bagatela, que não encampa nenhuma das outras teorias. Para os autores, como o conceito tripartido de crime não possibilita uma classificação do merecimento de pena em sua estrutura, será necessária a inclusão da punibilidade como uma quarta categoria. A estrutura quadripartida do delito permitirá a cisão do conceito do delito em uma expressão formal e em uma expressão de conteúdo material.[372]

Não se desconhece que há outras classificações e correntes doutrinárias sobre as quais recaem os elementos estruturais da definição de crime: a) Basileu Garcia[373] entende que o crime é um fato típico, antijurídico, culpável e punível; b) Assis Toledo[374] entende que o crime é um fato típico, antijurídico e culpável[375]; c) Julio F. Mirabete,[376] por

---

[368] Para Rogério Schietti, o ordenamento jurídico brasileiro prevê algumas hipóteses em que poderiam ser classificadas como bagatelas, porém, são classificadas na categoria denominada perdão judicial, com a consequente exclusão da punibilidade. É o que ocorre com os arts. 168-A, §3º, II, e 337-A, §2º, II, do CP/1941 (exclui-se pena relativa aos crimes de apropriação indébita e sonegação previdenciária, quando o agente for primário, bons antecedentes e o baixo valor); art. 176, parágrafo único, CP/1941 (deixar de aplicar pena quem toma refeição, hospeda-se em hotel ou utiliza de transporte sem dispor de recursos para pagamento); e art. 180, §5º, do CP/1941 (deixar de aplicar a pena na receptação culposa mediante análise das circunstâncias e o sujeito for primário). CRUZ, Rogério Schietti; EISELE, Andreas. *Os crimes de bagatela na dogmática e na jurisprudência*. São Paulo: Juspodivm, 2021, p. 177.

[369] O art. 131-bis do CP italiano regulamentou a bagatela prevendo a exclusão da punibilidade por particular tenuidade do fato, estabelecendo o art. 133,1, do CP italiano os critérios para a valoração da relevância do fato. CRUZ, Rogério Schietti; EISELE, Andreas. *Os crimes de bagatela na dogmática e na jurisprudência*. São Paulo: Juspodivm, 2021, p. 181.

[370] Havia previsão no §42 do CP austríaco (StGB) nas hipóteses de insuficiência de merecimento da pena do fato. CRUZ, Rogério Schietti; EISELE, Andreas. *Os crimes de bagatela na dogmática e na jurisprudência*. São Paulo: Juspodivm, 2021, p. 179.

[371] CRUZ, Rogério Schietti; EISELE, Andreas. *Os crimes de bagatela na dogmática e na jurisprudência*. São Paulo: Juspodivm, 2021, p. 182-183.

[372] CRUZ, Rogério Schietti; EISELE, Andreas. *Os crimes de bagatela na dogmática e na jurisprudência*. São Paulo: Juspodivm, 2021, p. 185-193.

[373] GARCIA, Basileu, *Instituições de DIREITO PENAL*. v. I, t. I. 3. ed. São Paulo: Max Limond, 1956, p. 195.

[374] TOLEDO, Francisco de Assis. *Princípios básicos de direito penal*. 5. ed. São Paulo: Saraiva Jur, 2012, p. 82.

[375] DOTTI, René Ariel. *Curso de Direito Penal: parte geral*. 7. ed. São Paulo: Thomson Reuters Brasil, 2020, p. 446.

[376] "Se a conduta é um dos componentes do fato típico, deve-se definir o crime como 'fato típico e antijurídico'", in: MIRABETE, Julio Fabbrini; FABBRINI, Renato N. *Manual de direito penal*. v. 1. São Paulo: Atlas, 2019, p. 83.

sua vez, sustenta que crime é um fato típico e ilícito; d) Claus Roxin, segundo a teoria da responsabilidade normativa, diz que o crime seria composto pela tipicidade, antijuridicidade e mais a responsabilidade[377]; f) Luiz Flávio Gomes[378] adota um sistema bipartido, sendo requisito para o conceito analítico de crime um fato formal e materialmente típico e antijurídico; g) Dirceu Barros conceitua o crime como "um fato conglobalmente típico e antijurídico".[379]

Porém, para os fins sustentados pelos autores acima mencionados, para classificar o bem jurídico no interior da estrutura do delito, assim como a valoração social do fato, há que se utilizar o chamado conceito integral de delito, incluindo a punibilidade como quarta categoria.

Essa ideia de integralidade do delito possui conceitos sistematizados que permitirão a análise da afetação do bem jurídico e a valoração quanto à relevância do fato social, conhecidos como dignidade penal, punibilidade concreta e penalidade. A dignidade penal[380] ou "merecimento de pena" é a categoria que afere a lesividade do fato, sua gravidade e relevância social,[381] ou seja, a elaboração de um juízo valorativo, para qualificar e quantificar a relevância social do ilícito penal com fundamento na afetação do bem jurídico e nas características circunstanciais do fato. Por sua vez, a punibilidade concreta[382] é a possibilidade de se aplicar uma pena em decorrência de um fato efetivamente ocorrido. Já a penalidade[383] é a atividade judicial de aplicação de uma pena ao agente que pratica um ilícito penal.

---

[377] BARROS, Francisco Dirceu. *Tratado Doutrinário de Direito Penal*. Leme: Mizuno, 2018, p. 173.

[378] GOMES, Luiz Flávio; BIANCHINI, Alice; DAHER, Flávio. *Curso de Direito Penal*: parte geral. v. 1. Salvador: Juspodivm, 2016, p. 229.

[379] BARROS, Francisco Dirceu. *Tratado Doutrinário de Direito Penal*. Leme: Mizuno, 2018, p. 173.

[380] CRUZ, Rogério Schietti; EISELE, Andreas. *Os crimes de bagatela na dogmática e na jurisprudência*. São Paulo: Juspodivm, 2021, p. 193-202.

[381] Para se aferir a relevância social, consideram-se os seguintes critérios a serem analisados conjuntamente: a) o valor intrínseco do bem jurídico; b) dimensão da afetação do bem jurídico, fundado proveito do agente, prejuízo da vítima, considerando as circunstâncias pessoais de ambos; c) a significação ético-social do fato, segundo a forma da conduta, características da vítima e do agente, fatores históricos, econômicos, culturais e sociais caracterizadores do fato individualizado, além de outras circunstâncias que indicam sua gravidade ou reprovabilidade; e d) necessidade de aplicação da pena para atender às finalidades preventivas. CRUZ, Rogério Schietti; EISELE, Andreas. *Os crimes de bagatela na dogmática e na jurisprudência*. São Paulo: Juspodivm, 2021, p. 221-222.

[382] CRUZ, Rogério Schietti; EISELE, Andreas. *Os crimes de bagatela na dogmática e na jurisprudência*. São Paulo: Juspodivm, 2021, p. 190.

[383] CRUZ, Rogério Schietti; EISELE, Andreas. *Os crimes de bagatela na dogmática e na jurisprudência*. São Paulo: Juspodivm, 2021, p. 191.

De acordo com o conceito integral de delito, as bagatelas não serão classificadas como delito, "porque lhes falta o elemento da punibilidade, integrante dessa categoria composta pelo fato típico, antijurídico, culpável e punível".[384]

Embora se discuta a posição das bagatelas na teoria geral do delito, é certo que elas possuem aplicação no ordenamento jurídico brasileiro e que constituem um importante instrumento de política criminal a ser observado pelo órgão acusatório no sistema processual penal constitucional.

Trata-se de um alinhamento entre a previsão da norma de direito penal (conceito de bagatela) e a previsão de norma no direito processual penal (justa causa para o início de uma ação penal). O conceito de bagatela será definido pelo direito penal abarcando pressupostos referentes à teoria geral do delito, no entanto, sua implementação ocorrerá em um caso concreto, mediante a utilização de um instrumento processual, pois somente no processo penal é possível avaliar sua real pertinência.

4.2 A justiça penal consensual no modelo de processo penal constitucional: o acordo de não persecução penal

A busca por instrumentos que possam concretamente resolver os conflitos em tempo razoável é uma exigência relacionada à velocidade instantânea das informações que circulam pelo mundo. Velocidade essa que se reflete diretamente no processo penal e no direito penal, de forma a criar expectativas de eficiência, funcionalidade e celeridade.[385]

Esses instrumentos devem respeitar rigorosamente as garantias individuais ligadas ao devido processo e aos demais direitos emanados das normas constitucionais e dos tratados de direitos humanos.

Ainda, é uma exigência dos tempos atuais a reconfiguração da dogmática tradicional para a abrangência de novos conceitos relacionados à Análise Econômica do Direito (AED), incrementada ao processo penal através da teoria *Law and Economics*, para promover uma escolha racional, pautada no equilíbrio e em critérios de eficiência, efetividade e eficácia, todos necessários à prestação do serviço público.

---

[384] CRUZ, Rogério Schietti; EISELE, Andreas. *Os crimes de bagatela na dogmática e na jurisprudência*. São Paulo: Juspodivm, 2021, p. 223.

[385] PONTE, Antonio Carlos da; DEMERCIAN, Pedro Henrique. O Ministério Público brasileiro e a justiça consensual. Foro, *Nueva Época*, v. 22, n. 1, 2019. Disponível em: https://dx.doi.org/10.5209/foro.66636. Acesso em: 13 jun. 2022, p. 110.

O consenso no processo penal brasileiro tem se tornado uma realidade capaz de auxiliar na superação de problemas que gravitam em torno da criminalidade existente na sociedade brasileira, impulsionando a exigência de um processo penal eficaz e célere.

A internacionalização ou transnacionalização do crime desencadeou a identificação de diferentes formas pelas quais o aparato legal enfrenta o delito em vários locais do mundo. E foi justamente por meio dessa troca de experiência que os acordos penais se tornaram um pragmático instrumento da ciência penal internacional moderna.[386]

O processo penal de resultado tem se revelado uma tendência mundial que possui por objetivo:

> a) solução rápida e eficiente dos litígios; b) a desburocratização da Justiça e sua maior aproximação ao ser consumidor; c) permitir que o Magistrado e o Ministério Público, mais do que solucionadores de mazelas e doenças, atentem para uma postura preventiva e, quando não possível, de mediadores de conflitos.[387]

A legitimidade do modelo consensual do processo penal possui fundamento na dignidade da pessoa humana (impede sofrimento desnecessário tanto para a vítima como para o acusado), na razoável duração do processo (não acarreta prejuízos, sofrimento e evita a total inutilidade do provimento jurisdicional) e na eficiência.[388]

Não se desconhece quem defenda a necessária submissão de todos os casos penais ao juízo, julgado perante um juiz natural, sob o manto do devido processo legal, com direito ao contraditório, ampla defesa e duplo grau de jurisdição. Porém, essa posição conservadora e confortável para quem a defende está alheia e descompromissada com a realidade atual do sistema de justiça criminal, na medida em que ao se manter a situação sem abrir possibilidade de consenso antes da persecução penal, a demora na tramitação do processo, em razão do excesso de trabalho, levará à pressa no desenvolvimento das

---

[386] PIEDADE, Antonio Sérgio Cordeiro; SOUZA, Renee do Ó. A colaboração premiada como instrumento de política criminal funcionalista. *Revista Jurídica da Escola Superior do Ministério Público de São Paulo*, v. 14, n. 2, p. 100-121, 2019, p. 104.

[387] PONTE, Antonio Carlos da; DEMERCIAN, Pedro Henrique. O Ministério Público brasileiro e a justiça consensual. Foro, *Nueva Época*, v. 22, n. 1, 2019. Disponível em: https://dx.doi.org/10.5209/foro.66636. Acesso em: 13 jun. 2022, p. 112.

[388] ANDRADE, Flávio da Silva. *Justiça penal consensual*: controvérsias e desafios. Salvador: Juspodivm, 2019.

tarefas processuais, o que poderá resultar em graves efeitos colaterais e na prática de injustiças de, ao menos, duas ordens: a primeira, o Estado descumpre o dever de tutela; a segunda, o enfraquecimento da capacidade do processo penal ser um processo materialmente justo.[389]

Se o Estado não cumprir o seu dever de proteger os bens jurídicos, criam-se prejuízos ao tecido social e afeta-se a credibilidade das instituições. O resultado disso é a desproteção da população aos ataques criminosos – de maneira a não se conferir à lei a eficácia pretendida, o que atinge a ideia de Estado de Direito e as pessoas, ficando ambos à mercê da criminalidade – além de se fortalecer os ideais de restrição excessiva a direitos e garantias individuais mediante o surgimento de propostas cada vez mais autoritárias nesse sentido.

O processo penal consensual mostra-se compatível com a preservação de direitos e garantias fundamentais e do devido processo legal, pois, "o direito em jogo tem índole patrimonial, privada e disponível; e, a segunda hipótese cuida de interesse público e indisponível".[390]

O acusado em processo penal não pode ser alijado da sua autodeterminação para ser considerado apenas um objeto de estudo acadêmico; afirma-se o mesmo em relação ao processo, ou seja, não se trata de um fenômeno a ser somente estudado no ambiente científico. O acusado possui vontade e capacidade próprias para avaliar e decidir a melhor maneira de enfrentar a opção do Estado em face da via reativa escolhida, ou seja, conflito ou consenso.[391]

É possível de forma célere, logo após os fatos, uma resposta não privativa de liberdade, de forma a resgatar a credibilidade do sistema penal e fortalecer a confiança do cidadão no Estado. É possível oferecer uma resposta rápida a quem se envolveu em um delito pela primeira vez e, ao mesmo tempo, prestigiar a vítima, há tempos relegada a segundo plano pelo processo penal.

Uma política criminal preocupada com a vítima ganha importância na reparação do dano, sendo possível essa reparação em um espaço de consenso, de forma abreviada e célere, trazendo uma percepção da

---

[389] CABRAL, Rodrigo Leite Ferreira. *Manual do acordo de não persecução penal à luz da Lei 13.964/2019* (Pacote Anticrime). Salvador: Juspodivm, 2020, p. 46-47.

[390] PONTE, Antonio Carlos da; DEMERCIAN, Pedro Henrique. O Ministério Público brasileiro e a justiça consensual. Foro, *Nueva Época*, v. 22, n. 1, 2019. Disponível em: https://dx.doi.org/10.5209/foro.66636. Acesso em: 13 jun. 2022, p. 114.

[391] PONTE, Antonio Carlos da; DEMERCIAN, Pedro Henrique. O Ministério Público brasileiro e a justiça consensual. Foro, *Nueva Época*, v. 22, n. 1, 2019. Disponível em: https://dx.doi.org/10.5209/foro.66636. Acesso em: 13 jun. 2022, p. 114.

vigência do Estado de Direito a contribuir sensivelmente para diminuir a sensação subjetiva de insegurança e de impunidade.[392]

Nesse contexto, por meio de uma política criminal traçada de forma preventiva, com menor custo social, orientada por critérios mínimos de racionalidade e eficiência para uma atuação ministerial, foi introduzido o art. 29-A do CPP/1941, através da Lei nº 13.964/2019, inserindo no sistema processual penal o mecanismo de solução consensual chamado de acordo de não persecução penal,[393] "muito bom para a realização dos objetivos políticos-criminais preventivos e de pretensão de justiça que devem informar a persecução penal".[394]

A proposta de acordo de não persecução penal é fruto da influência direta da deterioração do sistema penal brasileiro, no qual impera a impunidade, a falta de credibilidade na sociedade e a crescente formação de movimentos de milícias, grupos de extermínio e justiceiros.

Ainda, o excesso de trabalho no sistema de justiça criminal é outro problema grave, o que demanda a implementação de mecanismos fundados em razões de política criminal para solucioná-lo, como "a ampliação substancial da possibilidade de celebração de acordos em matéria penal, fundamentalmente para os crimes de média e baixa lesividade".[395]

A criação do acordo de não persecução penal foi inspirada também em modelos internacionais, especialmente com base nas experiências francesa e alemã.

Na França, o acordo de não persecução penal não surgiu da lei, mas da atuação individualizada dos juízes e promotores de justiça que se viram diante de um quadro de incapacidade da justiça penal para enfrentar uma alta carga de trabalho decorrente da persecução penal ligada à delinquência de menor importância.[396] A legalização do instituto na França se deu com a aprovação da Lei nº 92-2, de 04 de janeiro de 1993, que promoveu reformas no procedimento penal francês,

---

[392] MORAES, Alexandre Rocha Almeida de; BECHARA, Fábio Ramazzini. Acordo de não persecução penal e restrições de cabimento a partir dos mandados constitucionais de criminalização. *In*: SALGADO, Daniel de Resende; KIRCHER, Luis Felipe Scheider; QUEIROZ, Ronaldo Pinheiro. *Justiça consensual*. São Paulo: Juspodivm, 2022, p. 444.

[393] Tal disposição já havia sido inserida no sistema normativo brasileiro, embora questionada, pelo então art. 18 da Resolução nº 181/2017 do Conselho Nacional do Ministério Público.

[394] CABRAL, Rodrigo Leite Ferreira. *Manual do acordo de não persecução penal à luz da Lei 13.964/2019 (Pacote Anticrime)*. Salvador: Juspodivm, 2020, p. 48.

[395] CABRAL, Rodrigo Leite Ferreira. *Manual do acordo de não persecução penal à luz da Lei 13.964/2019 (Pacote Anticrime)*. Salvador: Juspodivm, 2020, p. 44.

[396] CABRAL, Rodrigo Leite Ferreira. *Manual do acordo de não persecução penal à luz da Lei 13.964/2019 (Pacote Anticrime)*. Salvador: Juspodivm, 2020, p. 39.

inserindo a mediação no sistema legal e assegurando a igualdade entre os delinquentes, tendo em vista o fato de a prática não ser regularizada e, por isso, causar dificuldades em sua implantação.

Na Alemanha, igualmente, os acordos penais foram uma iniciativa surgida das práticas de promotores de justiça e de juízes que, no início, não tinha autorização legal, mas depois, esses acordos foram sendo reconhecidos pelo Tribunal Alemão, pois não violam princípios constitucionais e processuais, desde que públicos, transparentes e formalizados – não se permitem acordos informais fundados apenas na confiança. Mais tarde, o legislador alemão previu expressamente a possibilidade do acordo.[397]

Cada vez mais, o meio jurídico presencia o processo penal consensual, caracterizado por renunciar a uma resposta tradicional do sistema penal, manifestada pela imposição de pena ou de medida de segurança. Outros institutos também possuem a roupagem do consenso no sistema processual penal, de forma semelhante ao acordo de não persecução penal, a exemplo do *plea bargain*, da transação penal, da suspensão condicional do processo e da colaboração premiada, no entanto, possuem suas particularidades.

O *plea bargain* é, no mundo inteiro, um dos mais conhecidos sistemas de solução de casos via consenso; originário do sistema anglo-saxão, possui importância significativa por ser empregado para a esmagadora maioria dos casos penais, embora não se confunda com o acordo de não persecução penal.[398]

A transação penal, por sua vez, é um dos mecanismos de solução consensual mais relevantes do sistema brasileiro em razão da sua previsão constitucional (art. 98, I, CF/1988), regulamentada pelo

---

[397] CABRAL, Rodrigo Leite Ferreira. *Manual do acordo de não persecução penal à luz da Lei 13.964/2019* (Pacote Anticrime). Salvador: Juspodivm, 2020, p. 41-43.

[398] São traços característicos semelhantes: "(i) em regra, constitui uma etapa pré-processual; (ii) existe um prazo para rejeitar ou aceitar o acordo; (iii) o réu pode declarar-se culpado, não culpado ou *nolo contendere*; (iv) em alguns sistemas é possível o acordo sem a presença do réu; (v) há alguns regramentos que disciplinam como proceder em caso de fracasso nas negociações; (vi) é possível acordar-se algumas barganhas condicionais; (vii) em algumas jurisdições, é possível barganhar por telefone ou correio; (vii) é exigida a confissão e aceitação firme, voluntária e consciente do acordo; (ix) o magistrado deve avaliar a justa causa (suporte fálico) para o acordo; (x) é possível retirar ou apresentar retratação ao pedido de acordo; (xi) os acordos podem ser rejeitados, quando houver manifesta injustiça; (xii) o investigado deve renunciar a alguns direitos e (xiii) a confissão não pode ser utilizada em caso de fracasso do *plea bragain*". CABRAL, Rodrigo Leite Ferreira. *Manual do acordo de não persecução penal à luz da Lei 13.964/2019* (Pacote Anticrime). Salvador: Juspodivm, 2020, p. 69-70.

art. 76 da Lei nº 9.099/1995.[399] Embora semelhante ao instituto, apresenta diversos pontos diferentes do acordo de não persecução penal.[400]

Por fim, destaca-se a colaboração premiada (Lei nº 12.850/2013, art. 3-A a 7º), que prevê a possibilidade de se oferecer prêmios aos agentes que colaborarem em investigações criminais, mediante esclarecimento da rede criminosa, através de informações, provas ou indicação de onde possam ser encontradas para possibilitar a persecução penal de novos membros da organização criminosa e descobrir fatos suficientes para se desenvolver uma persecução penal.

No sistema brasileiro, não se confunde a colaboração premiada com o acordo de não persecução penal, tendo em vista que os objetivos a serem alcançados pelos institutos são distintos. A colaboração premiada é informada por um critério de política-criminal voltado à obtenção de provas e elementos de informação, ou seja, não tem como objetivo uma descarga no excesso de trabalho investigatório, nem a eleição de critérios de prioridade.

Dentre as três medidas acima descritas, o estabelecimento de acordos de natureza penal para crimes de baixa e média lesividade

---

[399] Ambos os institutos também possuem semelhanças, por exemplo: "(i) são manifestações de consenso no âmbito criminal; (ii) são caracterizados por acordos pré-processuais; (iii) importam no não oferecimento de denúncia; (iv) devem ser homologados judicialmente; (v) não importam em efetiva aplicação de pena (apesar da redação do artigo mencionar *aplicação imediata de pena*); (vi) em caso de descumprimento, exige-se a instauração de um processo penal para a aplicação da sanção criminal; (vii) a sua celebração não importa em maus antecedentes, já que os celebrantes não são tidos formalmente como culpados; (viii) a Lei estabelece determinados requisitos objetivos e subjetivos para a sua celebração". CABRAL, Rodrigo Leite Ferreira. *Manual do acordo de não persecução penal à luz da Lei 13.964/2019* (Pacote Anticrime). Salvador: Juspodivm, 2020, p. 71-72.

[400] Embora semelhantes, se diferenciam em diversos pontos: (i) os requisitos objetivos e subjetivos são, em grande parte, distintos. Vale lembrar que a transação penal estabelece o critério de pena máxima de dois anos e o acordo de não persecução é cabível para os crimes cuja pena mínima é de até quatro anos; (ii) a transação penal é voltada para os crimes de menor potencial ofensivo, enquanto o ANPP se direciona a delitos de pequena e média gravidade, não abrangidos pela transação penal; (iii) o ANPP exige a confissão, que poderá ser posteriormente utilizada em juízo, em caso de descumprimento, requisito esse que não é exigido para a transação penal; (iv) na transação penal existe uma maior liberdade na fixação das condições, enquanto no ANPP existe uma maior delimitação legal, que leva, inclusive, em consideração uma projeção da pena que eventualmente poderia ser aplicada em caso de condenação; (v) no ANPP, há uma preocupação explícita com o ofendido, o que não ocorre na transação penal; (vi) o ANPP prevê um procedimento mais detalhado e sofisticado de homologação; (vii) a transação penal é informada por uma ideia de despenalização, enquanto o acordo de não persecução penal tem como razão fundamental de existir a realização de uma política criminal de eleição de prioridades, com o objetivo fundamental de agilização da resposta estatal. CABRAL, Rodrigo Leite Ferreira. *Manual do acordo de não persecução penal à luz da Lei 13.964/2019* (Pacote Anticrime). Salvador: Juspodivm, 2020, p. 72.

é apontado como medida promissora, tendo em vista a experiência exitosa em outros países, a diminuir efetivamente o tempo de tramitação processual.

Trata-se, como retrata Rodrigo Leite Ferreira Cabral, de um instituto cuja natureza jurídica é caracterizada "por um negócio jurídico que consubstancia a política criminal do titular da ação penal pública na persecução dos delitos".[401]

Dessa forma, o acordo somente será realizado quando trouxer e de fato existir uma vantagem político-criminal, de acordo com os parâmetros do art. 28-A do CPC/1941, para a persecução penal, de forma a eleger como prioridade a persecução penal de crimes mais graves. Segundo o autor, o consenso entrega ao Estado alguns benefícios ao caso concreto, dentre eles:

> (i) agilização da resposta aos casos penais por meio do acordo, evitando-se a instrução processual e todos os atos que ocorrem no iter processual, como alegações finais, sentença e recursos; (ii) realização das finalidades político-criminais da pena, é dizer, o acordo deve cumprir uma função preventiva no caso concreto; (iii) deve necessariamente existir uma vantagem probatória em caso de descumprimento do acordo, consistente na confissão do investigado, em áudio e vídeo, que poderá ser utilizada no processo penal, pelo Ministério Público, como elemento de corroboração e de busca de fontes de prova.[402]

Sobre a natureza jurídica das condições previstas no acordo, duas correntes se firmaram: a primeira delas sustentando que as obrigações nele previstas possuem natureza de pena;[403] a segunda, defendida por Rodrigo Leite Ferreira Cabral, conclui que "a natureza jurídica das condições previstas no acordo de não persecução penal, é de uma obrigação negocial, que se caracteriza como um equivalente funcional da pena".[404]

---

[401] CABRAL, Rodrigo Leite Ferreira. *Manual do acordo de não persecução penal à luz da Lei 13.964/2019* (Pacote Anticrime). Salvador: Juspodivm, 2020, p. 84.

[402] CABRAL, Rodrigo Leite Ferreira. *Manual do acordo de não persecução penal à luz da Lei 13.964/2019* (Pacote Anticrime). Salvador: Juspodivm, 2020, p. 85.

[403] Rodrigo Cabral ainda menciona o direito comparado, encontrando quem defenda a posição de que as medidas semelhantes às previstas no acordo de não persecução penal teriam natureza de *"quase penas"* ou *"substitutos encobertos de penas"*. CABRAL, Rodrigo Leite Ferreira. *Manual do acordo de não persecução penal à luz da Lei 13.964/2019* (Pacote Anticrime). Salvador: Juspodivm, 2020, p. 87.

[404] CABRAL, Rodrigo Leite Ferreira. *Manual do acordo de não persecução penal à luz da Lei 13.964/2019* (Pacote Anticrime). Salvador: Juspodivm, 2020, p. 88.

Parece ser claro que o acordo não prevê a obrigatoriedade do seu cumprimento, além disso, não se admite o cumprimento forçado, justamente uma das características fundamentais do conceito de pena: a imperatividade, ou seja, a pena deve ser cumprida independentemente da vontade do condenado.

O processo penal consensual precisa ainda enfrentar discussões sobre contornos de limites e aplicabilidade penal, considerando o princípio da obrigatoriedade da ação penal, o garantismo penal e a segurança jurídica.

O princípio da obrigatoriedade da ação penal, embora reconhecido pela doutrina, deve possuir uma colocação harmoniosa entre o que pretende a concepção da pena e toda a estrutura do processo penal, pois, do contrário, poderá haver um descompasso entre o direito processual penal e o direito penal.

Por certo, o princípio da obrigatoriedade não é uma imposição cega, um dever de ser sustentado a qualquer custo.[405] Esse princípio pode ser compreendido e interpretado como uma forma de o acusador estatal não deixar de agir sem a existência de uma justa causa, ou seja, trata-se de não renunciar à forma simples da acusação, deixando de dar prosseguimento à investigação criminal já pronta e viável.

O Ministério Público não pode, livremente, perseguir alguns de forma arbitrária e conceder maiores benesses a outros, pois sua atuação vincula-se às normas constitucionais, ao princípio da legalidade e à moralidade, a fim de garantir a proteção aos bens jurídicos determinados pela Constituição e previstos pela Lei Penal.

Essa forma de atuação do Ministério Público deve ser pautada em parâmetros institucionais ponderados entre os princípios da independência funcional e a unidade do Ministério Público, de forma a se buscar uma segurança jurídica para a sociedade nas decisões de consenso no âmbito ministerial.

Também, essa política criminal do Ministério Público relativa ao consenso penal aponta para uma discussão sobre os limites da sua atuação, visando evitar a proteção jurídica deficiente de bens considerados relevantes à sociedade.

Nesse contexto, é necessário buscar, de um lado, o equilíbrio entre o processo penal de resultado e eficiente, e por outro, a garantia de proteção aos direitos fundamentais previstos na Carta Magna.

---

[405] Há muito tempo o *Parquet* não exercer mais o papel originário de *advogado da coroa* e instrumento de acusação sistemática. André de Faria *apud* LYRA, Roberto. *Teoria da promotoria pública*. 2. ed. Porto Alegre: Sergio Antonio Fabris, 1989, p. 189.

As sanções penais e a relação entre o direito penal e a Constituição Federal alçaram uma nova posição na doutrina, tendo em vista a existência dos mandados de criminalização, seja ele explícito[406] ou implícito.[407] São direitos previstos como fundamentais, a reclamarem uma proteção criminal (*ultima ratio*), por isso, devendo afastar as medidas despenalizadoras, do contrário, não estariam sendo atendidas as normas constitucionais.[408] Assim, os crimes hediondos e equiparados, contra o Estado de Direito, imprescritíveis (como o racismo), os praticados com violência e grave ameaça à pessoa, praticados por organizações criminosas,[409] milícias privadas e instituições mafiosas, além dos delitos praticados no âmbito da violência doméstica e família – abarcando também, por coerência, as formas de violência de gênero –, os crimes praticados contra a dignidade sexual ou por pedófilos, enfim, todos que demandaram uma política criminal de enfrentamento rigoroso, não se ajustam ao modelo de acordo de não persecução penal.[410]

Para se ajustar a um modelo de justiça penal consensual fundado na segurança jurídica e, ainda, buscar credibilidade na atuação do

---

[406] São considerados mandados de criminalização explícitos ou expressos, "aquele que corresponde ao comando expresso de criminalização constante na Constituição Federal, quanto a determinadas condutas literalmente censuradas pelo texto da Magna Carta." SAYEG, Ricardo Hasson; SILVA, Marcio Souza; GOLDFINGER, Fábio Ianni; SAYEG, Rodrigo Campos Hasson. Estudos sobre o direito penal moderno: disciplina ministrada pelo Prof. Dr. Sérgio Moro no Programa de Mestrado e Doutorado do Centro Universitário Curitiba – UNICURITIBA. Séllos-Knoerr, Viviane Coêlho de. Moro, Sérgio Fernando. Garcel, Adriane *et al.*; GARCEL, Adriane; FERRARI, Flávia Jeane (org.); SELLOS-KNOERR, Viviane Coêlho de. (coord.), Moro, Sérgio Fernando (coord.). Curitiba: Clássica, 2021, p. 564.

[407] De outro aspecto, entende-se por mandados implícitos ou tácitos de criminalização aqueles que devem ser abstraídos a partir da hermenêutica da Constituição Federal, dos Tratados ou Convenções Internacionais, apesar de a determinação criminalizante não constar expressa ou inequivocamente da literalidade de seus termos. SAYEG, Ricardo Hasson; SILVA, Marcio Souza; GOLDFINGER, Fábio Ianni; SAYEG, Rodrigo Campos Hasson. Estudos sobre o direito penal moderno: disciplina ministrada pelo Prof. Dr. Sérgio Moro no Programa de Mestrado e Doutorado do Centro Universitário Curitiba – UNICURITIBA. Séllos-Knoerr, Viviane Coêlho de. Moro, Sérgio Fernando. Garcel, Adriane *et al.*; GARCEL, Adriane; FERRARI, Flávia Jeane (org.); SELLOS-KNOERR, Viviane Coêlho de. (coord.), Moro, Sérgio Fernando (coord.). Curitiba: Clássica, 2021, p. 567.

[408] MORAES, Alexandre Rocha Almeida de; BECHARA, Fábio Ramazzini. Acordo de não persecução penal e restrições de cabimento a partir dos mandados constitucionais de criminalização. *In*: SALGADO, Daniel de Resende; KIRCHER, Luis Felipe Scheider; QUEIROZ, Ronaldo Pinheiro. *Justiça consensual*. São Paulo: Juspodivm, 2022, p. 434.

[409] Embora seja possível a colaboração premiada, negócio jurídico de natureza para meio de prova, possui uma disciplina jurídica própria, traçando os limites e as próprias sanções premiais.

[410] MORAES, Alexandre Rocha Almeida de; BECHARA, Fábio Ramazzini. Acordo de não persecução penal e restrições de cabimento a partir dos mandados constitucionais de criminalização. *In*: SALGADO, Daniel de Resende; KIRCHER, Luis Felipe Scheider; QUEIROZ, Ronaldo Pinheiro. *Justiça consensual*. São Paulo: Juspodivm, 2022, p. 444-445.

Ministério Público, há premissas básicas a serem seguidas, conforme estabelecem Alexandre Rocha e Fábio Bechara:

> a) uma cultura uniforme de busca da reparação do dano às vítimas; b) fixação de critérios mínimos, em termos de unidade institucional, para o cabimento ou não do acordo e, em caso positivo, patamares objetivos mínimos da proposta, respeitando situações fáticas idênticas (assim, situações excepcionais seriam, de forma fundamentada e justificada, tratadas excepcionalmente); c) a implantação de laboratórios de jurimetria, inclusive para a análise qualitativa da política negocial que passará a aplicar, fomentando a prestação de contas de seu trabalho à sociedade, assim como a determinação de estratégias para a construção de políticas preventivas e repressivas mais eficientes.[411]

Para se compreender a adoção do processo penal consensual e o correto emprego do acordo de não persecução penal, há que se preceder a uma necessária conformação do Ministério Público ao seu perfil democrático desenhado pela Carta Política de 1988, através da adoção de políticas criminais claras e consistentes de atuação.[412]

4.3 O controle dos arquivamentos das investigações penais pelo Ministério Público

As investigações criminais não se reduzem aos inquéritos policiais, na medida em que a polícia judiciária não tem o monopólio dessas investigações.[413] Sob essa perspectiva, não é possível limitar a análise do regime de arquivamento apenas de inquéritos policiais, mas deve-se avaliá-la considerando qualquer investigação criminal que chegar ao conhecimento do titular da ação penal pública. Isso porque o regime de encerramento sobre as investigações criminais previstas nos CPP/1941 não versa exclusivamente sobre inquérito policial.

---

[411] MORAES, Alexandre Rocha Almeida de; BECHARA, Fábio Ramazzini. Acordo de não persecução penal e restrições de cabimento a partir dos mandados constitucionais de criminalização. In: SALGADO, Daniel de Resende; KIRCHER, Luis Felipe Scheider; QUEIROZ, Ronaldo Pinheiro. *Justiça consensual*. São Paulo: Juspodivm, 2022, p. 442.

[412] PONTE, Antonio Carlos da; DEMERCIAN, Pedro Henrique. O Ministério Público brasileiro e a justiça consensual. Foro, *Nueva Época*, v. 22, n. 1, 2019. Disponível em: https://dx.doi.org/10.5209/foro.66336. Acesso em: 13 jun. 2022, p. 116.

[413] GOLDFINGER, Fábio Ianni. *O papel do Ministério Público nas investigações criminais no mundo moderno*: a inconstitucionalidade do monopólio das investigações. 2. ed. Belo Horizonte: Fórum, 2019.

Nesse contexto, a Lei nº 13.964/2019 (Lei Anticrime) alterou a redação do art. 28 do CPP/1941 para abordar questões relativas ao regime de encerramento das investigações criminais.

Observa-se, porém, que o Supremo Tribunal Federal (por meio do Ministro Luiz Fux), através da ADI nº 6.305, concedeu liminar *ad referendum* do Plenário suspendendo a eficácia do art. 28 do CPP/1941 (entre outros) da redação dada pela Lei nº 13.964/2019, sob o argumento de que o curto período de *vactio legis* da lei não possibilitou aos Ministérios Públicos se articularem para a devida adequação ao novo sistema legal (irrazoabilidade do prazo), além de apontar violação a cláusulas que exigem prévia dotação orçamentária para a realização de despesas e da autonomia financeira do Ministério Público.

Trata-se de um ponto nevrálgico ao sistema acusatório, pois sempre caberá ao órgão de acusação produzir provas e zelar pela gestão desse conteúdo probatório para, ao final, verificar a possibilidade/necessidade de se "acusar ou não acusar", conforme as premissas trazidas pela Constituição Federal e pelas leis de regência.

Ao órgão apontado pela Constituição Federal como titular da ação penal pública deve ser incumbida as funções de definir e de controlar internamente suas decisões. Assim, com alguns ajustes, andou bem a alteração da Lei Anticrime, em especial quanto ao regime de encerramento das investigações criminais, deixando claro o papel do órgão acusador e suas funções no sistema acusatório, com traços característicos do modelo de processo penal constitucional.

Na doutrina, pouco se debate o regime de encerramento das investigações criminais, tema de extrema importância, pois dele decorre todo o desenvolvimento de um futuro processo penal e a aplicação concreta da lei penal, em especial, a formulação de política criminal de uma possível ação penal, e todas as consequências jurídicas advindas das investigações criminais.

Na hipótese de investigação criminal produzida em inquérito policial, uma vez encerrada, a autoridade deverá lavrar um relatório, de forma a encaminhar os autos de inquérito policial ao juízo competente (art. 10, CPP/1941); posteriormente, serão enviados ao Ministério Público, titular da ação penal, para as seguintes providências: a) requerer diligências; b) oferecer a denúncia para o início da ação penal; ou c) arquivar o inquérito ou quaisquer outras peças de informação. O mesmo deverá ocorrer com os demais instrumentos investigativos, como as investigações criminais levadas a cabo pelo Ministério Público (Resolução nº 181/2017 do CNMP, art. 19).

A legislação processual penal não prevê expressamente em quais hipóteses o Ministério Público deverá requerer o arquivamento, mas elenca aquelas em que a ação penal não deve ser proposta (rejeição da denúncia) – logo, as investigações serão arquivadas.

As investigações criminais, incluindo o inquérito policial, os procedimentos investigatórios e as peças de informação, podem ser arquivadas por fundamentos diversos, dentre eles: a) conduta atípica; b) em razão de causas excludentes da ilicitude; c) causas que podem excluir a culpabilidade; e d) ausência de elementos mínimos que ensejam a propositura de uma ação penal, como os indícios de autoria e materialidade do crime. As hipóteses que ensejam um fato extintivo da punibilidade (art. 397, I, do CPP/1941) também devem ensejar o arquivamento. Quanto à hipótese de justa causa para ação penal, também razão para o arquivamento das investigações (art. 395, III, do CPP/1941), trata-se de tema mais complexo, a demandar análise mais aprofundada para se figurar adequado e legítimo arquivamento, com fundamento nessa hipótese legal. São essas, em geral, as possibilidades sobre as quais se fundamentam o arquivamento de investigações criminais.

Muito já se discutiu sobre o regime jurídico de encerramento das investigações criminais. No regime anterior à Lei Anticrime, havia, basicamente, duas posições antagônicas sobre o tema. A primeira delas afirmava que o arquivamento não é uma decisão judicial, mas administrativa por parte do Ministério Público; a segunda corrente sustentava tratar-se de uma sentença judicial terminativa ou definitiva.

Para Eduardo Espínola Filho,[414] a decisão de arquivamento é do Ministério Público, reservando-se ao juiz apenas tomar conhecimento da deliberação da atuação ministerial. Sérgio Moraes Pitombo,[415] por sua vez, defende que o arquivamento das investigações policiais é uma sentença definitiva terminativa. Já Nestor Távora e Rosmar Rodrigues[416] argumentam que a homologação possui natureza administrativo-judicial, pois emana do magistrado, porém, com decisão proferida em fase pré-processual, logo, imutável pela coisa julgada.

---

[414] ESPÍNOLA FILHO, Eduardo. *Código de Processo Penal brasileiro anotado*. v. I. Rio de Janeiro: Freitas Bastos, 1942, p. 307.
[415] PITOMBO, Sérgio M. Moraes. *Inquérito policial e novas tendências*. Belém: Edições Cejup, 1987, p. 25.
[416] TÁVORA, Nestor; ALENCAR, Rosmar Rodrigues. *Curso de direito processual penal*. 14. ed. Salvador: Juspodivm, 2019, p. 185.

A formação de coisa julgada no arquivamento sempre foi reconhecida pelo STJ[417] e pelo STF[418] através de analogia aos procedimentos de rejeição de denúncia ou queixa, na medida em que nos dois casos se fulmina liminarmente a pretensão punitiva estatal, em uma cognição sumária.

Para Afrânio Silva Jardim e Pierre Souto Maior Coutinho de Amorim,[419] a decisão de se arquivar uma investigação criminal é administrativa, em sentido lato, pois inexiste processo ou jurisdição, mas pode ser oriunda do Poder Judiciário, posto isso, torna-se judicial. Contudo, quando feita de ofício, pelo juiz, sem determinação pelo titular da ação penal, é objeto de divergências.

A partir da análise prévia da função do órgão de acusação no processo penal, nos moldes já estudados do processo penal constitucional, conclui-se que não se deve admitir a determinação de arquivamento de investigações criminais sem o prévio pedido do Ministério Público. Se assim for feito, será admitida a correição parcial para reformar a decisão ou o recurso em sentido estrito – caso tenha como fundamento a decretação da prescrição ou outra causa extintiva da punibilidade (art. 581, VIII, do CPP/1941).

Em decisão plenária, o Supremo Tribunal Federal[420] entendeu que o juiz não pode determinar o arquivamento de ofício sem o pedido do Ministério Público, com supedâneo no sistema acusatório, na medida em que deve haver a inércia do Poder Judiciário, enquanto não estiver formado o entendimento sobre a acusação.

Uma situação mais delicada, que pode interferir no regime de encerramento das investigações criminais e afetar o modelo constitucional do processo penal, diz respeito à decisão de arquivamento de investigações criminais por excesso de prazo, em razão da ineficiência do Estado. Nessas hipóteses, os Tribunais Superiores têm entendimentos diversos.

---

[417] BRASIL. *Supremo Tribunal Federal*. HC 87395, Rel. Ricardo Lewandowski, Tribunal Pleno, j. 23-03-2017, Acórdão Eletrônico DJe-048, Divulg 12-03-2018, Public 13-03-2018.

[418] BRASIL. Superior Tribunal de Justiça. Inq 1.196/DF, Rel. Min. Francisco Falcão, Corte Especial, j. 15-05-2019, DJe 05-06-2019.

[419] JARDIM, Afrânio Silva; AMORIM, Pierre Souto Maior Coutinho de. *Direito processual penal*: estudos, pareceres e crônicas. 15. ed. Salvador: Juspodivm, 2018, p. 300-301.

[420] BRASIL. *Supremo Tribunal Federal*. Inq nº 4420 AgR, Rel. Min. Gilmar Mendes, Segunda Turma, j. 28-08-2018, Acórdão Eletrônico DJe-192, Divulg 12-09-2018, Public 13-09-2018.

O STJ[421] já decidiu que não se pode determinar o arquivamento de inquérito sem o expresso assentimento do titular da ação penal, sob o argumento de que há delonga para o seu encerramento.[422] Em outro sentido, o STJ[423] já aplicou o princípio da duração razoável do processo ao trancar inquérito policial por excesso de prazo, visto que não havia perspectiva para o seu encerramento.[424] Registra-se que o STF,[425] em especial nas decisões do Ministro Gilmar Mendes, vem arquivando investigações criminais pela demora excessiva na apuração.

Em outro Inquérito, nº 4.454/DF no STF,[426] foram invocadas as seguintes razões para o arquivamento: "A pendência de investigação, por prazo irrazoável, sem amparo em suspeita contundente, ofende o direito à razoável duração do processo (art. 5º, LXXVIII, da CF) e a dignidade da pessoa humana (art. 1º, III, da CF)".

No mesmo sentido, na Pet nº 8.186 do STF: "2. Decisão de arquivamento parcial das investigações. Recurso interposto que busca o arquivamento integral. 3. Alegação de ausência de justa causa e de tramitação por prazo desarrazoado. 4. Possibilidade de trancamento de investigações pelo Poder Judiciário".[427]

---

[421] BRASIL. Superior Tribunal de Justiça. AgRg no Inq. nº 140 – DF, Sexta Turma, Rel. Vicente Cernicchiaro, j. 15-04-1998.

[422] Para esclarecer o significado de "desarrazoadamente longa", é necessário analisar os casos concretos.

[423] "[...] 4. Os prazos indicados para a consecução da instrução criminal servem apenas como parâmetro geral, pois variam conforme as peculiaridades de cada processo, razão pela qual a jurisprudência uníssona os tem mitigado, à luz do princípio da razoabilidade. 5. Hipótese em que o inquérito policial, iniciado em 14/12/2015, embora envolva investigação extremamente complexa, encontra-se encerrado desde 9/4/2018. Os autos foram encaminhados ao Ministério Público Federal há cerca de um ano e, desde então, sem nenhuma justificativa apresentada neste feito, aguardam inertes análise para oferecimento da denúncia. 6. Caracterizada a ineficiência estatal, impõe-se o trancamento do inquérito policial por excesso de prazo. 7. Ordem concedida para trancar o referido inquérito policial em relação ao paciente". BRASIL. Superior Tribunal de Justiça. HC 480.079/SP, Rel. Min. Sebastião Reis Júnior, Sexta Turma, j. 11-04-2019, DJe 21-05-2019.

[424] Guilherme Dezem e Luciano Anderson admitem a possibilidade de arquivamento de inquérito policial sem a oitiva do Ministério Público, em hipótese excepcional, desde que a investigação criminal se alongue de maneira desarrazoada, e se não houver justa causa para a sua continuidade. DEZEM, Guilherme Madeira; SOUZA, Luciano Anderson de. Comentários ao Pacote Anticrime: Lei 13.964/2019. São Paulo: Thomson Reuters Brasil, 2020, p. 268-269.

[425] BRASIL. Supremo Tribunal Federal. Inq nº 4458, Rel. Min. Gilmar Mendes, Segunda Turma, j. 11-09-2018.

[426] STF, Inquérito nº 4.454/DF, relator o ministro Gilmar Mendes, d. 29-6-2018.

[427] STF, Pet nº 8.186, rel. min. Edson Fachin, red. do ac. min. Gilmar Mendes, j. 15-12-2020, 2ª T, DJE de 6-4-2021.

O arquivamento de ofício tem sua aceitação nas hipóteses de inquéritos policiais com longa duração, envolvendo situações as quais os investigados estão soltos, decorrendo daí a necessidade de controle. Contudo, há que se verificar o caso concreto.[428] Deve ser medida de extrema excepcionalidade, visto que existe a prescrição como forma de controle de demora para a apuração de fatos criminosos.

O STF[429] já decidiu algumas vezes, em decisões monocráticas, pelo arquivamento de inquéritos originários já instaurados, com seu encerramento sem o pedido do Ministério Público, de forma a caracterizar um certo viés inquisitivo, tendo em vista a intromissão na separação de funções, pois apenas quem procede a investigação conhece os dados de inteligência que estão à disposição, bem como as estratégias que serão usadas para chegar à prova ou mesmo ampliar o universo probatório.

Contudo, não é esse o entendimento da Corte, ao justificar que o "arquivamento do inquérito pelo Poder Judiciário sem prévio requerimento do titular da ação penal, longe de configurar ofensa ao sistema acusatório, concretiza sim poder-dever do magistrado, que, na fase pré-processual da persecução penal, atua como juiz de garantias".[430]

Em outros casos, o STF[431] já decidiu de forma monocrática o encerramento prematuro dos inquéritos originários mesmo que houvesse fundamento para o declínio de competência para outros Tribunais.

Também o STF[432] encerrou as investigações criminais com fundamento na dignidade da pessoa humana, porém, sem esclarecer qual fato que se enquadra e em qual medida há violação de um princípio constitucional tão caro ao Estado de Direito.

Ainda o STF, através do Inquérito nº 4.429/DF, rel. min. Alexandre de Moraes, envolvendo-se de forma inadequada nas

---

[428] Ao analisar o tema do excesso de prazo, Andrey Borges de Mendonça pondera três critérios, na linha da jurisprudência da Corte Europeia de Direitos Humanos: "a) as circunstâncias particulares de cada caso e a complexidade do feito; b) a conduta processual das partes, em especial do acusado; c) a atuação das autoridades responsáveis pela condução do processo, sejam administrativas ou judiciais". MENDONÇA, Andrey Borges. *Código de Processo Penal comentado*. 3. ed. São Paulo: RT, 2020, p. 134.

[429] STF, Inq nº 4391 AgR, Relator(a): DIAS TOFFOLI, Segunda Turma, julgado em 22.09.2020, PUBLIC 01-03-2021 e. Inq nº 4454 AgR, Relator(a): GILMAR MENDES, Relator(a) p/ Acórdão: RICARDO LEWANDOWSKI, Segunda Turma, julgado em 12.02.2019, PUBLIC 31-07-2020.

[430] STF, Inq nº 4.391 AgR, rel. min. Dias Toffoli, j. 22-9-2020, 2ª T, *DJE* de 1º-3-2021.

[431] STF, Inq nº 4441 AgR, Relator(a): DIAS TOFFOLI, Segunda Turma, julgado em 22.09.2020, DIVULG 19-11-2020 PUBLIC 20-11-2020; e Inq 4215, Relator(a): EDSON FACHIN, Segunda Turma, julgado em 03.12.2019, PUBLIC 18-11-2020.

[432] STF, Inq nº 4244 AgR, Relator(a): GILMAR MENDES, Relator(a) p/ Acórdão: RICARDO LEWANDOWSKI, Segunda Turma, julgado em 20.11.2018, PUBLIC 20-07-2020

estratégias investigatórias, arquivou investigação de forma monocrática e de ofício, indeferindo provas requeridas pelo Ministério Público, de forma a violar o princípio acusatório, passando de um juiz de garantias a um juiz investigador.

Não há na lei nem jurisprudência firmada sobre a questão da possibilidade de arquivamento sem pedido do Ministério Público, razão pela qual há necessidade de haver mudanças estruturais no processo penal brasileiro, bem como uma atenção voltada às investigações originárias no STF, em especial, pois seus casos de foro especial podem influenciar na decisão de juízes brasileiros.

O sistema de arquivamento das investigações criminais, anterior à Lei nº 13.964/2019, indica a responsabilidade de dois órgãos distintos, o Ministério Público e o Poder Judiciário, pois ambos participam do ato, ou seja, exerça-se um controle duplo: judicial e administrativo.

O Ministério Público propõe o arquivamento, e os autos são enviados ao juiz para aceitá-lo ou dele discordar (controle judicial). Na segunda hipótese, aplica-se a previsão legal do art. 28 do CPP/1941. O controle judicial do arquivamento das investigações criminais tem como fundamento fiscalizar e preservar o "princípio da obrigatoriedade"; em seguida, trata-se do exercício de um controle interno por parte da chefia do Ministério Público. Uma vez deferido o arquivamento dos autos, não haverá coisa julgada (Súmula nº 524 do STF e art. 18 do CPP/1941).

No regime anterior, não havia previsão de qualquer recurso do ofendido contra o pedido de arquivamento do Ministério Público, com uma característica autêntica de irrecorribilidade, salvo nas hipóteses previstas em leis específicas ou, ainda, em razão de criação jurisprudencial que trataram do tema.[433] Se discordasse do arquivamento, ao se aplicar o art. 28 do CPP/1941, facultava-se ao Chefe do Ministério Público (Procurador-Geral de Justiça, nos Estados e Procurador-Geral da República, na competência federal): 1. oferecer ele próprio a denúncia; 2. designar outro membro do Ministério Público; 3. insistir no arquivamento; 4. determinar outras diligências.

Se o magistrado não concordar com o arquivamento, não será possível devolvê-lo ao Ministério Público para reavaliar o caso, mas

---

[433] A doutrina aponta algumas hipóteses em que há possibilidade de recurso de arquivamento de investigações criminais: crimes contra a economia popular ou contra a saúde pública: o art. 7º da Lei nº 1521/1951 prevê que o juiz deverá recorrer de ofício sempre que determinar o arquivamento de inquérito que apure crime contra a economia popular ou saúde pública; Contravenção do jogo do bicho e aposta de cavalos fora do hipódromo: o parágrafo único do art. 6º da Lei nº 1508/1951 prevê a possibilidade de interposição de recurso em sentido estrito, se houver arquivamento da representação.

deve-se aplicar o art. 28 do CPP/1941. No entanto, o STJ[434] já decidiu que, nessa mesma hipótese, ainda que não aplicado o art. 28 do CPP/1941, não há nulidade, tendo em vista que se busca a prevalência da verdade real, e não o mero formalismo.

Ainda que se trate de questão controvertida, a jurisprudência já admitiu o magistrado enviar novamente os autos ao Ministério Público para este ratificar ou não o seu arquivamento, na hipótese de se verificar algum equívoco na análise dos fatos, por exemplo, na contagem errada do prazo prescricional.[435]

Antes de a Lei Anticrime modificar o regime de encerramento das investigações criminais, a doutrina já debatia a necessidade ou não do arquivamento de investigações criminais se submeter ao crivo judicial, pois, dessa forma, seria necessário o juiz emitir um juízo a respeito dos fatos analisados, em afronta direta ao sistema acusatório. Ao impedir o arquivamento, poderia ser emitido um juízo de que haveria provas, levando o magistrado a perder sua imparcialidade para julgar o caso e ferindo o sistema acusatório. Por isso, sustenta-se na doutrina que o controle do arquivamento deve ser feito apenas pelo Ministério Público, por exercer o monopólio da ação penal, conforme determina a Constituição Federal de 1988.

Discute-se, ainda, sobre a necessidade da submissão de eventual pedido (requerimento) ao juiz para o desarquivamento de investigações. A doutrina afirma que não se pode prejudicar ou debilitar a atividade de persecução penal do Estado, ou seja, o ato de desarquivamento não deve ser submetido ao crivo judicial, visto que essa conduta constitui indevida intromissão judicial numa mera investigação de cunho administrativo. Trata-se de função anômala, pois despida de caráter jurisdicional, prejudicando a sua indispensável imparcialidade – além disso, inexistirá recurso contra eventual indeferimento. A atividade judicial limita-se ao controle do desarquivamento quando da análise do recebimento da denúncia, podendo rejeitá-la se baseado em desarquivamento de investigações lastreadas em ausência de novas provas.

---

[434] "O Juiz, ao receber os autos do Promotor com pedido de arquivamento do inquérito policial, pode devolvê-los ao membro do *Parquet* para melhor análise do feito, em consideração a novos elementos de prova, possibilitando-lhe outra oportunidade para a promoção da ação penal. Inexistência de cominação de nulidade. Recurso improvido" BRASIL. Superior Tribunal de Justiça. RHC nº 14.048/RN, Rel. Min. Paulo Gallotti, rel. p/ Acórdão Ministro Paulo Medina, Sexta Turma, j. 10-06-2003, DJ 20-10-2003, p. 299.

[435] MENDONÇA, Andrey Borges. *Código de Processo Penal comentado.* 3. ed. São Paulo: RT, 2020, p. 139.

O desarquivamento deve ocorrer através de uma decisão do Ministério Público, fundada em novas provas[436] e, se necessárias, novas diligências para a continuidade das investigações.

As razões de ordem prática relacionadas ao desarquivamento das investigações criminais devem ser resolvidas no âmbito interno de cada Ministério Público, dentro de suas respectivas leis orgânicas – em não sendo previsto, o órgão de execução poderá promover o desarquivamento.

Caso o arquivamento tenha ocorrido após a manifestação do Procurador-Geral de Justiça ou o Chefe da Instituição ministerial, somente a ele caberá o desarquivamento, em respeito à hierarquia institucional.

A reforma do CPP/1941, sob as luzes da Lei nº 13.964/2019, modificou substancialmente essa questão, trazendo para o texto legislativo entendimento anterior escorado na doutrina.

Ao promover as alterações do art. 28 do CPP/1941, a Lei Anticrime retirou da análise judicial o ato de encerramento das investigações judiciais, transformando esse ato em uma decisão administrativa de não acusar. A promoção dessa alteração ajustou o encerramento das investigações criminais ao sistema processual penal constitucional.

Assim, a última palavra sobre a promoção ou não da ação penal pública pelo Ministério Público possui arrimo no princípio constitucional da autonomia funcional, a condicionar o conhecimento da matéria pelo Poder Judiciário.[437]

Embora não tenham sido modificados dispositivos semelhantes relacionados aos arquivamentos de inquéritos policiais eleitorais e militares (art. 357, §1º, do CE e art. 397, §1º, do CPPM), estes podem ser aplicados de forma analógica à redação modificada do art. 28 do CPP/1941, nos termos do art. 3º do CPP/1941, mantendo a integridade e a lógica do sistema de arquivamentos de investigações criminais.

Esse controle judicial imposto legalmente era interpretado como fundamento de um mecanismo para controle externo do princípio da obrigatoriedade da ação penal pública. Porém, considerando todos os aspectos envolvendo a mitigação e os questionamentos sobre o princípio

---

[436] Súmula nº 524 do STF: "Arquivado o inquérito policial, por despacho do juiz, a requerimento do promotor de justiça, não pode a ação penal ser iniciada, sem novas provas".

[437] MAZZILLI, Hugo Nigro. Os limites da autonomia e da independência funcionais no Ministério Público Brasileiro. *In*: SABELLA, Walter Paulo; DAL POZZO, Antônio Araldo Ferraz; BURLE FILHO, José Emmanuel (coord.). *Ministério Público*: vinte e cinco anos do novo perfil constitucional. São Paulo: Malheiros, 2013, p. 241.

da obrigatoriedade, essa fiscalização não se justifica, derrubando, definitivamente, a existência da obrigatoriedade da ação penal pública.

Portanto, muda-se o foco em relação ao controle dos arquivamentos das investigações criminais, ou seja, não mais se busca preservar o princípio da obrigatoriedade da ação penal pública,[438] mas controlar os parâmetros discricionários regrados que impulsionam os arquivamentos das investigações criminais.

Nesse contexto, uma primeira questão diz respeito à natureza jurídica do regime de encerramento das investigações criminais. Segundo a redação antiga, o arquivamento era um ato complexo,[439] pois exigia ato de agentes ou de órgãos diversos, tendo em vista a necessidade de manifestação do Ministério Público, e, posteriormente, do Poder Judiciário. Contudo, conforme a nova redação, o ato administrativo necessita de um reexame obrigatório, tratando-se, pois, de um ato administrativo composto.[440]

Uma vez encerradas as investigações criminais, o Ministério Público poderá: a) declinar a atribuição para outro órgão do Ministério Público (Federal ou Estadual); b) requisitar novas diligências diretamente (art. 47 do CPP/1941); c) requisitar novas diligências indiretamente (art. 16 do CPP/1941); d) viabilizar o acordo de não persecução penal, se preenchidos os requisitos legais (art. 28-A, do CPP/1941); e) oferecer a transação penal, na hipótese de infrações de menor potencial ofensivo (art. 76 da Lei nº 9.099/1995); f) na hipótese de organização criminosa, promover o acordo de não denunciar (art. 4º, §4º, da Lei nº 12.850/2013); g) arquivar o procedimento e submeter sua decisão a homologação obrigatória (reexame administrativo necessário); ou h) oferecer a denúncia para iniciar a ação penal.

Pelo novo sistema, o Ministério Público "ordena" o arquivamento, decidindo pelo encerramento das investigações criminais, sem mais submeter essa apreciação ao Poder Judiciário. A modificação legal retirou a participação do julgador nos arquivamentos e permitiu que se impedisse parcialidade em razão de futuro julgamento. Tratava-se de

---

[438] Nesse sentido Andrey Borges de Mendonça, ao afirmar que a nova redação do art. 28 do CPP/1941 excluiu do Poder Judiciário a função atípica de controle do princípio da obrigatoriedade. MENDONÇA, Andrey Borges. *Código de Processo Penal comentado*. 3. ed. São Paulo: RT, 2020, p. 131.

[439] Segundo Hely Lopes Meirelles: Ato complexo: é o que se forma pela conjugação de vontades de mais um órgão administrativo. MEIRELLES, Hely Lopes. *Direito administrativo brasileiro*. 39. ed. São Paulo: Malheiros, 2013, p. 182.

[440] Segundo Hely Lopes Meirelles: Ato composto: é o que resulta da vontade única de um órgão, mas depende da verificação por parte de outro, para se tornar exequível. MEIRELLES, Hely Lopes. *Direito administrativo brasileiro*. 39.. ed. São Paulo: Malheiros, 2013, p. 182.

uma participação indevida, além de ser considerada uma competência "anômala" do magistrado. Diante disso, era necessário zelar pela manutenção do princípio da unidade do Ministério Público, incluindo a possibilidade de se garantir políticas criminais institucionais, visto que os arquivamentos, no passado, eram submetidos a vários juízes, com diferentes competências e em localidades distintas. Ainda, é possível afirmar que essa função judicial não encontrava amparo no sistema acusatório previsto na Constituição Federal de 1988.

A retirada do caráter judicial dos arquivamentos, através da alteração no CPP/1941, tornou o ato integralmente administrativo, sem jurisdição; dessa feita, desaparece a identidade mínima de razões entre a decisão de arquivamento e o pronunciamento judicial de não recebimento ou rejeição da peça inicial acusatória. Não se permite mais a analogia para conferir aos arquivamentos a coisa julgada, caindo por terra as decisões dos Tribunais Superiores.

Outro ponto modificado pelo art. 28 do CPP/1941: a nova redação deixou de conferir ao órgão revisor a atribuição para oferecer a denúncia, ou seja, não há mais a figura do *longa manus*, mas a designação para outro membro do Ministério Público firmar a peça acusatória como se sua fosse. Este último, por sua vez, com amparo na independência funcional, poderá recusar a delegação se também entender ser caso de arquivamento, levando o órgão revisor a designar outro membro.[441]

A previsão legal no novo regime de encerramento das investigações criminais do reexame administrativo é outro ponto que tem rendido intensos debates na doutrina. Alguns sustentam que, conforme expressa previsão legal, a decisão de arquivar deve ser submetida a controle hierárquico, para homologação ou revisão. Esse mecanismo, segundo essa corrente,

> garante a *accountability* horizontal, para resguardar o interesse público, tem em conta o interesse da vítima e é compatível com o princípio da unidade institucional do Ministério Público, permitindo que os procuradores-Gerais de fato orientem a política criminal da instituição, de modo uniforme, sem violação de outro princípio constitucional igualmente importante, o da independência funcional.[442]

---

[441] PAULO, Marcos; SANTOS, Dutra. *Comentários ao Pacote Anticrime*. 2. ed. Rio de Janeiro: Método, 2022, p. 145-146.

[442] ARAS, Vladimir; BARROS, Francisco Dirceu. *Comentários ao Pacote Anticrime (3)*: O arquivamento do inquérito policial pelo Ministério Público após a Lei Anticrime. Disponível em: https://vladimiraras.blog/2020/05/05/comentarios-ao-pacote-anticrime-3-o-arquivamento-do-inquerito-policial-pelo-ministerio-publico-apos-a-lei-anticrime/. Acesso em: 18 jun. 2021.

Parte da doutrina aponta que essa medida ofende a presunção de inocência e a inafastabilidade da jurisdição, pois obriga a homologação superior a uma manifestação de vontade já externada pelo titular da ação penal, desencadeando, no que tange ao reexame administrativo necessário, uma inconstitucionalidade.[443] Nesse sentido, João Pedro Gebran Neto, Bianca Geórgia Cruz Arenhart e Luís Fernando Gomes Marona afirmam que submeter o investigado "a uma ratificação obrigatória, atípica e desnecessária, [é] como se houvesse uma desconfiança em relação ao membro do Ministério Público que já concluiu pela inviabilidade da investigação".[444]

Para os autores, é preferível manter a sistemática anterior, com a possibilidade de o magistrado, se discordar do arquivamento, remeter à instância superior do Ministério Público.

A sistemática para essa hipótese seria afeta à competência de um "juiz das garantias", na medida em que estes possuem competência para analisar a legalidade da investigação, a preservação de direitos fundamentais do investigado e a decisão para dilação de prazo para réu preso (art. 3º-B, §2º, do CPP/1941), incluindo o controle de legalidade do âmbito do acordo de não persecução penal. Esses dispositivos estabelecem a responsabilidade do juiz das garantias pelo controle da legalidade das investigações criminais e a salvaguarda de direitos individuais.

Atualmente, a Resolução nº 174/17 do CNMP, art. 4º, §1º, ao regulamentar as notícias de fatos e o procedimento administrativo, permite o arquivamento de notícias de fatos, incluindo as de natureza criminal (art. 6º), sem submissão aos órgãos superiores, em diversas hipóteses. Dentre elas, destacam-se o fato narrado já tiver sido objeto de investigação ou de ação judicial ou já se encontrar solucionado; a lesão ao bem jurídico tutelado for manifestamente insignificante, nos termos de jurisprudência consolidada ou orientação do Conselho Superior ou de Câmara de Coordenação e Revisão; for desprovida de elementos de prova ou de informação mínimos para o início de uma apuração, e o noticiante não atender à intimação para complementá-la;

---

[443] GEBRAN NETO, João Pedro; ARENHART, Bianca Geórgia Cruz; MANORA, Luís Fernando Gomes. *Comentários ao novo inquérito policial*: juiz das garantias, arquivamento e acordo de não persecução penal: conforme a Lei nº 13.964/2019. São Paulo: Quartier Latin, 2021, p. 186.

[444] GEBRAN NETO, João Pedro; ARENHART, Bianca Geórgia Cruz; MANORA, Luís Fernando Gomes. *Comentários ao novo inquérito policial*: juiz das garantias, arquivamento e acordo de não persecução penal: conforme a Lei nº 13.964/2019. São Paulo: Quartier Latin, 2021, p. 173.

ou ainda, quando o fato narrado não configurar lesão ou ameaça de lesão aos interesses ou direitos tutelados pelo Ministério Público ou for incompreensível; além disso, quando seu objeto puder ser solucionado em atuação mais ampla e mais resolutiva, mediante ações, projetos e programas alinhados ao Planejamento Estratégico de cada ramo, com vistas à concretização da unidade institucional.

Nota-se que é possível estabelecer filtros para enviar os autos de arquivamento das investigações criminais, sem necessidade de todos serem submetidos ao reexame necessário.

Ademais, de qualquer forma, há que se comunicar ao juiz das garantias o arquivamento dos autos de investigação criminal para se proceder a baixa do registro do procedimento investigatório cuja comunicação é imposição da lei (art. 3º-B, IV, do CPP/1941), e para se acautelar na secretaria do juízo os autos de investigação dando acesso às partes (art. 3º-C, §4º, do CPP/1941).

A Lei Anticrime, ao alterar o CPP/1941 e inserir o juiz das garantias, previu sua competência para determinar o "trancamento do inquérito policial"[445] quando não houver fundamento razoável para sua instauração ou prosseguimento (art. 3º-B, IX, do CPP/1941).[446]

O controle administrativo do arquivamento das investigações criminais, realizado pela autoridade ministerial hierárquica, não viola o princípio do contraditório, pois há uma enorme gama de competências do magistrado ao longo da etapa pré-processual.

Critica-se a modificação ao exigir que todas as manifestações de arquivamento de investigações criminais devam ser enviadas aos órgãos

---

[445] Esse controle de investigação criminal do juiz das garantias sobre o órgão acusador deve ser analisado com cuidado, pois o sistema acusatório pode ser ferido de morte, na medida em que se o Poder Judiciário impedir o órgão acusador de investigar, por via transversa admite-se um sistema inquisitivo, não em razão da gestão de provas pelo magistrado, mas no impedimento de acesso às provas pela acusação em razão da atuação do magistrado para formar a convicção para que haja ou não a acusação. Não por outras razões Vladimir Aras e Dirceu Barros apontam pela inconstitucionalidade dessa previsão, ao mencionar "fundamento razoável", tratando-se de uma inovação que não possui lugar nos quadros doutrinários e jurisprudenciais. Adverte-se que não se trata da mesma hipótese de concessão de *habeas corpus* para trancamento da ação penal, situação essa já muito bem excepcionada na doutrina e na jurisprudência.

[446] Sobre o "trancamento do inquérito policial", Afrânio Silva Jardim considera confusa essa expressão, tendo em vista que os efeitos dessa decisão são os mesmos da decisão de arquivamento de uma investigação criminal. Nesse sentido, o juiz das garantias não pode fazê-la de ofício, mas apenas por provocação do investigado ou do próprio Ministério Público, que sempre deverá ser ouvido. JARDIM, Afrânio Silva. Primeiras impressões sobre a lei nº 13.964/19. Site Migalhas. 17 jan. 2020. Disponível em https://www.migalhas.com.br/depeso/318477/primeiras-impressoes-sobre-a-lei-13-964-19--aspectos-processuais Acesso em: 15 jun. 2021.

revisores, na medida em que o art. 28, §1º, prevê que a vítima poderá submeter o arquivamento à instância de revisão do Ministério Público. Ora, se o reexame administrativo do arquivamento fosse obrigatório, não haveria sentido a disposição legal mencionada.[447]

Discordar do reexame administrativo obrigatório não significa impedir um mecanismo de democratização no sistema criminal e *accountability* da decisão de "não acusar", pois o próprio sistema criminal oferece os meios para se efetuar o controle sobre o arquivamento de investigação criminal, como mencionado neste livro. Porém, alguns ainda sustentam que é necessário aguardar, obrigatoriamente, uma decisão administrativa superior e hierárquica, como um órgão revisor, para homologar a decisão, conforme prevê a alteração do art. 28 do CPP/1941.

A revisão da decisão de arquivamento do titular da ação penal deve ser fundamentada em critérios técnicos embasados na ausência de condições da ação penal, e não em razão de uma homologação de ofício. Aliás, a sistemática anterior previa essa análise, pois o magistrado só encaminhava a revisão do arquivamento lastreado em critérios e em fundamentação técnica, mas não em todas as hipóteses.

O modificado art. 28 do CPP/1941 não estabelece qual é a instância ministerial para homologar o arquivamento das investigações criminais, remetendo a função à disposição legal ao utilizar os termos "na forma da lei" e "conforme dispuser a respectiva lei orgânica".

No âmbito dos Ministérios Públicos Estaduais, a Lei Orgânica Nacional do Ministério Público é omissa na questão, pois não indica qual seria o órgão de revisão dos arquivamentos de investigações criminais. Por certo, as Leis Orgânicas Estaduais podem disciplinar a questão, mas se não o fizer, há duas possibilidades, segundo a doutrina, para se enfrentar a questão: a) caberá ao Procurador-Geral de Justiça a função de revisar; ou b) caberá ao Conselho Superior, por analogia ao procedimento administrativo de arquivamento do inquérito civil.

Esclareça-se que, inicialmente, no âmbito do Ministério Público Federal, já havia disposição legal prevista, qual seja, a Câmara de Coordenação e Revisão (art. 62, IV, da Lei Orgânica do Ministério

---

[447] Vinícius Gomes Vasconcellos afirma que a disposição da lei é confusa, pois ao mesmo tempo que determina a revisão do arquivamento obrigatória, ao possibilitar à vítima tal revisão, condiciona o seu pedido a um pedido. Essa incongruência, na visão do autor, somente poderá ser resolvida no âmbito de uma regulamentação interna do Ministério Público. VASCONCELLOS, Vinicius Gomes de. Comentários sobre as alterações processuais aprovadas pelo Congresso Nacional no Pacote Anticrime modificado (PL 6.341/2019). *Conjur*. Disponível em: https://www.conjur.com.br/dl/modificacoes-processuais-projeto.pdf. Acesso em: 01 jun. 2022.

Público da União), antes mesmo da decisão do PGR (MPF), PGJM (MPM) ou PGJ.

Quando os arquivamentos das investigações criminais decorrerem de juízes eleitorais, por promotores eleitorais, os autos serão enviados à 2ª Câmara de Coordenação e Revisão do MPF,[448] para os fins do art. 28 do CPP/1941.

O art. 28 do CPP/1941, ao fixar que a instância revisora será definida por "lei", permite o entendimento de que poderá tratar-se de um "ato normativo", possibilitando, assim, sua disciplina pelo CNMP, tendo em vista tratar-se de uma questão administrativa, *interna corporis*, portanto, dentro das atribuições previstas no art. 130-A, §2º, da CF/1988, trazendo uniformidade e segurança jurídica à matéria.[449]

Uma primeira opção, quando alterada a sistemática do art. 28 do CPP/1941, era a permanência da forma adotada pela revisão anterior, que previa a remessa dos autos de arquivamento ao Procurador-Geral de Justiça, que tinha a atribuição para decidir sobre a manutenção ou não do arquivamento. A indicação da autoridade revisora não decorria (e nem decorre) da Lei Orgânica do Ministério Público, mas da norma alterada, ou seja, do próprio CPP/1941.

Assim, as instâncias nos Estados e no Ministério Público Federal poderão valer-se do sistema antigo de revisão, no entanto, os Procuradores-Gerais deverão ter regulamentada a criação de algum órgão interno para analisar as revisões dos arquivamentos das investigações, quando necessárias.

Por certo, uma lei estadual não pode tratar do tema específico do regime de encerramento das investigações para além do disposto na legislação processual penal, pois se trata de matéria de competência da União, embora leis possam distribuir internamente as atribuições relativas a arquivamento criminal, com fundamento em uma regra nacional.

Outra opção é a possibilidade[450] de utilizar-se da analogia prevista ao arquivamento do inquérito civil para a revisão dos arquivamentos

---

[448] Enunciado 29 do MPF: "Compete à 2ª Câmara de Coordenação e Revisão do Ministério Público Federal manifestar-se nas hipóteses em que o Juiz Eleitoral considerar improcedentes as razões invocadas pelo Promotor Eleitoral ao requerer o arquivamento de inquérito policial ou de peças de informação, derrogado o art. 357, §1º, do Código Eleitoral pelo art. 62, inc. IV da Lei Complementar nº 75/93".

[449] PAULO, Marcos; SANTOS, Dutra. *Comentários ao Pacote Anticrime*. 2. ed. Rio de Janeiro: Método, 2022, p. 147.

[450] MENDONÇA, Andrey Borges. *Código de Processo Penal comentado*. 3. ed. São Paulo: RT, 2020, p. 152. Dentre os argumentos está o controle da revisão por um órgão colegiado, evitando-se concentração de poderes e as vantagens democráticas pertencentes a um órgão colegiado de poder revisional.

das investigações criminais. Sobre esse ponto, Vladimir Aras e Francisco Dirceu Barros[451] observam que as disposições relativas à homologação dos arquivamentos de inquéritos civis são matéria de processo civil, assim, não devem ser aplicadas subsidiariamente ao tema de processo penal em razão da diversidade da matéria.

Na hipótese de arquivamentos de investigações de agentes ou autoridades com prerrogativa de função, a Lei Orgânica Nacional do Ministério Público prevê atribuição do Colégio de Procuradores de Justiça a revisão da decisão do procurador-geral, mediante o requerimento de legítimo interessado (art. 12, XI).

Então, nessas hipóteses, haverá o reexame administrativo do arquivamento de autoridades com foro de prerrogativa de função?

Para Vladimir Aras e Francisco Dirceu Barros,[452] na competência originária do Procurador-Geral de Justiça, na hipótese de foro por prerrogativa de função, não existe submissão ao controle interno obrigatório.

Nas ações penais que tramitam perante o Supremo Tribunal Federal e o Superior Tribunal de Justiça, é de competência do relator determinar o arquivamento das investigações criminais, quando o requerer o Ministério Público, ou submeter o requerimento à decisão competente do Tribunal (art. 3º, I, da Lei nº 8.038/1990).

Já decidiu o STF que a determinação de arquivamento realizado pelo Ministério Público não pode ser revista pelo Poder Judiciário (PET nº 2.509/MG, MS nº 34.730), porém, com a ressalva de recusar o fundamento invocado pelo Procurador-Geral da República, se substancial, diante da possibilidade de formar coisa julgada material, por exemplo, reconhecer a atipicidade da conduta. Porém, em razão do modelo de sistema constitucional vigente, a Corte não pode obrigar o Ministério Público a propor a inicial acusatória, operando-se o arquivamento sem o manto da coisa julgada material. Essa irrecusabilidade da promoção de arquivamento já levou o STF a decidir pela desnecessidade de submissão à chancela judicial.[453]

---

[451] ARAS, Vladimir; BARROS, Francisco Dirceu. *Comentários ao Pacote Anticrime (3)*: O arquivamento do inquérito policial pelo Ministério Público após a Lei Anticrime. Disponível em: https://vladimiraras.blog/2020/05/05/comentarios-ao-pacote-anticrime-3-o-arquivamento-do-inquerito-policial-pelo-ministerio-publico-apos-a-lei-anticrime/. Acesso em: 18 jun. 2021.

[452] ARAS, Vladimir; BARROS, Francisco Dirceu. *Comentários ao Pacote Anticrime (3)*: O arquivamento do inquérito policial pelo Ministério Público após a Lei Anticrime. Disponível em: https://vladimiraras.blog/2020/05/05/comentarios-ao-pacote-anticrime-3-o-arquivamento-do-inquerito-policial-pelo-ministerio-publico-apos-a-lei-anticrime/. Acesso em: 18 jun. 2021.

[453] BRASIL. *Supremo Tribunal Federal*. MS 34730, Rel. Luiz Fux, Primeira Turma, j. 10-12-2019, Processo Eletrônico DJe-069, Divulg 23-03-2020, Public 24-03-2020.

No mesmo sentido, apoiado no sistema de processo penal constitucional, o STJ, através da Corte Especial, entendeu que a determinação de arquivamento realizada pela Procuradoria-Geral da República não admite contrariedade, pois, se admitido, estaria sendo violada a cláusula constitucional de independência funcional do Chefe do Ministério Público.[454]

O reexame administrativo da decisão de arquivamento criminal certamente causará enorme impacto na estrutura ministerial,[455] com reflexos na sua gestão administrativa e financeira, cuja realidade não pode ser desconsiderada.[456] Como solução, já se observa a possibilidade de se criar enunciados administrativos que valham para fundamentar o arquivamento de novos casos penais no âmbito do Ministério Público[457] e que possam servir como instrumento de condução de política criminal institucional, de maneira a construir uma atuação ministerial mais célere e emparelhada com a realidade atual, conferindo segurança jurídica e unidade institucional.

Assim, como sugerem Vladimir Aras e Francisco Dirceu Barros,[458] não há necessidade de submeter a decisão de revisão obrigatória quando fundada em enunciado ou orientação de câmara de coordenação, de centro de apoio operacional ou, ainda, do próprio órgão revisor.

Flávio Eduardo Turessi[459] sustenta que há de se pensar na restrição do envio de todos os arquivamentos de investigações criminais, de maneira a se refletir sobre a construção de uma política criminal para racionalizar e otimizar o trabalho do Ministério Público. Por isso, na

---

[454] BRASIL. Superior Tribunal de Justiça. Sd 748/DF, Rel. Min. Og Fernandes, Corte Especial, j. 16-10-2019, *DJe* 12-11-2019.

[455] Só no Ministério Público de São Paulo, as análises sobre questões afetas ao art. 28 do CPP/1941 saltariam de 829 para 174.822, ou seja, uma análise obrigatória de 14.500 feitos por mês.

[456] GEBRAN NETO, João Pedro; ARENHART, Bianca Geórgia Cruz; MANORA, Luís Fernando Gomes. *Comentários ao novo inquérito policial*: juiz das garantias, arquivamento e acordo de não persecução penal: conforme a Lei nº 13.964/2019. São Paulo: Quartier Latin, 2021, p. 190.

[457] Nesse sentido o Enunciado nº 12 do CNPG: "O órgão revisor do Ministério Público poderá constituir jurisprudência própria, em enunciados cujo conteúdo servirá de fundamento para o arquivamento pelos órgãos de execução".

[458] ARAS, Vladimir; BARROS, Francisco Dirceu. *Comentários ao Pacote Anticrime (3)*: o arquivamento do inquérito policial pelo Ministério Público após a Lei Anticrime. Disponível em: https://vladimiraras.blog/2020/05/05/comentarios-ao-pacote-anticrime-3-o-arquivamento-do-inquerito-policial-pelo-ministerio-publico-apos-a-lei-anticrime/. Acesso em: 18 jun. 2021.

[459] TURESI, Flávio Eduardo. *Justiça penal negociada e criminalidade macroeconômica organizada*: o papel da política criminal na construção da ciência global do direito penal. Salvador: Juspodivm, 2019, p. 100.

visão do autor, será relevante o trabalho de Enunciados dos órgãos e instâncias de revisão.

Ainda, será possível pensar na instituição, por lei, de recurso do interessado ao órgão superior do Ministério Público, sem prejuízo do controle judicial já existente. Este órgão poderia ser constituído por uma única Câmara, de membros do Ministério Público, com notório e destacado saber na área criminal, organizado por critérios técnicos e objetivos, sem eleições, como forma de isentar os membros das preocupações próprias decorrentes de atividades políticas cujas decisões deverão ter o crivo do seu presidente nato, o procurador-geral.

Seria uma forma de implementar no Ministério Público uma política criminal transparente, pautada em critérios técnicos e objetivos, respeitando a unidade, admitindo a participação popular na administração da justiça, sem interferência na sua independência funcional.

Também está no rol de alterações do art. 28 do CPP/1941, §§1º e 2º, a possibilidade de a vítima se insurgir contra a decisão de arquivamento das investigações criminais caso discorde desse encaminhamento. Antes das recentes alterações legais, o STJ[460] já havia se manifestado argumentando que o interesse da vítima não poderia se sobrepor à manifestação do órgão do Estado encarregado da acusação penal.

Os Tribunais Superiores já estavam decidindo pela inconstitucionalidade de se criar, pela via administrativa, um mecanismo de impugnação da manifestação de vontade fundamentada do Ministério Público no exercício da titularidade da ação penal.[461] As decisões mencionadas não possuíam como referência a contemplação da vítima no processo penal, cuja figura sempre foi relegada (havia preocupação judicial com a vítima apenas quanto a sua atuação na esfera cível). Aos poucos, foram introduzidas mudanças significativas que contemplaram sua participação no âmbito do processo penal, igualmente ao ocorrido a partir da introdução da Lei dos Juizados Especiais.

Ao contemplar a possibilidade de a vítima concretamente impugnar a decisão de "não acusar", busca-se, além da efetiva reparação do dano, o controle da legalidade da decisão de arquivamento. Alguns sustentam que a impugnação da vítima deve ocorrer via advogado, tendo em vista a imprescindibilidade da sua intervenção (art. 133 da

---

[460] BRASIL. Superior Tribunal de Justiça. MS nº 56.432/SP, Rel. Min. Jorge Mussi, Quinta Turma, j. 02-08-2018, DJe 22-08-2018.

[461] BRASIL. Superior Tribunal de Justiça. RMS nº 38.486/SP, Rel. Min. Ribeiro Dantas, Quinta Turma, j. 05-04-2016, DJe 15-04-2016.

CF/1988), na medida em que inexiste emergência a justificar uma capacidade postulatória à vítima. Além disso, suas exceções são previstas no CPP/1941 e devem ser interpretadas restritivamente. Porém, nada impede que a vítima envie peças informativas à acusação no intuito de melhor subsidiar a instância de revisão na homologação, dispensando o advogado (art. 27 do CPP/1941, por analogia)[462].

Há quem entenda[463] que não se trata de um mero recurso administrativo, mas de um ato administrativo ainda não finalizado, a depender de homologação da administração superior. Nesse sentido, reforça-se a tese de que não há inconstitucionalidade na insurgência pela vítima, ainda que prevaleça a sua vontade, considerando questões ligadas às condições da ação.

Discute-se, ainda, embora não previsto na modificação da Lei Anticrime, se o investigado e a própria autoridade policial podem apresentar à instância revisional as razões para o arquivamento ser ou não homologado.

Ao investigado, segundo explicam Jacinto Nelson de Miranda Coutinho e Ana Maria Murata,[464] em razão do interesse em defender o arquivamento, aplica-se por interpretação o art. 5º, L, da CF/1988, o procedimento contraditório, em simétrica paridade e sem decisões surpresas, com ofensa à isonomia. Sem razão os autores, pois não se trata de hipótese de simétrica paridade, tendo em vista que o próprio órgão de acusação no arquivamento já se manifestou pelo ato de "não acusar", faltando interesse jurídico do investigado em nova manifestação. Diante disso, a surpresa, no caso de modificação da decisão, será tanto da defesa como da acusação natural, preservada aí a isonomia.

Ademais, nas investigações criminais, embora estejam previstos direitos e garantias aos investigados, não há que se falar em contraditório, conforme posicionamento majoritário da doutrina. A investigação criminal nada mais é do que, quando feita por um agente público, um ato administrativo, que possui a função de colher elementos para

---

[462] PAULO, Marcos; SANTOS, Dutra. *Comentários ao Pacote Anticrime*. 2. ed. Rio de Janeiro: Método, 2022, p. 147.
[463] GEBRAN NETO, João Pedro; ARENHART, Bianca Geórgia Cruz; MANORA, Luís Fernando Gomes. *Comentários ao novo inquérito policial*: juiz das garantias, arquivamento e acordo de não persecução penal: conforme a Lei nº 13.964/2019. São Paulo: Quartier Latin, 2021, p. 182.
[464] COUTINHO, Jacinto Nelson de Miranda; MURATA, Ana Maria Lumi Kamimura. *Regras sobre a decisão do arquivamento do inquérito policial*: o que muda com a Lei 13.964/19. 30 abr. 2020. Disponível em: https://ibccrim.org.br/publicacoes/edicoes/40/290. Acesso em: 09 maio 2021.

viabilizar a ação penal, logo, não se trata de matéria de processo nem de procedimento, daí por que não se admitir o contraditório.[465] Nas investigações criminais, não há imputação de fato de qualquer natureza, afastando-se, portanto, a possibilidade de defesa, assim como não se aplica sanção de nenhuma ordem. Seu resultado poderá ser simplesmente um arquivamento, ou ainda, a formulação de uma acusação na qual é possível amplamente contraditá-la.[466]

A autoridade policial – embora algumas vozes admitam eventual "recurso" na hipótese de arquivamento[467] – tem dentro da estrutura administrativa do Estado o papel de colher informações sobre os fatos em tese criminosos, se exaurindo ali, no âmbito das investigações criminais. Caberá, posteriormente, a outro órgão do Estado, a quem compete a função constitucional de acusar, decidir sobre a questão.

Conforme pondera Fernando da Costa Tourinho Filho, a autoridade policial não pode "apreciar os autos do inquérito policial e sobre eles emitir um juízo de valor. A *opinio delicti* cabe ao titular da ação penal e não àquele se limita, simplesmente, a investigar o fato infringente da norma e quem tenha sido o seu autor".[468]

Andrey Borges de Mendonça,[469] ao argumentar contrariamente à possibilidade de um recurso da autoridade policial, esclarece que o legislador não previu essa hipótese porque não há interesse juridicamente relevante, visto que a questão poderá naturalmente ser objeto de revisão. Igualmente, nunca foi cogitado que a autoridade policial pudesse impugnar a homologação judicial do arquivamento na sistemática anterior. Para além disso, nos autos de investigação já se encontra o relatório de investigação policial, logo, não há necessidade de nova manifestação.

Em sentido contrário, Jacinto Nelson de Miranda Coutinho e Ana Maria Murata[470] sustentam que haveria ofensa à isonomia caso

---

[465] FERNANDES, Antonio Scarance. *Processo penal constitucional.* 6. ed. São Paulo: RT, 2010, p. 62.
[466] DEMERCIAN, Pedro Henrique; MALULY Jorge Assaf. *Curso de processo penal.* 9. ed. Rio de Janeiro: Forense, 2014, p. 46.
[467] LOPES JUNIOR, Aury; ROSA, Alexandre Morais da. Como se procede o arquivamento no novo modelo do CPP. Conjur. 10 jan. 2020. Disponível em: https://www.conjur.com.br/2020-jan-10/limite-penal-procede-arquivamento-modelo. Acesso em: 29 maio 2021.
[468] TOURINHO FILHO, Fernando da Costa. *Processo penal.* v. 1. 21. ed. São Paulo: Saraiva, 1999, p. 280.
[469] MENDONÇA, Andrey Borges de. *Código de Processo Penal comentado.* 3. ed. São Paulo: RT, 2020, p. 153.
[470] COUTINHO, Jacinto Nelson de Miranda; MURATA, Ana Maria Lumi Kamimura. *As regras sobre a decisão do arquivamento do inquérito policial:* o que muda com a Lei 13.964/19. 30 abr. 2020. Disponível em: https://ibccrim.org.br/publicacoes/edicoes/40/290. Acesso em: 09 maio 2021.

não fosse incluída a autoridade policial, pois esta poderia querer defender a investigação que levou a efeito e esclarecer a questão diante da instância de revisão.

Outro ponto a ser enfrentado é a necessidade da homologação do órgão superior para desarquivar as investigações criminais.

Para João Pedro Gebran Neto, Bianca Geórgia Cruz Arenhart e Luís Fernando Gomes Manora,[471] não há necessidade da homologação do órgão superior para o desarquivamento, na medida em que a presença das condições da ação em eventual ação penal será controlada por decisão judicial, ao enfrentar o recebimento ou não da denúncia. Dessa forma, preserva-se a obrigação constitucional das investigações criminais pelos órgãos oficiais, devendo o ente ministerial, para abrir mão da acusação, sujeitar-se ao controle (decisão de não acusar), porém, para exercer a persecução penal, como ofício e múnus público, não se submete o agente ministerial a qualquer espécie de decisão, administrativa ou judicial, para continuar investigando.

Em sentido contrário pontua Flávio Eduardo Turessi, ao afirmar que os órgãos internos revisores do Ministério Público, somente quando provocados, podem deliberar sobre os desarquivamentos das investigações já concluídas, e permitir sua continuidade:

> De toda forma, uma coisa certa: cabe apenas ao Promotor Natural provocar, perante os órgãos revisores, o desarquivamento do inquérito policial já arquivado, seja notícia de prova nova obtida diretamente por ele, seja obtida por provocação de terceiros, e não ao juiz de Direito, à Autoridade Policial, ou possível vítima e eventual interessado, nada impedindo, nesses casos, até mesmo a abertura e o início de nova investigação em outro inquérito policial a ser formalmente requisitado, caso necessária a tomada de medidas cautelares urgentes conduzam à reserva de jurisdição.[472]

A nova sistemática prevista no art. 28 do CPP/1941, com redação dada pela Lei Anticrime, permitiu ao titular da ação penal a possibilidade de "não acusar", não de simplesmente promover o arquivamento fundado na "ausência de autoria e materialidade delitiva".

---

[471] GEBRAN NETO, João Pedro; ARENHART, Bianca Geórgia Cruz; MANORA, Luís Fernando Gomes. *Comentários ao novo inquérito policial*: juiz das garantias, arquivamento e acordo de não persecução penal: conforme a Lei nº 13.964/2019. São Paulo: Quartier Latin, 2021, p. 203.

[472] TURESI, Flávio Eduardo. *Justiça penal negociada e criminalidade macroeconômica organizada*: o papel da política criminal na construção da ciência global do direito penal. Salvador: Juspodivm, 2019, p. 99.

A legislação processual penal avançou no sentido de se permitir ao órgão acusatório, dentro de um autêntico sistema acusatório, decidir "não acusar". Significa dizer que o ente ministerial decide não iniciar a acusação penal, conforme critério de legalidade e oportunidade, sempre tendo em vista o interesse público, considerando diretrizes de política criminal ou de saídas abreviadas previstas na legislação, como o acordo de não persecução penal.

Ainda, se permite ao órgão acusador ao decidir pela "não acusação" ser influenciado por uma dogmática penal, criminológica e a política criminal "não como ciências hierarquizadas entre si, mas autônomas, complementares e interdependentes, pode e deve ser formulada com vistas à racionalidade do sistema de Justiça Criminal, sobretudo quando se pretende justificar o não exercício da ação penal pública em critérios de política criminal",[473] de forma diferente das ideias clássica-liberal-individual de Franz von Listz, no século XIX, relegando a criminologia e a política criminal à posição secundária em relação à dogmática jurídico-penal.

Busca-se da acusação sua atuação com maior eficiência na função de persecução penal, investigando apenas o que justifique movimentar o aparato de justiça criminal, considerando uma realidade concreta.

A atuação do Ministério Público na área criminal não pode permanecer restrita somente à análise de dogmática penal, como observa Alexandre Rocha Almeida de Moraes:

> [...] é preciso realçar que o Ministério Público deve discutir e assumir sua própria Política Criminal que inclua, necessariamente: a) sua participação na Política Criminal através da concepção de uma Ciência Penal total, ou seja, com o recurso à Criminologia para orientar suas decisões; b) a construção de uma Política Criminal própria que discuta o trato da política de segurança pública como bem difuso que merece ser protegido, traçando estratégias para tanto; c) a construção de uma doutrina institucional de investigação criminal e de controle externo da atividade policial, assim como a fixação de parâmetros que permitam aferir sua eficiência e desempenho na diminuição das taxas de criminalidade; [...].[474]

---

[473] TURESI, Flávio Eduardo. *Justiça penal negociada e criminalidade macroeconômica organizada*: o papel da política criminal na construção da ciência global do direito penal. Salvador: Juspodivm, 2019, p. 90.

[474] MORAES, Alexandre Rocha Almeida de. *Direito penal racional*: propostas para a construção de uma teoria da legislação e para uma atuação criminal preventiva. Curitiba: Juruá, 2016, p. 307.

Todo fundamento entabulado ao entorno do acordo de não persecução penal, também inserido na Lei Anticrime, está baseado na ciência penal global, não apenas na pura dogmática penal, razão pela qual esse raciocínio também pode ser empregado na decisão de "não acusar", fundada em elementos oriundos de política criminal e criminologia.

Os argumentos jurídicos no âmbito penal utilizados para permitir a possibilidade de um acordo de não persecução penal, incluindo a quebra do mito do princípio da obrigatoriedade, também podem ser por aqui invocados, tendo em vista a mesma razão jurídica.

No art. 24 do CPP/1941, não há uma disposição legal em que o Ministério Público seja "obrigado" a deduzir a ação penal, embora essa desobrigação não possa constituir um descompromisso com o resultado da demanda e com as expectativas sociais criadas em torno da proteção penal.

A política criminal não se limita a pontuar os parâmetros para uma reação do direito penal, mas deve ser fundamentada para argumentar em relação ao que não deva reagir, de modo formalizado ou não, bem como a intensidade dessa reação.

Exemplo aclarador de uma decisão de "não acusar", por razões de política criminal, reside na aplicação do princípio da insignificância, que funciona como um instrumento de calibração para a punição pelo Estado. A medida é aceita na doutrina e na jurisprudência, de maneira que há uma descaracterização do crime e uma incidência direta na conformação da obrigatoriedade da ação penal pública.

Há que se pensar em um processo penal constitucional independente dos ranços inquisitoriais, a favorecer uma ciência penal global, livre das amarras puramente dogmáticas, com vistas a uma justiça penal voltada a um contexto de política criminal e criminologia, aliás, da mesma forma que hoje se permite a inserção da justiça consensual no âmbito do processo penal.

4.4 Controle de convencionalidade na persecução penal

O controle de convencionalidade decorre do exercício de exame de compatibilidade vertical material das normas do direito interno com os tratados internacionais de direitos humanos ratificados e em vigor no Brasil. Constitui-se, na visão do STF, em uma "espécie de 'eficácia paralisante' que incide sobre os efeitos da legislação infraconstitucional convencionalmente antinômica, a causa da superioridade dos tratados de direitos humanos".[475]

Esse exercício vem sendo empregado de forma prioritária pelo Poder Judiciário, cujo controle decorre da jurisprudência consolidada da Corte Interamericana de Direitos Humanos (CIDH) e remonta ao ano de 2006, no julgamento do caso *Almonacid Arellano e Outros vs. Chile*, que inaugurou formalmente a doutrina do controle de convencionalidade no continente americano.[476]

Porém, adverte-se que essa compreensão não é acolhida integralmente pelo STF,[477] muito embora o CNJ tenha publicado a Recomendação nº 123/2022,

> para observar tratados e convenções internacionais de direitos humanos em vigor no Brasil e a utilização da jurisprudência da Corte IDH, bem como a necessidade de controle de convencionalidade das leis internas e a priorização do julgamento dos processos em tramitação relativos à reparação material e imaterial das vítimas de violações a direitos humanos determinadas pela CIDH em condenações envolvendo o Estado brasileiro e que estejam pendentes de cumprimento integral.

Por sua vez, no caso *Cabrera García e Montiel Flores vs. México* (26 de novembro de 2010),[478] firmou-se definidamente a obrigação de que juízes e tribunais devem aplicar a Convenção Americana, conforme a interpretação que dela fez a CIDH, ampliando os órgãos de competência para controle de convencionalidade de todos os órgãos do Estado vinculados à administração da Justiça, fazendo com que "o controle de convencionalidade passe a ser instituto jurídico do *Estado* como um todo, e não apenas do Poder Judiciário, espraiando-se para outras instituições que participam da administração da Justiça *lato sensu*".[479]

---

[475] FISCHER, Douglas; PEREIRA, Frederico Valdez. *As obrigações processuais penais positivas*: segundo as Cortes Europeia e Interamericana de Direitos Humanos. 3. ed. Porto Alegre: Livraria do Advogado, 2022, p. 62.

[476] MAZZUOLI, Valerio de Oliveira; FARIA, Marcelle Rodrigues da Costa; OLIVEIRA, Kledson Dionysio de. *Controle de convencionalidade pelo Ministério Público*. Rio de Janeiro: Forense, 2021, p. 6.

[477] FISCHER, Douglas; PEREIRA, Frederico Valdez. *As obrigações processuais penais positivas*: segundo as Cortes Europeia e Interamericana de Direitos Humanos. 3. ed. Porto Alegre: Livraria do Advogado, 2022, p. 62.

[478] MAZZUOLI, Valerio de Oliveira; FARIA, Marcelle Rodrigues da Costa; OLIVEIRA, Kledson Dionysio de. *Controle de convencionalidade pelo Ministério Público*. Rio de Janeiro: Forense, 2021, p. 9.

[479] MAZZUOLI, Valerio de Oliveira; FARIA, Marcelle Rodrigues da Costa; OLIVEIRA, Kledson Dionysio de. *Controle de convencionalidade pelo Ministério Público*. Rio de Janeiro: Forense, 2021, p. 12.

Esse entendimento é reforçado no julgamento do caso *Trabalhadores Fazenda Brasil Verde vs. Brasil* (20 de outubro de 2016), ao avançar na jurisprudência da Corte, entendendo que os Estados, vinculando todos os poderes e órgãos estatais, devem exercer de ofício um controle de convencionalidade entre suas normas internas e a Convenção Americana, dentro de suas competências e regras processuais correspondentes.[480]

O controle de convencionalidade pode ser exercido pelos órgãos no âmbito do sistema de justiça por meio difuso, sem expurgar do ordenamento jurídico a norma inconvencional, pelo qual o controle reconhece a invalidade (não aplicação da legislação interna ao caso concreto julgado)[481] e permite a adoção de providências jurídicas para compatibilizar esse reconhecimento,[482] e o controle concentrado, pelo qual se expurga a validade da norma declarada inconvencional, com efeitos *erga omnes*.

Ao verificar a incompatibilidade da norma nacional com a Convenção, para se evitar uma responsabilização internacional do Estado, o juiz doméstico deve exercer a convencionalidade e não aplicar a norma interna.[483]

É possível que o Ministério Público, tendo em vista a compatibilidade de suas atribuições e a sua finalidade constitucional, atue na defesa e na proteção dos direitos humanos, ao possuir a atribuição para examinar e realizar um controle de convencionalidade de leis no Brasil. Atuação essa que não se limita a verificar o processo de formação das normas legais, mas também, na obrigação de natureza positiva dos Estados para garantir os direitos humanos, de modo a impor aos

---

[480] MAZZUOLI, Valerio de Oliveira; FARIA, Marcelle Rodrigues da Costa; OLIVEIRA, Kledson Dionysio de. *Controle de convencionalidade pelo Ministério Público*. Rio de Janeiro: Forense, 2021, p. 13.

[481] Salvo se a norma interna for mais favorável ao direito humano que em relação ao tratado ou convenção. FISCHER, Douglas; PEREIRA, Frederico Valdez. *As obrigações processuais penais positivas: segundo as Cortes Europeia e Interamericana de Direitos Humanos*. 3. ed. Porto Alegre: Livraria do Advogado, 2022, p. 75.

[482] Utiliza-se, para o controle de convencionalidade difusa, o denominado bloco de convencionalidade, que não se restringe às Convenções, aos protocolos adicionais e aos Tratados, mas também abrange a jurisprudência da CIDH, nas interpretações feitas nas resoluções emitidas pela Corte, compreendidas as interpretações feitas na supervisão dos cumprimentos de sentenças, na instância de requerimento de interpretação da sentença e nas interpretações feitas nas opiniões consultivas. FISCHER, Douglas; PEREIRA, Frederico Valdez. *As obrigações processuais penais positivas: segundo as Cortes Europeia e Interamericana de Direitos Humanos*. 3. ed. Porto Alegre: Livraria do Advogado, 2022, p. 78-79.

[483] FISCHER, Douglas; PEREIRA, Frederico Valdez. *As obrigações processuais penais positivas: segundo as Cortes Europeia e Interamericana de Direitos Humanos*. 3. ed. Porto Alegre: Livraria do Advogado, 2022, p. 75.

Estados o dever de assegurar que o aparelho estatal esteja apto e adequado para prevenir, investigar e sancionar toda violação a direitos humanos reconhecidos pelo bloco de convencionalidade.[484]

O Ministério Público pode aferir o controle de convencionalidade de leis, por iniciativa própria ou por provocação, firmando posicionamento institucional sobre determinada matéria, permitindo ao Poder Judiciário, detentor da última palavra, verificar se há compatibilidade entre a lei interna e o tratado internacional em determinado caso concreto, ou seja, adequando o direito doméstico aos estândares internacionais relacionados às matérias penais.

É missão constitucional da instituição não apenas verificar a convencionalidade material das normas do direito interno, mas também apurar a convencionalidade procedimental das leis internas relativas às previsões constantes em tratados de direitos humanos ratificados e em vigor no Estado, o que se tem denominado de devido processo convencional.

Sobre o devido processo convencional, Douglas Fischer e Frederico Valdez ensinam:

> a ideia de *fairness* impulsionada pelo sistema supranacional de proteção dos direitos humanos em tema de processo penal supera a mera exigência de regularidade formal no desenvolvimento dos atos e das etapas do procedimento judicial. Expressa um senso de correção e justiça que envolve todo o desenrolar procedimental. Esse ideal de *fairness* processual é o que melhor representa a projeção do devido processo convencional, tendo em conta o caráter reconhecidamente ampliativo dos influxos processuais advindos da Convenção Interamericana, na linha integrativa da jurisprudência-fonte de San José da Costa Rica, assentada na ideia-força de assegurar a boa administração da justiça, e por consequência, sem as balizas conferidas pelo direito positivado em amplo, mas demarcado catálogo constitucional.[485]

Há que se distinguir a aferição e o controle de convencionalidade pelo Ministério Público, embora exista similitude entre eles, considerando que em ambos os casos pode ser realizado dentro do processo penal ou fora dele.

---

[484] FISCHER, Douglas; PEREIRA, Frederico Valdez. *As obrigações processuais penais positivas*: segundo as Cortes Europeia e Interamericana de Direitos Humanos. 3. ed. Porto Alegre: Livraria do Advogado, 2022, p. 81.

[485] FISCHER, Douglas; PEREIRA, Frederico Valdez. *As obrigações processuais penais positivas*: segundo as Cortes Europeia e Interamericana de Direitos Humanos. 3. ed. Porto Alegre: Livraria do Advogado, 2022, p. 91-92.

O Ministério Público não se limitará apenas a aferir a convencionalidade das leis, mas exercerá propriamente o controle de convencionalidade das leis, nas hipóteses do exercício de uma atividade ministerial típica, fundada em tratado de direitos humanos em vigor, se existir pressuposto e justificativa para a realização desse controle. A aferição de convencionalidade é compreendida como

> a análise sobre a compatibilidade das normas internas com os tratados internacionais de direitos humanos, *sem invalidação para o caso concreto* da norma sobre a qual recai a aferição, é dizer, sem que se retire da norma, por ato da própria instituição que realiza o exame de convencionalidade, a sua validade intrínseca.[486] (Grifos do autor)

É possível aferir a convencionalidade por provocação, quando o Ministério Público age em decorrência da lei ou de impulso judicial, para exercer sua atuação fiscalizatória nas demandas judiciais propostas por terceiros. Assim, analisa a compatibilidade vertical material da legislação interna com as normas de direitos humanos.

A aferição de convencionalidade *sponte sua* pode ser exercida pelo Ministério Público, por exemplo, através da expedição de uma notificação recomendatória. Se há uma violação a direitos humanos previstos em tratados internacionais, em patente incompatibilidade, apurado em um instrumento investigatório, é possível expedir uma recomendação para se adequar e modificar o ato tido como inconvencional.

Já o controle de convencionalidade, "é o exercício pelo qual a norma interna inconvencional é reconhecida como propriamente *inválida* pelo órgão controlador, com poder para tanto, ensejando a instauração de medidas significativas da atuação institucional correspondente".[487]

Esse controle para realização não depende de forma ou de algum procedimento próprio, mas demanda apenas uma adequação vertical material no âmbito de toda e qualquer atribuição institucional de órgãos do Estado, incluindo o Ministério Público.[488]

---

[486] MAZZUOLI, Valerio de Oliveira; FARIA, Marcelle Rodrigues da Costa; OLIVEIRA, Kledson Dionysio de. *Controle de convencionalidade pelo Ministério Público*. Rio de Janeiro: Forense, 2021, p. 25-26.

[487] MAZZUOLI, Valerio de Oliveira; FARIA, Marcelle Rodrigues da Costa; OLIVEIRA, Kledson Dionysio de. *Controle de convencionalidade pelo Ministério Público*. Rio de Janeiro: Forense, 2021, p. 26.

[488] MAZZUOLI, Valerio de Oliveira; FARIA, Marcelle Rodrigues da Costa; OLIVEIRA, Kledson Dionysio de. *Controle de convencionalidade pelo Ministério Público*. Rio de Janeiro: Forense, 2021, p. 81.

Algumas hipóteses de controle de convencionalidade ligadas à atuação do Ministério Público estão previstas nos a) procedimentos de defesa de interesses e direitos metaindividuais; e b) nos procedimentos de persecução penal, como na promoção da ação penal pública, a regularidade dos procedimentos judiciais, o cumprimento de obrigações positivas pelo Estado e, ainda, o arquivamento de investigações criminais.

A atuação do Ministério Público na seara criminal possui como fim a) patrocinar o respeito pelos direitos humanos de réus e investigados; e b) proteger os direitos humanos por meio da tutela penal.

As normas processuais penais devem ser aplicadas de acordo com os tratados, convenções e regras de direito internacional, conforme preceitua o art. 1º, I, do CPP/1941, fazendo-se, assim, presente e necessário o controle de convencionalidade em toda a persecução penal. Seu início se dá por meio do controle dos atos de investigações criminais, passando pela fiscalização dos procedimentos de investigação e eventual controle de arquivamento, até chegar à promoção da ação penal pública e sua correspondente tramitação.

Para se exercer o controle de convencionalidade com eficiência, o Ministério Público deve compreender a integralidade dos tratados internacionais os quais o Brasil integra, além do acervo jurisprudencial da CIDH,[489] visto que ambos compõem a ordem jurídica brasileira e possuem uma força normativa superior à legislação interna quando se trata de matéria de persecução penal.[490]

O controle de convencionalidade no âmbito da persecução penal desempenha um papel de caráter dúplice, pois influencia tanto o direito penal quanto o processo penal internamente. Já no âmbito do direito penal, há uma característica punitiva, na medida em que há determinações para que os Estados criminalizem as condutas violadoras de direitos humanos de maneira proporcional e adequada.

A ação penal pública é um dos instrumentos voltados à proteção dos direitos humanos, porém, o Ministério Público não é uma instituição que simplesmente formaliza uma acusação, mas que possui legitimidade para propor o início da ação penal, uma vez presentes as

---

[489] Exemplo é o caso *Myrna Mack Chang vs. Guatemala* (2003), que levou a Corte IDH a condenar o excesso de formalismo e a condescendência dos sistemas de sistemas de justiça com as ações processuais, retardando o propósito de realização de justiça.
[490] MAZZUOLI, Valerio de Oliveira; FARIA, Marcelle Rodrigues da Costa; OLIVEIRA, Kledson Dionysio de. *Controle de convencionalidade pelo Ministério Público*. Rio de Janeiro: Forense, 2021, p. 109.

condições fático-normativas, agindo de acordo com o caso concreto e sob as balizas do controle de convencionalidade.

Diante desse quadro, ao exercer a ação penal, há que se aplicar o respeito às normas de direitos humanos configuradoras de garantias de réus e de investigados em face de práticas consideradas ofensivas à sua dignidade e condição humana, assim como se deve afastar normas de direito interno que impliquem prejuízos dos interesses difusos da sociedade e da dignidade humana das vítimas da criminalidade.

A concretização da tutela judicial das vítimas[491] é tema recorrente no âmbito dos Tribunais de Estrasburgo e de San José, através do processo penal como instrumento de tutela das vítimas, por meio de uma visão imparcial, muitas vezes compreendido sob o único prisma dos direitos do acusado. O processo deve ser idôneo, adequado e eficiente no esclarecimento de crimes e na punição dos responsáveis, como forma de salvaguardar direitos das vítimas por intermédio do mecanismo penal.[492]

O controle de convencionalidade na persecução penal não se limita a garantir a regularidade do desenvolvimento da inicial acusatória, mas também a regularidade de todas as fases da persecução penal. Abrange, pois, todas as providências de atuação funcional do Ministério Público, em busca de uma ação penal que atenda à efetiva proteção aos direitos das vítimas e a garantia objetiva dos direitos humanos, respeitando as regras do devido processo convencional e legal.

Outra forma de controle de convencionalidade no *iter* do processo penal é verificar-se a observância, pelos órgãos da justiça brasileira, quanto à razoável duração do processo.

A Convenção Americana assegura a todos os cidadãos o direito à razoável duração do processo,[493] tema discutido junto a CIDH que prevê essa garantia a demandar análise da complexidade da causa; da

---

[491] No âmbito internacional a Resolução nº 40/34 da ONU, aprovada pela Assembleia Geral em 29 de novembro de 1985, traz um conceito amplo de vítima, recolocando-a em uma posição com mais relevo no processo penal, estabelecendo direitos, como o acesso à justiça, o tratamento equitativo, o direito à informação sobre seus direitos, o direito à rápida restituição e reparação, além da adoção de meios extrajudiciários de solução de conflitos, incluindo a mediação, a arbitragem e as práticas de direito consuetudinário ou as práticas autóctones de justiça, quando se revelem adequadas, para facilitar a conciliação e obter a reparação em favor das vítimas.

[492] FISCHER, Douglas; PEREIRA, Frederico Valdez. *As obrigações processuais penais positivas*: segundo as Cortes Europeia e Interamericana de Direitos Humanos. 3. ed. Porto Alegre: Livraria do Advogado, 2022, p. 105-108.

[493] Convenção Americana. Art. 8º (1) e 25 (1).

atividade processual do interessado e da conduta do tribunal, conforme exposto no julgamento do caso *Tibi vs. Equador*, de 2004.

As CIDHs reconhecem como obrigações processuais penais de tutela penal, como valor da efetividade do processo penal, a qualidade e o tempo de resposta jurisdicional, de forma que deva existir uma estrutura processual suficientemente capacitada para se efetivar um juízo penal em tempo razoável, incluindo mecanismos judiciais de técnicas e dispositivos legais aptos a impedir o retardamento procedimental por conta do comportamento das partes.[494]

No julgamento do caso *Ximenos Lopes vs. Brasil*, a CIDH impôs aos órgãos integrantes do sistema de justiça criminal brasileiro, em particular o Ministério Público e o Poder Judiciário, a obrigação de interpretar os arts. 8º (I) e 25 (1) da Convenção Americana para salvaguardar os direitos dos familiares e das vítimas de crimes que representem ofensa a direitos humanos, os quais são titulares da garantia de que o processo seja encerrado em um prazo razoável, como também de instrumentos efetivos de proteção judicial contra atos violadores a direitos fundamentais. Por fim, no caso *Diniz Bento da Silva vs. Brasil*, também foi reconhecida pela Comissão IDH a ofensa aos arts. 1º (1), 8º (1) e 25 (1), em razão da demora durante as investigações, a impedir a propositura da ação penal e a punição dos responsáveis pelo homicídio de Diniz Bento da Silva, em patente violação aos direitos humanos.

O tema gira ainda em torno de situações práticas, a exemplo das hipóteses de revogação de medida cautelar de prisão. O arquivamento das investigações criminais também deve se submeter à observância das obrigações positivas do Estado em matéria penal, que deve cumprir as exigências convencionais, ou seja, efetivar todos os meios e possiblidades de se aprofundar as investigações.

A tarefa dessa espécie de controle foi reforçada a partir da alteração da Lei nº 13.964/2019, ao alinhar o processo penal com um modelo constitucional, conferindo ao Ministério Público o total controle do arquivamento das investigações criminais, em respeito à sua titularidade constitucional para a propositura da ação penal.

O controle de convencionalidade realizado pelo Ministério Público no âmbito das investigações criminais pode recair sobre a tipificação da conduta objeto de investigação, ou ainda quanto à legalidade dos

---

[494] FISCHER, Douglas; PEREIRA, Frederico Valdez. *As obrigações processuais penais positivas: segundo as Cortes Europeia e Interamericana de Direitos Humanos*. 3. ed. Porto Alegre: Livraria do Advogado, 2022, p. 129-136.

procedimentos de investigação desenvolvidas pela autoridade policial ou por outras autoridades, incluindo o próprio Ministério Público.
Como exemplo, o controle de convencionalidade sobre o art. 331 do Código Penal (crime de desacato) em razão de algumas manifestações internacionais, entre elas, (i) do art. 13 da Convenção Americana sobre Direitos Humanos (liberdade de pensamento e de expressão), (ii) do Relatório nº 22/1994 da Comissão IDH relativo ao caso *Horacio Verbitsky vs. Argentina* e (iii) da sentença da Corte IDH exarada no caso *Palamara Iribarne vs. Chile*, de 22 de novembro de 2005.
Diante disso, entende-se que

> a criminalização do desacato está na contramão do humanismo, porque ressalta a preponderância do Estado – personificado em seus agentes – sobre o indivíduo [...] e que a existência de tal normativo em nosso ordenamento jurídico é anacrônica, pois traduz desigualdade entre funcionários e particulares, o que é inaceitável no Estado Democrático de Direito.

Por essa razão,

> punir o uso de linguagem e atitudes ofensivas contra agentes estatais é medida capaz de fazer com que as pessoas se abstenham de usufruir do direito à liberdade de expressão, por temor de sanções penais, sendo esta uma das razões pelas quais a CIDH [Comissão IDH] estabeleceu a recomendação de que os países aderentes ao Pacto de São Paulo (*sic*) abolissem suas respectivas leis de desacato.[495]

Porém, o Superior Tribunal de Justiça uniformizou a matéria e derrubou a decisão da 5ª Turma,[496] não reconhecendo o julgamento das decisões da Corte IDH, com base na tese da soberania.

Verifica-se, portanto, que os membros do Ministério Público podem observar os *standards* de proteção fixados em tratados, convenções e atos normativos internacionais sobre direitos humanos, com vigência no ordenamento jurídico brasileiro, para o exercício do controle de convencionalidade dos atos normativos internos como uma forma de implementação de política criminal moderna, para solidificar a atuação

---

[495] MAZZUOLI, Valerio de Oliveira; FARIA, Marcelle Rodrigues da Costa; OLIVEIRA, Kledson Dionysio de. *Controle de convencionalidade pelo Ministério Público*. Rio de Janeiro: Forense, 2021, p. 176-177.

[496] BRASIL. Superior Tribunal de Justiça. HC 379.269/MS, Rel. Min. Reynaldo Soares da Fonseca. Rel. p/ Acórdão Min. Antonio Saldanha Palheiro, Terceira Seção, j. 24-05-2017, *DJe* 30-06-2017.

institucional compatível com sua missão constitucional em defesa da democracia.

4.5 Unidade institucional e segurança jurídica

Não é dos dias atuais a tensão entre os princípios institucionais da unidade e da independência funcional no âmbito do Ministério Público. Esses dois princípios, quando no exercício de uma discricionariedade regrada de funções do Ministério Público, devem estar alinhados a fim de que a atuação ministerial possa produzir segurança jurídica e atuação coordenada para atender às finalidades constitucionais.

A coordenação de ações de caráter geral, através da atuação institucional, poderá ser inviabilizada em razão dos riscos de omissão ou voluntarismo individuais eventualmente acobertados pela independência funcional. De outra face, há o discurso de que pode ser perigoso a instituição uniformizar condutas, pois prejudicará a capacidade de cada membro traçar suas próprias estratégias em cada caso concreto, tendo em vista suas peculiaridades, a fim de cumprir as funções constitucionais. Assim, o equilíbrio entre os princípios mencionados para a construção de um Ministério Público democrático, resolutivo e eficiente deve se pautar por um intenso debate e reflexão.

A consensualidade no processo penal, o ato de "não acusar", a aplicação da justa causa para a decisão de um arquivamento com base na teoria da insignificância se reflete, entre outras formas de atuação, em critério discricionário, o que leva à necessidade da conciliação entre os princípios referidos. Trata-se de um desafio significativo ao Ministério Público brasileiro, tendo em vista a necessidade de existir segurança jurídica na atuação institucional e de a sociedade conhecer os rumos a serem adotados na implementação de políticas criminais.

O tema afeta, igualmente, o Ministério Público estrangeiro, que também busca harmonizar os princípios da hierarquia e da unidade, sem a interferência substancial na independência da sua atuação, de acordo com a justiça e as leis.

Na Alemanha, através de uma conjugação de dispositivos legais e construções doutrinárias e jurisprudenciais, chega-se a um equilíbrio entre os métodos de controle hierárquico e de relativa independência (poder de resistência), impedindo que o detentor da persecução penal sirva somente a interesses políticos.[497]

---

[497] PONTE, Antonio Carlos da; DEMERCIAN, Pedro Henrique. Algumas considerações sobre o Ministério Público no direito estrangeiro. *Revista Jurídica ESMP-SP*, v. 10, p. 15-40, 2016, p. 25.

Na Espanha, ao Ministério Público vige a hierarquia, porém, se o membro receber uma ordem do seu superior e considerá-la contrária à lei, poderá dirigir-se àquele para justificar.[498] Já na França, vigem os princípios da unidade e da indivisibilidade, embora exista uma estrutura fortemente hierarquizada na qual a lei impõe limites ao exercício da chefia, assegurando de certa forma uma dose de independência funcional.[499]

Os magistrados do Ministério Público de Portugal, por sua vez, obedecem às ordens e às instruções de superior hierárquico, podendo recusar ordens ilegais e de grave violação à sua consciência jurídica, hipótese na qual quem emanou a ordem poderá avocar o processo e distribuí-lo a outro subordinado.[500]

O Ministério Público italiano (magistrados-requerentes ou magistrados do Ministério Públicos) possui as mesmas garantias dos magistrados judicantes (independência, inamovibilidade e autonomia em relação a outros poderes), conforme especificam os arts. 107 e 108 da Constituição italiana. Recentemente, o Ministério Público adquiriu independência a ponto de tornar-se imune a diversas formas de controle, em especial, os decorrentes de atividade do ofendido e do superior hierárquico.[501]

O Ministério Público brasileiro, por sua vez, possui em previsão constitucional sua unidade, indivisibilidade e independência funcional.[502] A teorização e a aplicação dos princípios da unidade e da independência funcional possuem um aparente paradoxo, na medida em que se deve assegurar a unidade na diversidade.[503]

É possível haver atuações divergentes entre os membros do Ministério Público, de maneira que, em razão disso, há instrumentos legais

---

[498] PONTE, Antonio Carlos da; DEMERCIAN, Pedro Henrique. Algumas considerações sobre o Ministério Público no direito estrangeiro. *Revista Jurídica ESMP-SP*, v. 10, p. 15-40, 2016, p. 26.

[499] PONTE, Antonio Carlos da; DEMERCIAN, Pedro Henrique. Algumas considerações sobre o Ministério Público no direito estrangeiro. *Revista Jurídica ESMP-SP*, v. 10, p. 15-40, 2016, p. 28.

[500] PONTE, Antonio Carlos da; DEMERCIAN, Pedro Henrique. Algumas considerações sobre o Ministério Público no direito estrangeiro. *Revista Jurídica ESMP-SP*, v. 10, p. 15-40, 2016, p. 37.

[501] PONTE, Antonio Carlos da; DEMERCIAN, Pedro Henrique. Algumas considerações sobre o Ministério Público no direito estrangeiro. *Revista Jurídica ESMP-SP*, v. 10, p. 15-40, 2016, p. 33.

[502] BRASIL. Constituição Federal (1988). Art. 127, §1º.

[503] COURA, Alexandre de Castro; FONSECA, Bruno Borges da. *Ministério Público brasileiro*: entre a unidade e a independência. São Paulo: LTr., 2015, p. 28.

para a convivência dessas questões, a fim de ser pacificada, a partir da previsão de soluções de conflitos de atribuições entre os membros do Ministério Público.

A Recomendação nº 57/2017 do CNMP prevê em seu art. 17, §1º, que se houver posicionamentos conflitantes entre membros do Ministério Público atuantes em instâncias diversas, há que se resguardar a independência funcional em ambas.

Na composição processual penal, por exemplo, durante a condução de um acordo de não persecução penal, poderá haver conflito de agentes no Ministério Público em razão de férias, licença ou mudança do "promotor natural", com força para se modificar o rumo das decisões anteriores. Diante disso, há que se delimitar o significado do princípio da unidade do Ministério Público, tendo em vista que sua teorização apresenta entendimentos diversos na doutrina.

Como observa Hugo Nigro Mazzilli, o princípio da unidade foi sendo repetido pela doutrina brasileira sem maiores críticas, retirado da doutrina francesa, que tratava um Ministério Público uno e indivisível, e, de forma coerente, hierarquizado.[504] A doutrina francesa era fundada em um Estado Unitário, cujo Ministério Público era uno, e o Procurador-Geral concentrava em suas mãos o poder de avocação e delegação, portanto, falava-se em Ministério Público uno, indivisível e mais hierarquizado, embora o princípio já vinha sendo entendido em termos, sem caráter absoluto.[505]

Para alguns, o princípio da unidade significa o Ministério Público constituído em uma única instituição, de modo a promover o sentido literal do texto constitucional. Trata-se de uma instituição una, sem subdivisões em ramos e sub-ramos. Seus membros não devem ser identificados de forma individual, mas como integrantes de um mesmo organismo.[506] O princípio da unidade indica, assim, uma instituição única, cujas atuações dos seus membros não são concebidas em sua individualidade, mas presentes em um só organismo, daí a existência de apenas um Ministério Público.[507]

---

[504] A forte hierarquização é marca presente nos Ministérios Públicos de países da Europa Continental.

[505] MAZZILLI, Hugo Nigro. Os limites da autonomia e da independência funcionais no Ministério Público Brasileiro. *In*: SABELLA, Walter Paulo; DAL POZZO, Antônio Araldo Ferraz; BURLE FILHO, José Emmanuel (coord.). *Ministério Público*: vinte e cinco anos do novo perfil constitucional. São Paulo: Malheiros, 2013, p. 244-245.

[506] JATAHY, Carlos Roberto de Castro. *Curso de princípios institucionais do Ministério Público*. 4. ed. Rio de Janeiro: Lumen Juris, 2009, p. 123.

[507] GARCIA, Emerson. *Ministério Público*: organização, atribuição e regime jurídico. 5. ed. São Paulo: Saraiva, 2015, p. 125-126.

Há também quem defenda que o princípio da unidade não seria aplicável ao Ministério Público sob um prisma orgânico, mas que haveria unidade apenas em cada um dos ramos do Ministério Público.[508] Outros apontam que há unidade entre os sub-ramos do Ministério Público da União e em cada Ministério Público organizado no âmbito estadual. Assim, cada um dos Ministérios Públicos seria uma instituição autônoma, inexistindo unidade entre eles.[509] Trata-se, portanto, de uma forma mitigada do princípio da unidade.

Outros asseguram a inexistência de uma unidade estrutural no Ministério Público, importante na construção histórica da instituição, porém, insuficiente para os dias atuais, tendo em vista a conotação política, que ultrapassou os aspectos estruturais, para informar e orientar os membros na busca de objetivos estratégicos traçados pela instituição.[510]

A unidade, conforme observam Antonio Carlos da Ponte e Pedro Henrique Demercian, possui um campo de incidência essencialmente funcional, mais do que sugere a definição,

> tem a relevante e indeclinável finalidade de preservar a isonomia de tratamento dos arguidos (objetivo, aliás, precípuo de um processo penal baseado no garantismo) e busca viabilizar uma resposta célere, eficaz e coordenada à sociedade quanto aos métodos e medidas empreendidas no combate às mais variadas formas e expressões da criminalidade.[511]

Assim como o princípio da unidade, o princípio da independência funcional[512] também enfrenta grande discussão teórica na qual se verificam diversas considerações distintas. Há, por exemplo, quem aponte que o princípio da independência funcional teria um caráter superior aos demais princípios institucionais e sua aplicabilidade seria ilimitada.[513]

---

[508] MORAES, Alexandre de. *Direito constitucional*. 24. ed. São Paulo: Atlas, 2009, p. 604.
[509] MAZZILLI, Hugo Nigro. *Regime Jurídico do Ministério Público*. 8. ed. São Paulo: Saraiva, 2014, p. 134.
[510] GOULART, Marcelo Pedroso. Princípios institucionais do Ministério Público. *In*: RIBEIRO, Carlos Vinícius Alves (org.). *Ministério Público*: reflexões sobre os princípios e funções institucionais. São Paulo: Atlas, 2010, p. 170.
[511] PONTE, Antonio Carlos da; DEMERCIAN, Pedro Henrique. O Ministério Público brasileiro e a justiça consensual. Foro, *Nueva Época*, v. 22, n. 1, 2019. Disponível em: https://dx.doi.org/10.5209/foro.66636. Acesso em: 13 jun. 2022, p. 109.
[512] Tanto o princípio da unidade como o princípio da independência funcional não serão exauridos nesse trabalho. Serão apenas apresentadas as principiais correntes doutrinárias sobre o significado e o conteúdo constitucional de cada um deles.
[513] JATAHY, Carlos Roberto de Castro. *Curso de princípios institucionais do Ministério Público*. 4. ed. Rio de Janeiro: Lumen Juris, 2009, p. 145.

Ao adotar um modelo híbrido, consagrando o princípio da unidade e resguardando sua independência funcional, o Ministério Público revela dificuldades para compatibilizar esses princípios, pois se entende que a unidade indica a existência de uma instituição incindível, sob o comando de uma chefia, enquanto a independência funcional afasta a possibilidade de ingerência; assim, quanto maior a independência funcional, menor a unidade da instituição.[514]

Para Emerson Garcia, o princípio da independência funcional aos membros do Ministério Público está alinhado em duas garantias consideradas vitais ao pleno exercício da função: a) atuar livremente consoante sua consciência e a ordem jurídica, sem vínculo com as recomendações expedidas pela Administração Superior da Instituição quando relacionadas ao exercício de suas atribuições funcionais; e b) seus integrantes não poderão ser responsabilizados pelos atos praticados no exercício estrito das funções.[515]

Hugo Nigro Mazzilli entende que em razão do princípio da independência funcional, os membros e os órgãos do Ministério Público, quando no exercício da atividade-fim, só estão vinculados aos ditames da Constituição Federal e das leis, salvo quando a própria lei o imponha, como na hipótese do art. 28 do CPP/1941.[516]

Existe também o entendimento, para parte da doutrina, de que o princípio da unidade não se concilia com o princípio da independência funcional,[517] dessa forma, a liberdade de atuação impede a existência de uma uniformidade institucional, tornando-se um problema sem solução no Ministério Público nacional, tendo em vista a incompatibilidade entre os dois princípios.

Outros, por sua vez, compreendem a mitigação do princípio da independência funcional em face da hierarquia administrativa, relativizando o princípio referido exclusivamente no aspecto administrativo. Assim, os chefes dos Ministérios Públicos ao emitirem ordem administrativa devem ser obedecidos pelos membros, vedando-se a

---

[514] GARCIA, Emerson. *Ministério Público*: organização, atribuição e regime jurídico. 5. ed. São Paulo: Saraiva, 2015, p. 132.
[515] GARCIA, Emerson. *Ministério Público*: organização, atribuição e regime jurídico. 5. ed. São Paulo: Saraiva, 2015, p. 143.
[516] MAZZILLI, Hugo Nigro. Os limites da autonomia e da independência funcionais no Ministério Público Brasileiro. *In*: SABELLA, Walter Paulo; DAL POZZO, Antônio Araldo Ferraz; BURLE FILHO, José Emmanuel (coord.). *Ministério Público*: vinte e cinco anos do novo perfil constitucional. São Paulo: Malheiros, 2013, p. 243.
[517] LYRA, Roberto. *Teoria e prática da promotoria de justiça*. Porto Alegre: Sergio Antonio Fabris, 1989, p. 179-182.

interferência na atividade-fim por eles desenvolvida.⁵¹⁸ Essa relativização abrangeria também decisões administrativas de outros órgãos da administração superior do Ministério Público, não se estendendo à sua atividade-fim.⁵¹⁹

Por certo, essas definições de atividade-fim ou atividade-meio devem ser discutidas e pontuadas conforme o caso concreto, pois toda intervenção administrativa poderá, em maior ou menor grau, atingir a atuação funcional de membros do Ministério Público, de acordo com o caso específico.

O exercício do princípio da independência funcional também pode ser interpretado como vinculação a uma estratégia institucional do Ministério Público.⁵²⁰ Assim, as noções de que o princípio esteja simplesmente atrelado ao dever de obediência da consciência e ao direito e a inexistência de hierarquia funcional são insuficientes para compreendê-lo. Nesse sentido, não se trata de uma garantia somente do membro do Ministério Público, mas da sociedade. Por isso, o agente ministerial não poderá agir contra a lei ou restringir suas ações a critérios de juízos subjetivos e pautas pessoais que possam contrariar os objetivos institucionais presentes na Carta Magna, assumidos perante a sociedade brasileira.

Nesse contexto, são imprescindíveis a correta interpretação e o equilíbrio entre os princípios da independência funcional e da unidade, logo, não é possível a sobreposição ou a exclusão de um sobre o outro, tendo em vista a previsão constitucional de ambos, forjados para uma garantia dúplice da sociedade e do próprio membro do Ministério Público, sem se desconhecer, como visto, a evidente tensão entre os dois.

Essa tensão não levará à sua erradicação, mas à busca de um equilíbrio e à harmonização da atuação institucional para o desenvolvimento das tarefas constitucionais previstas e os parâmetros abrangidos pelo Estado Democrático de Direito.

Esse equilíbrio é mencionado por Hermes Zaneti Júnior, ao esclarecer que diante de um dilema interpretativo, o Ministério Público tem o dever de simultaneamente estar comprometido institucionalmente

---

⁵¹⁸ MAZZILLI, Hugo Nigro. *Regime Jurídico do Ministério Público*. 8. ed. São Paulo: Saraiva, 2014, p. 135.

⁵¹⁹ JATAHY, Carlos Roberto de Castro. *Curso de princípios institucionais do Ministério Público*. 4. ed. Rio de Janeiro: Lumen Juris, 2009, p. 148.

⁵²⁰ GOULART, Marcelo Pedroso. Princípios institucionais do Ministério Público. *In*: RIBEIRO, Carlos Vinícius Alves (org.). *Ministério Público: reflexões sobre os princípios e funções institucionais*. São Paulo: Atlas, 2010, p. 174-176.

com a unidade e de se autocontrolar em relação à independência.[521] Ressalta, ainda, que há uma independência, mas que ela não é exercida sem fundamentação constitucional adequada:

> trata de efetivar uma 'seletividade razoável e constitucionalmente adequada' em busca da "equiprimordialidade" e da "conjugação equilibrada" entre os princípios da unidade e da independência, sem receita prévia ou *a priori*, de forma a garantir que as metas fixadas institucionalmente, a princípio, são obrigatórias [...].[522]

A prevalência de um princípio sobre o outro poderia causar graves problemas no sentido de que a existência de um Ministério Público guiado apenas pela unidade poderia eliminar as divergências externas e aumentar a segurança jurídica, porém, reduziria os seus membros a meros replicadores de ideologias adotadas pelo chefe ou por um de seus órgãos superiores.

Igualmente, a superposição da independência funcional resultaria no enfraquecimento da coesão institucional, aumentando as divergências externas e diminuindo a previsibilidade das decisões do Ministério Público, levando, ainda, os membros a desconsiderar textos de leis, por vontade própria, a pretexto da independência funcional, causando grande insegurança jurídica.

Esses princípios não devem ser interpretados isoladamente, pois são importantes para o Ministério Público desenvolver suas atividades constitucionais com responsabilidade e equilíbrio.

Nesse contexto, questiona-se: como, institucionalmente, compatibilizar o princípio da unidade com o princípio da independência funcional, de forma que a instituição atue de modo coerente, coeso e transmita segurança jurídica, em especial, quando atuar para implementar política criminal?

O princípio da independência funcional possui limitações, tendo em vista que a atuação do seu membro deve estar adequada aos deveres inerentes à sua destinação institucional, como a defesa da ordem jurídica, do regime democrático e dos interesses sociais e individuais indisponíveis.

---

[521] ZANETI JÚNIOR, Hermes. *O Ministério Público e o processo civil contemporâneo*. 2. ed. São Paulo: Juspodivm, 2021, p. 73.
[522] ZANETI JÚNIOR, Hermes. *O Ministério Público e o processo civil contemporâneo*. 2. ed. São Paulo: Juspodivm, 2021, p. 73.

Como observa Eduardo Cambi, o princípio da independência funcional não consagra a atuação individual e isolada dos membros, não lhes confere poderes ilimitados, sem a existência de vinculação às legítimas políticas institucionais voltadas a reduzir violações de direitos na sociedade. A independência funcional não se trata de um fim em si mesmo, incorporado à pessoa do membro após a sua posse no cargo, mas de um instrumento disponibilizado para satisfazer o interesse público, a única razão de o Ministério Público existir.[523]

A busca de possibilidades e de instrumentos eficazes de atuação, pautados pela eficiência da política criminal, passa pela construção de um caminho institucional com diretrizes a serem conhecidas pela sociedade, em respeito à segurança jurídica.

A lei, ainda que vaga e aberta, deve cumprir o básico do Estado de Direito, como explicam Alexandre Rocha Almeida de Moraes e Fábio Ramazzini Bechara:

> a) a possibilidade de eleição do parlamento que refaz, em termos de política legal, o pacto social; b) a garantia de expectativas normativas que conferem, de alguma forma, segurança aos destinatários da norma no tocante ao permitido e proibido.[524]

Os Poderes Executivo e Legislativo possuem seus agentes já controlados diretamente pelo povo, através do voto, aprovando ou rejeitando periodicamente seu exercício nas funções públicas, o que não ocorre com o Ministério Público, pois inexiste um controle da população, nem sobre a investidura de seus integrantes ou a duração da investidura, nem sobre o exercício de suas funções.[525]

---

[523] CAMBI, Eduardo. Princípio da independência funcional e planejamento estratégico do Ministério Público. *Revista do Ministério Público do Rio de Janeiro*, n. 57, jul./set. 2015.

[524] MORAES, Alexandre Rocha Almeida de; BECHARA, Fábio Ramazzini. Acordo de não persecução penal e restrições de cabimento a partir dos mandados constitucionais de criminalização. In: SALGADO, Daniel de Resende; KIRCHER, Luis Felipe Scheider; QUEIROZ, Ronaldo Pinheiro. *Justiça consensual*. São Paulo: Juspodivm, 2022, p. 441.

[525] Segundo Hugo Nigro Mazzilli, antes da criação do Conselho Nacional do Ministério Público (CNMP), já existiam algumas formas de controle externo sobre o Ministério Público: a) o controle externo no processo de investidura, destituição e *impeachment* do Procurador-Geral de Justiça; b) participação da OAB nos concursos de ingresso; c) possibilidade de ação penal subsidiária; d) legitimidade concorrente da ação civil pública; e) controle de todos os atos da atividade-fim pelo Poder Judiciário; f) controle orçamentário da Instituição pelo Poder legislativo e Tribunal de Contas; g) promoção de ação popular por qualquer cidadão por responsabilidade de membros do Ministério Público; h) controle recíproco entre diversos Ministérios Públicos, devido a legitimidade concorrente e disjuntiva em diversas ações, ou ainda podendo agir em litisconsórcio. MAZZILLI, Hugo Nigro. Os limites da autonomia e da independência funcionais no

Por essa razão, na medida em que uma parte significativa da política criminal passará pelo Ministério Público, por exemplo, para a elaboração de acordos de não persecução criminal, "espera-se o mínimo de estabilidade, coerência e segurança jurídica sobre os patamares para situações similares".[526]

A atuação do Ministério Público, em especial no âmbito de atuações discricionárias, deve gerar para a sociedade uma expectativa de segurança em relação ao direito, estabilizando as relações sociais, com previsibilidade aos seus atos e não surpreender o ritmo cotidiano de reprodução social.

Quando a instituição enfrenta questões afetas ao âmbito da discricionariedade da sua atuação, em especial nas funções extrajudiciais, a exemplo da resolução consensuada do conflito penal e nos arquivamentos de investigações criminais, o princípio da independência funcional torna-se um importante instrumento a serviço dos seus membros, porém, é relevante, igualmente, alinhá-lo com o princípio da unidade, de maneira que a atuação ministerial não transmita insegurança jurídica à sociedade.

Não há dúvidas de que o Ministério Público é uma instituição de garantia,[527] devendo avançar em suas formas de atuação no âmbito do processo penal. Assim, é necessário expandir fronteiras para enfrentar ilícitos de caráter não territorial, cuja necessidade de tutela não está restrita aos limites geográficos nacionais, tendo em vista serem situações jurídicas complexas.

Para além da função do exercício de acusação pública no processo penal, o Ministério Público previsto pela CF/88 ampliou suas atribuições constitucionais, a exemplo do controle de constitucionalidades de leis e a defesa do regime democrático e dos direitos sociais, agora constitucionalizados, antes reduzida a vigiar o princípio da legalidade, ligado somente as funções inerentes a acusação no processo penal.

Ministério Público Brasileiro. *In:* SABELLA, Walter Paulo; DAL POZZO, Antônio Araldo Ferraz; BURLE FILHO, José Emmanuel (coord.). *Ministério Público*: vinte e cinco anos do novo perfil constitucional. São Paulo: Malheiros, 2013, p. 238-239.

[526] MORAES, Alexandre Rocha Almeida de; BECHARA, Fábio Ramazzini. Acordo de não persecução penal e restrições de cabimento a partir dos mandados constitucionais de criminalização. *In:* SALGADO, Daniel de Resende; KIRCHER, Luis Felipe Scheider; QUEIROZ, Ronaldo Pinheiro. *Justiça consensual*. São Paulo: Juspodivm, 2022, p. 441.

[527] O Ministério Público atua como instituição de garantia para ativar a jurisdição e tutelar direitos fundamentais, o que é chamado por Luigi Ferrajoli de princípio da acionabilidade. ZANETI JUNIOR, Hermes. *O Ministério Público e o processo civil contemporâneo*. 2. ed. São Paulo: Juspodivm, 2021, p. 68.

O Ministério Público, dentro dos paradigmas constitucionais, não se limita a um acusador contumaz, sendo responsável também pelos direitos e garantias fundamentais durante o curso do processo penal, enquadrando-o como uma instituição de garantias. Possui o dever institucional de zelar, em qualquer instância, em todas as fases da persecução penal, pela ordem jurídica[528] e pela correta aplicação da lei.

É o Ministério Público fiscal do regime democrático, fiscal do cumprimento das leis e da Constituição, sua finalidade no processo penal ultrapassa sua mera classificação de parte, como pondera Gerson Daniel Silva da Silveira:[529]

> Nessa tessitura, não há como negar que o Ministério Público de garantias guarde estreita relação com a definição de *custus juris*, face às atribuições constitucionais que lhe foram atribuídas, ao dever de imparcialidade e à defesa da integridade de todo ordenamento jurídico. Tais atribuições não são destinadas somente ao processo penal, mas, para todos os processos ou procedimentos que demandam a atuação ou intervenção, contribuem para a consecução da justiça, respeitados obviamente os direitos e garantias dos sujeitos processuais envolvidos.

O Ministério Público, fundado nas raízes de um processo penal tradicional, que mantém o espírito e a presença de diversas normas da década de 1940 em sua configuração, enfrenta dois problemas: o primeiro, que esse Ministério Público não se coaduna e não consegue ser eficiente frente aos problemas sociais pós-modernos;[530] o segundo, por sua vez, diz respeito ao descompasso entre esse processo penal vigente e as funções institucionais previstas na Carta Magna.

Por essa razão, é necessário modificar as normas processuais penais, para conformá-las com a estrutura constitucional do processo

---

[528] Art. 127, *caput*, da CF/88.
[529] SILVEIRA, Gerson Daniel Silva da. Ministério Público: *O equilíbrio entre o Garantismo e o Eficientismo na Justiça Penal Consensual*. Rio de Janeiro: Lumen Juris, 2020, p. 38.
[530] Utiliza-se a expressão "pós-modernidade" para referenciar as mudanças ocorridas nas artes, ciências e nas sociedades desde 1950, ou seja, trata-se de um "novo contexto pautado por novos paradigmas: cibernética, robótica industrial, biologia molecular, medicina nuclear, tecnologia de alimentos, terapias psicológicas e religiões alternativas, climatização, técnicas de embelezamento, a mídia (da televisão à internet), a revolução tecnológica dos meios de comunicação, o aumento do consumo, o hedonismo e a busca constante da autossatisfação, o niilismo, enfim, inúmeras circunstâncias e características que alteram profundamente todas as formas de controle social". MORAES, Alexandre Rocha Almeida de; BECHARA, Fábio Ramazzini. Acordo de não persecução penal e restrições de cabimento a partir dos mandados constitucionais de criminalização. *In:* SALGADO, Daniel de Resende; KIRCHER, Luis Felipe Scheider; QUEIROZ, Ronaldo Pinheiro. *Justiça consensual*. São Paulo: Juspodivm, 2022, p. 421.

penal, em especial, em relação à atuação do Ministério Público no âmbito do processo penal, para serem afinados os dispositivos legais do processo penal com as funções reservadas ao *Parquet*.

Um novo processo penal de matizes constitucionais deve contribuir para realizar uma reforma ideológica na classe do Ministério Público brasileiro, como já fora feito na Itália, contribuindo para erradicar a "ideologia da avaloratividade da aplicação da lei e da neutralidade da interpretação", assim como ocorreu com a reformulação do CPC/2015.[531]

Aliás, o CPC/2015, ao constitucionalizar o processo, já inseriu normas fundamentais que se protraem e contaminam todo o modelo processual brasileiro, incluindo o processo penal (art. 3º do CPP/1941), daí a urgência da efetiva adequação do processo penal brasileiro ao Texto Constitucional.[532]

A Magistratura Democrática italiana, movimento nascido em 1970, surgiu para combater o descompasso entre a lei fascista e a Constituição italiana de 1948, demonstrando que a classe da "magistratura" italiana (juízes e promotores) refletia o velho mito da tecnicidade e autonomia do direito, opondo-se ao combate ideológico, individualizados em:

> a) a adoção da teoria formalista da interpretação, que ignorava o caráter inevitavelmente discricionário das escolhas interpretativas, decorrentes da distinção entre texto e norma, e, portanto ignorava igualmente, o caráter ético e político e a responsabilidade dos juízes e promotores pelas decisões adotadas; b) teoria das fontes ligada ao *paleojuspositivismo* legalista, que igualmente ignorava a divergência originada no ordenamento com os virtuais conflitos: Constituição v. velho sistema legislativo; norma legal v. norma constitucional; regras legais v. princípios constitucionais;[533]

O Ministério Público deve ser refundado democraticamente com a vigência de um novo Código de Processo Penal, de maneira

---

[531] ZANETI JÚNIOR, Hermes. Código de Processo Civil 2015: ruptura do paradoxo entre o Ministério Público da legalidade e o Ministério Público constitucional. *In*: GODINHO, Robson Renault; COSTA, Susana Henrique da. *Ministério Público*. Salvador: Juspodivm, 2015, p. 49.

[532] ZANETI JÚNIOR, Hermes. *O Ministério Público e o processo civil contemporâneo*. 2. ed. São Paulo: Juspodivm, 2021, p. 57.

[533] ZANETI JÚNIOR, Hermes. Código de Processo Civil 2015: ruptura do paradoxo entre o Ministério Público da legalidade e o Ministério Público constitucional. *In*: GODINHO, Robson Renault; COSTA, Susana Henrique da. *Ministério Público*. Salvador: Juspodivm, 2015, p. 50.

que a instituição atue de forma independente e imparcial, mas não avalorativa, iniciando com a valoração da constitucionalidade das leis e a construção de políticas criminais. Para cumprir suas funções constitucionais como instituição de garantia, há se definir estratégias em prol dos objetivos da Carta Política e da tutela dos direitos fundamentais, prestando contas da sua atuação à sociedade (*accountability*).

Essa mudança necessária pode causar um alargamento na tensão existente entre os princípios da independência funcional e da unidade, na medida em que o Ministério Público, para efetivar a sua conformação alinhada ao perfil constitucional, construa a sua própria política criminal, incluindo:

a) sua participação na Política Criminal através da concepção de uma Ciência Penal total; b) a construção de uma Política Criminal própria que discuta o trato da política de segurança pública como bem difuso que merece ser protegido, traçando estratégias para tanto; c) a construção de uma doutrina institucional de investigação criminal e de controle externo da atividade policial, assim como a fixação de parâmetros que permitam aferir sua eficiência e desempenho na diminuição das taxas de criminalidade, modificando-se, pois, toda sua estruturação de fiscalização e prestação de contas; d) a atuação, a partir da implementação de laboratórios de jurimetria, sob a forma de agências que, além de corpo técnico – analistas de dados, peritos, etc. – seja criada e pensada de acordo com as disfunções sociais e não simplesmente por território.[534]

Nesse contexto, a independência funcional deve ser equacionada com a unidade de atuação institucional, de forma a solucionar a tensão existente, de maneira que a liberdade de atuar de cada membro seja adequada à necessidade de adoção de estratégias de políticas criminais por parte de todos os membros.

Nesse passo, ressalta-se a importância nesse processo das Escolas Institucionais do Ministério Público, conhecidas como Centros de Estudos e Aperfeiçoamento Funcional (CEAFs) e Escolas Superiores do Ministério Público (ESMPs), nos Estados, e no Ministério Público da União, a Escola Superior do Ministério Público da União (ESMPU), e no âmbito Nacional, a ENAMP (Escola Nacional do Ministério Público).

Assumem as Escolas do Ministério Público a atribuição de

---

[534] PONTE, Antonio Carlos da; DEMERCIAN, Pedro Henrique. O Ministério Público brasileiro e a justiça consensual. Foro, *Nueva Época*, v. 22, n. 1, 2019. Disponível em: https://dx.doi.org/10.5209/foro.66636. Acesso em: 13 jun. 2022, p. 105.

formular políticas institucionais juntamente com a Administração Superior e na tomada de decisões de gestão, tornando-se muito mais do que uma simples unidade de treinamento, possuindo uma função de ampliar os horizontes culturais dos quadros funcionais, como forma e espaço adequado para a conscientização dos objetivos institucionais, bem como para o reforço de sentimento de missão.[535] Ainda, as Escolas preenchem o espaço próprio para que sejam estimulados à produção intelectual, para a organização e um ambiente institucional de debates e para que seja difundido o conhecimento produzido.

As Escolas Institucionais podem auxiliar o Ministério Público no emprego equilibrado dos princípios da unidade e da independência funcional, na medida em que a atividade de capacitação, treinamento, formação, educação e gestão devem alinhar-se com as estratégias institucionais adotadas institucionalmente, de acordo com as diretrizes definidas no planejamento estratégico e com os respectivos planos de ação.[536]

Assim, a atuação dos seus componentes, observando a estratégia funcional definida no plano geral da instituição, pode se consolidar em um bom caminho a ser trilhado para equacionar os princípios aparentemente conflitantes.

Como observa Eduardo Cambi, os princípios da unidade e da independência funcional são como mandados de otimização que, embora possam entrar em conflito, será este solucionado por meio do respeito às diretrizes gerais traçadas pela instituição, através de um planejamento estratégico construído pelo Ministério Público a fortalecer a instituição e a própria sociedade tendo em vista a obtenção de resultados mais eficientes.[537]

A atuação do Ministério Público nas proximidades de períodos eleitorais pode afetar sua credibilidade, na medida em que a atuação institucional às vésperas de eleições, em especial pela ampla divulgação da imprensa, pode ser maculada por indesejáveis motivos eleitoreiros.

---

[535] BRASIL, Luciano Faria de. *As escolas institucionais do Ministério Público e o seu papel na formação e aprimoramento funcional do Ministério Público*: 30 anos da constituição de 1988 e o ministério público: avanços, retrocessos e os novos desafios. CAMBI, Eduardo; ALMEIDA, Gregório Assagra de; MOREIRA, Jairo Cruz (org.). Belo Horizonte: D'Plácido, 2018, p. 98.

[536] BRASIL, Luciano Faria de. *As escolas institucionais do Ministério Público e o seu papel na formação e aprimoramento funcional do Ministério Público*: 30 anos da constituição de 1988 e o ministério público: avanços, retrocessos e os novos desafios. CAMBI, Eduardo; ALMEIDA, Gregório Assagra de; MOREIRA, Jairo Cruz (org.). Belo Horizonte: D'Plácido, 2018, p. 101.

[537] CAMBI, Eduardo. Princípio da independência funcional e planejamento estratégico do Ministério Público. *Revista do Ministério Público do Rio de Janeiro*, n. 57, jul./set. 2015, p. 77.

Para assegurar o fortalecimento institucional e manter intacta a unidade, é possível regulamentar essa questão essencialmente no âmbito do CNMP, para impor um período de quarentena, limitando a independência funcional através de ato normativo, afeta à escolha do melhor momento para se deflagrar uma operação criminal ou, ainda, para divulgar determinadas informações que, de alguma forma, possam afetar os resultados de uma eleição, garantindo, assim, a necessária credibilidade à atuação do Ministério Público.[538]

Ainda, a busca pelo equacionamento entre a independência funcional e a unidade institucional, de modo a conferir segurança jurídica à sociedade de suas ações, pode ser a submissão, pelo membro do Ministério Público, de um *hard case*, através de amplo debate interno, em especial com outros componentes que trabalhem em situação análoga, para promover enunciados orientadores da atuação institucional.

É o que esclarece Marcelo Zenkner:

> Ao final desse ciclo de reuniões e debates internos, seria conveniente, inclusive, a edição e a publicação de um enunciado sobre aquele determinado assunto, o qual geraria mais segurança e conforto para o membro do Ministério Público com atribuição na matéria. Além disso, a providência ministerial a ser adotada certamente seria muito mais madura, fundamentada e plenamente consentânea com o princípio da unidade institucional.[539]

O Ministério Público, ao empregar o exercício de sua conformação constitucional, exercerá um papel fundamental na condução de políticas criminais, com a necessária distensão e equiprimordialidade entre os princípios da unidade e da independência funcional, de modo a preservar a segurança jurídica, a estabilidade e a coerência na atuação institucional.

---

[538] Por evidente, há diversas variantes, como a possibilidade da ocorrência de prescrição, perda da prova, entre outras questões, que podem exigir a atuação ministerial independentemente de qualquer quarentena.
[539] ZENKNER, Marcelo. Harmonia e complementaridade dos princípios institucionais da unidade e da independência. In: ALMEIDA, Gregório Assagra; CAMBI, Eduardo; MOREIRA, Jairo Cruz (org.). *Ministério Público, Constituição e acesso à justiça*: abordagens institucional, cível, coletiva e penal da atuação do Ministério Público. Belo Horizonte: D'Plácido, 2019, p. 605-606.

CONCLUSÕES

1. Historicamente, o processo penal foi utilizado como instrumento de poder para combater, perseguir e punir todos que, de alguma forma, contrariavam os interesses de determinada época. Há, portanto, uma estreita ligação entre o sistema político vigente na Carta Política e o processo penal vigente.
2. O processo penal possui a complexa tarefa de equilibrar a sua eficiência e efetividade (atuação do Estado) com os direitos e garantias fundamentais (proteção do Estado).
3. O CPP/1941, atualmente vigente, foi forjado em época ditatorial, de maneira que a ideia era estabelecer um processo que servisse à ideologia da época, submetendo o acusado às necessidades do Estado (braço de força do Estado, em um viés persecutório e punitivo).
4. O CPP/1941 foi marcado pela preponderância de uma natureza inquisitorial, ao prevalecer a força punitiva do Estado em relação aos direitos e garantias do cidadão.
5. Após 1941, várias foram as tentativas de reforma do Código, através de vários governos e comissões de juristas, porém, sem o sucesso de uma adequação necessária ao processo penal brasileiro, embora diversos dispositivos já tivessem sido superados pelo avanço da doutrina processual penal e pelas Cartas Constitucionais posteriores.
6. Ao longo dos anos, em especial após a CF/1988, embora não tenha havido êxito na reforma global do processo penal, diversas leis pontuais foram aprovadas pelo Poder Legislativo, de maneira que o CPP, com a redação originária de 1941, ficou desfigurado e contraditório em diversos pontos.
7. O processo penal precisa ser submetido a uma reforma global para se manter integralmente compatível com a Carta Cidadã de 1988 e demais preceitos internacionais de direitos humanos a ela inerentes.
8. Os princípios democráticos vigentes na atual Carta Política expressam os valores políticos e ideológicos que devem nortear o processo penal, de maneira que é necessário concretizar o equilíbrio entre a garantia de segurança à sociedade e o

respeito aos direitos das vítimas de delitos e as garantias e os direitos inerentes ao acusado ou investigado.
9. O processo penal e o direito penal possuem uma relação de complementaridade e de afinidades, por isso, ambos devem ser estudados em conjunto, em sintonia, para uma correta orientação da política criminal.
10. O processo penal deve ser encarado como um instrumento de política criminal, não só como um mero instrumento para se aplicar o direito penal, mas um condutor do que é relevante para o direito penal e sua responsabilidade.
11. O processo penal no modelo tradicional não é capaz de fazer frente aos desafios enfrentados em razão da evolução da sociedade em uma era globalizada, caracterizada por uma criminalidade originada dessa evolução a exigir uma atualização da estrutura processual.
12. Há uma crise de política criminal instalada no sistema de justiça penal, na medida em que a utilização do atual sistema revela-se antiquada e ineficiente para a resolução dos problemas penais existentes na sociedade, causando danos sociais, como a inflação legislativa (direito penal simbólico), o congestionamento de processos (reflexo da morosidade, a sensação de insegurança, exposição midiática e exploração política, e as formas de criminalidade que não conseguem ser enfrentadas pelo processo penal atual [sociedade globalizada]).
13. Da mesma forma que o processo penal, os modelos de sistemas processuais refletem os interesses políticos e ideológicos em determinados contextos sociais e épocas.
14. As características que apresentariam a distinção sobre os modelos de sistemas processuais não possuem uniformidade na doutrina;
15. O modelo dicotômico (inquisitório ou acusatório) apresentado pela grande maioria da doutrina não se mostra adequado frente às normas e aos princípios constitucionais vigentes, levando estudiosos a sustentarem que não há sistemas puros, nem acusatório, nem inquisitivo.
16. A tentativa de se adotar um sistema processual penal baseado em um modelo dicotômico leva a doutrina a nominar o modelo processual das mais diversas formas, sem apresentar uma unidade ou uniformidade de entendimento a respeito do tema.

17. É nessa linha que a doutrina brasileira tradicional procura enquadrar a existência de um sistema processual penal predominantemente inquisitivo, com vestígios de acusatório, ou a existência de um sistema processual penal predominantemente acusatório, com vestígios de inquisitivo.
18. Como já tratado, o CPC/1941 não é compatível com a Constituição Federal de 1988, salvo em razão de algumas alterações legislativas que tentaram adequá-lo ao quadro constitucional vigente.
19. É necessário modificar completamente o processo penal vigente, a partir de uma reforma global do CPP/1941 para transformá-lo em um processo penal cuja estrutura seja originária dos preceitos da CF/1988 e contenha todos os direitos e garantias nela previstas, forjado em uma moldura democrática, revestida por valores políticos e ideológicos que lhe são inerentes.
20. O Ministério Público exerce um papel fundamental na estrutura processual penal constitucional vigente, a contemplar, além do monopólio da ação penal, o papel de indutor de políticas criminais necessárias para implementar na sociedade uma atuação efetiva no combate à criminalidade, tanto no viés punitivo quanto preventivo.
21. Importante, portanto, uma releitura sobre o princípio da obrigatoriedade da ação penal, pois necessita de uma interpretação a partir do texto constitucional e das finalidades constitucionais do Ministério Público, tendo em vista que sua origem advém de um período em que o Ministério Público integrava o Poder Executivo e suas atribuições constitucionais eram restritas. Assim, na moldagem de uma instituição independente, essencial à função jurisdicional e de defensor do regime democrático, seu papel suplanta o de mero e burocrático "despachador de denúncias", para indutor de políticas criminais, o que afeta a compreensão e a significação desse princípio.
22. A atuação da magistratura em um processo penal de consenso submete-se a hipóteses restritas e está fundada em um modelo de processo penal constitucional, no qual o Ministério Público possui, privativamente, a função de exercer a ação penal pública.
23. De acordo com a estrutura constitucional atual, embora ainda existam divergências na doutrina a respeito, é admissível

a ingerência da magistratura na condução probatória do processo penal, em especial, para sanar dúvidas e complementar a prova penal em pontos controvertidos; em regra, não é possível a formação de provas de ofício de modo a substituir a atuação das partes.

24. Nesse quadro, há o retrato de um processo penal moldado através de uma estrutura constitucional, no qual o Ministério Público deve assumir um papel para além de mero "reprodutor" de peças penais acusatórias, pois, só assim a instituição poderá cumprir as funções constitucionais que lhe são incumbidas, tornando-se uma indutora de política criminal, capaz de tornar efetivo e eficiente o combate à criminalidade.

25. Para seguir uma política criminal, o Ministério Público, através de um processo penal eficiente e eficaz, deve se ater a uma análise correta da justa causa para ação penal, utilizando-a como um instrumento de política criminal, de forma a dar ao direito penal sua correta finalidade, dentro dos parâmetros de uma ciência penal global.

26. A justa causa para a ação penal, em sua interpretação constitucional, é a possibilidade de se verificar a ocorrência dos delitos de bagatela, propiciando uma escorreita proteção penal ao bem jurídico penal, como meio de efetivação da democracia no processo penal.

27. A justiça penal consensual é uma das alternativas para a implementação de uma política criminal adequada ao combate à criminalidade; além disso, vem demonstrando ser uma forma de atender aos anseios da vítima no processo penal – sempre esquecida no processo penal tradicional –, mas que, aos poucos, tem sido inserida no processo, tornando-o uma forma efetiva de se preponderar a reparação dos danos e de oferecer rápida resposta penal à sociedade, nos moldes do acordo de não persecução penal.

28. A reforma que modificou o art. 28 do CPP/1941 através do Pacote Anticrime, ao tratar do regime de encerramento das investigações criminais, reflete um avanço processual penal, de acordo com princípios e parâmetros constitucionais, de maneira a distribuir corretamente o papel dos atores processuais e de conferir à acusação a atribuição de decidir sobre "não acusar".

29. Assim como os motivos que amparam a possibilidade de se firmar o acordo de não persecução penal, a decisão de "não acusar" não afronta um possível – mas de questionável existência – princípio da obrigatoriedade, tendo em vista que o manejo da ação penal tem como fundamento critérios baseados em uma ciência penal total, não em pura dogmática, possibilitando a influência de uma política criminal.
30. A decisão de "não acusar", nos moldes constitucionais, pertence ao órgão de acusação, logo, não se admite o encerramento das investigações criminais sem o conhecimento e o consentimento do titular da ação penal, salvo em hipóteses excepcionais de controle de legalidade e abuso de poder, inerentes a qualquer outro ato administrativo.
31. O controle de convencionalidade, por sua vez, será utilizado pelo Ministério Público para tornar compatíveis suas finalidades constitucionais, como forma de garantir o respeito aos direitos humanos dos acusados e vítimas e, ainda, para proteger os direitos humanos através da tutela penal.
32. A atuação discricionária do Ministério Público não poderá deixar margem para instabilidade e insegurança à sociedade quanto ao seu modo de atuação. Por isso, a atuação ministerial deve ser coerente, pautada na ponderação e no equilíbrio entre os princípios da independência funcional e da unidade. A construção da política criminal do Ministério Público tem o dever de gerar à sociedade uma expectativa de segurança em relação ao direito, para proporcionar uma estabilização das relações sociais.

REFERÊNCIAS

ALMEIDA, Gregório Assagra de. O Ministério Público no neoconstitucionalismo: perfil constitucional e alguns fatores de ampliação de sua legitimação social. *Revista Jurídica do Ministério Público de Mato Grosso*, v. 3, n. 5, p. 57-104, jul./dez. 2008.

ANDRADE, Flávio da Silva. *Justiça penal consensual*: controvérsias e desafios. Salvador: Juspodivm, 2019.

ANDRADE, Roberta Lofrano. *Processo penal e sistema acusatório*: evolução histórica, expansão do direito penal e considerações críticas sobre o processo penal brasileiro. Rio de Janeiro: Lumen Juris, 2015.

ARAS, Vladimir. Acordos penais no Brasil: uma análise à luz do direito comparado. *In*: CUNHA, Rogério Sanches *et al*. *Acordo de não persecução penal*. Salvador: Juspodivm, 2019.

ARAS, Vladimir; BARROS, Francisco Dirceu. *Comentários ao Pacote Anticrime (3)*: O arquivamento do inquérito policial pelo Ministério Público após a Lei Anticrime. Disponível em: https://vladimiraras.blog/2020/05/05/comentarios-ao-pacote-anticrime-3-o-arquivamento-do-inquerito-policial-pelo-ministerio-publico-apos-a-lei-anticrime/. Acesso em: 18 jun. 2021.

ARAÚJO, Fábio Roque. *Direito penal didático* – parte geral. 3. ed. Salvador: Juspodivm, 2020.

ARRUDA, Eloísa de Sousa; DEMERCIAN, Pedro Henrique (colab.). O descumprimento do acordo de colaboração premiada e suas consequências jurídicas. *Revista Direitos Sociais e Políticas Públicas*, Bebedouro, v. 7, n. 2, p. 49-66, maio-ago. 2019. Disponível em: http://www.unifafibe.com.br/revista/index. php/direitos-sociais-politicas-pub/article/view/611/pdf. Acesso em: 8 out. 2021.

BADARÓ, Gustavo Henrique. *Processo penal*. 7. ed. São Paulo: RT, 2019.

BARREIROS, José António. *Processo penal*. Coimbra: Almedina, 2001.

BAUMAN, Zygmunt. *Modernidade líquida*. Trad. Plínio Dentzien. Rio de Janeiro: Zahar, 2001.

BELING, Ernest Von. *Derecho procesal penal*. Santiago-Chile: Olejnik, 2018.

BELTRÁN, Jordi Ferrer. *Valoração racional da prova*. Trad. Vitor de Paula Ramos. Salvador: Juspodivm, 2021.

BONFIM, Edilson Mougenot. *Curso de processo penal*. 5. ed. São Paulo: Saraiva, 2010.

BRASIL, Luciano Faria de. As Escolas Institucionais do Ministério Público e o seu papel na formação e aprimoramento funcional do Ministério Público. *30 anos da constituição de 1988 e o ministério público: avanços, retrocessos e os novos desafios*. CAMBI, Eduardo; ALMEIDA, Gregório Assagra de; MOREIRA, Jairo Cruz (org.). Belo Horizonte: D'Plácido, 2018.

BUSATO, Paulo César. De magistrados, inquisidores, promotores de justiça e sambaias. Um estudo sobre os sujeitos no processo em um sistema acusatório. *Revista Justiça e Sistema Criminal*. Modernas Tendências do Sistema Criminal. Curitiba: FAE Centro Universitário, v. 2, n. 1, p. 103-126, jan./jun. 2010.

CABRAL, Rodrigo Leite Ferreira. *Manual do acordo de não persecução penal à luz da Lei 13.964/2019* (Pacote Anticrime). Salvador: Juspodivm, 2020.

CAMBI, Eduardo. Princípio da independência funcional e planejamento estratégico do Ministério Público. *Revista do Ministério Público do Rio de Janeiro*, n. 57, jul./set. 2015.

CANALTECH. Hackers invadem sistemas do Pentágono e encontram vários bugs de segurança. Por: Jones Oliveira, 19 jun. 2016. Disponível em: https://canaltech.com.br/hacker/hackers-invadem-sistemas-do-pentagono-e-encontram-varios-bugs-de-seguranca-70247/. Acesso em: 02 fev. 2022.

CANOTILHO, José Joaquim Gomes. *Direito constitucional e teoria da constituição*. 2. ed. Coimbra: Almedina, 1998.

CARVALHO, Luis Gustavo Grandinetti Castanho de. *Processo penal e Constituição*: princípios constitucionais do processo penal. 6. ed. São Paulo: Saraiva, 2014.

CARVALHO, Luis Gustavo Grandinetti Castanho de; CHAGAS, Fernando Cerqueira; FERRER, Flávia; BALDEZ, Paulo de Oliveira Lanzelotti; PEDROSA, Ronaldo Leite. *Justa causa penal constitucional*. Rio de Janeiro: Lumen Juris, 2004.

CASARA, Rubens R. R. *Processo penal do espetáculo*: e outras ensaios. 2. ed. Florianópolis: Tirant lo Blanch, 2018.

COPETTI, André. *Direito penal e Estado Democrático de Direito*. Porto Alegre: Livraria do Advogado, 2000.

COURA, Alexandre de Castro; FONSECA, Bruno Borges da. *Ministério Público brasileiro*: entre a unidade e a independência. São Paulo: LTr., 2015.

COUTINHO, Jacinto Nelson de Miranda. Sistema acusatório. Cada parte no lugar constitucionalmente demarcado. *Revista de Informação Legislativa*. Brasília, ano 46, n. 183, jul./set. 2009. In: COUTINHO, Jacinto Nelson de Miranda (org.); CARVALHO, Luis Gustavo Grandinetti Castanho de (org.). *O novo processo penal à luz da Constituição*: análise crítica do Projeto de Lei n. 156/2009 do Senado Federal. Rio de Janeiro: Lumen Juris, 2010.

COUTINHO, Jacinto Nelson de Miranda. Da decisão cautelar de arquivamento do inquérito policial e as regras da Lei 13.964/19. *Revista Judiciária do Paraná/Associação dos Magistrados do Paraná*. v. 1, n. 1, p. 17-50, jan. 2006, Curitiba: AMAPAR, 2006.

COUTINHO, Jacinto Nelson de Miranda; MURATA, Ana Maria Lumi Kamimura. *As regras sobre a decisão do arquivamento do inquérito policial*: o que muda com a Lei 13.964/19. 30 abr. 2020. Disponível em: https://ibccrim.org.br/publicacoes/edicoes/40/290. Acesso em: 09 maio 2021.

CRUZ, Rogério Schietti; EISELE, Andreas. *Os crimes de bagatela na dogmática e na jurisprudência*. São Paulo: Juspodivm, 2021.

CUNHA, Vítor Souza. *Acordos de admissão de culpa no processo penal*: devido processo, efetividade e garantias. Salvador: Juspodivm, 2019.

DEMERCIAN, Pedro Henrique. *Regime jurídico do Ministério Público no processo penal*. São Paulo: Verbatim, 2009.

DEMERCIAN, Pedro Henrique. *A oralidade no processo penal brasileiro*. São Paulo: Atlas, 1999.

DEMERCIAN, Pedro Henrique. A colaboração premiada e a lei das organizações criminosas. *Revista Jurídica ESMP-SP*, v. 9, p. 53-88, 2016.

DEMERCIAN, Pedro Henrique; TORRES, Tiago Caruso. Fins da pena no Estado Democrático de Direito: ainda faz sentido defender o caráter preventivo da pena e a necessidade de ressocialização do condenado? *Revista da Faculdade de Direito do Sul de Minas*, v. 36, n. 2, 2021. Disponível em: https://revista.fdsm.edu.br/index.php/revistafdsm/article/view/94. Acesso em: 01 fev. 2022.

DEMERCIAN, Pedro Henrique; TORRES, Tiago Caruso. A constitucionalidade do artigo 385 do Código de Processo Penal. *Revista Jurídica da Escola Superior do Ministério Público de São Paulo*, v. 12, n. 2, p. 116-137, 2018.

DEMERCIAN, Pedro Henrique; MALULY Jorge Assaf. *Curso de processo penal*. 9. ed. Rio de Janeiro: Forense, 2014.

DEMERCIAN, Pedro Henrique; MALULY, Jorge Assaf. *Teoria e prática dos juizados especiais criminais*. Rio de Janeiro: Forense, 2008.

DEZEM, Guilherme Madeira; SOUZA, Luciano Anderson de. *Comentários ao Pacote Anticrime*: Lei 13.964/2019. São Paulo: Thomson Reuters Brasil, 2020.

DEZEM, Guilherme Madeira. *Curso de processo penal*. 6. ed. São Paulo: Thomson Reuters Brasil, 2020.

DINAMARCO, Cândido Rangel; BADARÓ, Gustavo Henrique Righi Ivahy; LOPES, Bruno Vasconcelos Carrilho. *Teoria geral do processo*. 32. ed. São Paulo: Malheiros, 2020.

DIVAN, Gabriel Antinolfi. *Processo penal e política criminal*: uma reconfiguração da justa causa para a ação penal. Porto Alegre, RS: Elegantia Juris, 2015.

ESPÍNOLA FILHO, Eduardo. *Código de Processo Penal brasileiro anotado*. v. I. Rio de Janeiro: Freitas Bastos, 1942.

FEITOZA, Denilson. *Direito processual penal*: teoria, crítica e práxis. 6. ed. Niterói, RJ: Impetus, 2019.

FERNANDES, Antonio Scarance. *Processo penal constitucional*. 6. ed. São Paulo: RT, 2010.

FERNANDES, Fernando. *O processo penal como instrumento de política criminal*. Lisboa: Almedina, 2001.

FERNANDES, Leonardo Araújo de Miranda. *Pechincha criminal*: um estudo de caso da colaboração premiada dos executivos da J&F Investimentos diante do novo paradigma consensual processual penal. Salvador: Juspodivm, 2021.

FIGUEIREDO DIAS, Jorge de. *Direito processual penal*. v. 1. Coimbra: Coimbra, 1974.

FIGUEIREDO DIAS, Jorge de. *Direito penal parte geral*. t. I. Questões fundamentais a doutrina do geral do crime. Coimbra: Coimbra, 2004.

FISCHER, Douglas; PEREIRA, Frederico Valdez. *As obrigações processuais penais positivas*: segundo as Cortes Europeia e Interamericana de Direitos Humanos. 3. ed. Porto Alegre: Livraria do Advogado, 2022.

GALVÃO, Fernando. *Política criminal*. 2. ed. Belo Horizonte: Mandamentos, 2002.

GARCETE, Carlos Alberto. Sistemas Jurídicos no Processo Penal: uma compreensão a partir da *civil law* e *common law*, os transplantes jurídicos e os sistemas inquisitório, acusatório e adversarial. São Paulo: Thomson Reuters Brasil, 2022.

GARCIA, Emerson. *Ministério Público*: organização, atribuição e regime jurídico. 5. ed. São Paulo: Saraiva, 2015.

GAZOTO, Luís Wanderley. *O princípio da não-obrigatoriedade da ação penal pública*: uma crítica ao formalismo no Ministério Público. Barueri, SP: Manole, 2003.

GEBRAN NETO, João Pedro; ARENHART, Bianca Geórgia Cruz; MANORA, Luís Fernando Gomes. *Comentários ao novo inquérito policial*: juiz das garantias, arquivamento e acordo de não persecução penal: conforme a Lei n. 13.964/2019. São Paulo: Quartier Latin, 2021.

GIACOMOLLI, Nereu José. Algumas marcas inquisitoriais do Código de Processo Penal brasileiro e a resistência às reformas. *Revista Brasileira de Direito Processual Penal*, [s.l], v. 1, n. 1, 2015. Disponível em: https://revista.ibraspp.com.br/RBDPP/article/view/8. Acesso em: 9 fev. 2022.

GLESS, Sabine; WEIGEND, Thomas. Agentes inteligentes e o direito penal. *In*: ESTELLITA, Heloisa; LEITE, Alaor (org.). *Veículos autônomos e direito penal*. São Paulo: Marcial Pons, 2019.

GLOECKNER, Ricardo Jacobsen. *Autoritarismo e processo penal*: uma genealogia das ideias autoritárias no processo penal brasileiro. v. 1. Florianópolis, SC: Tirant lo Blanch, 2018.

GOLDFINGER, Fábio Ianni. *O papel do Ministério Público nas investigações criminais no mundo moderno*: a inconstitucionalidade do monopólio das investigações. 2. ed. Belo Horizonte: Fórum, 2019.

GOLDSCHMIDT, James. *Problemas jurídicos e políticos do processo penal*. Trad. Mauro Fonseca Andrade e Mateus Marques. Porto Alegre: Livraria do Advogado, 2018.

GOMES FILHO, Antônio Magalhães; TORON, Alberto Zacharias; BADARÓ, Gustavo Henrique (coord.). *Código de Processo Penal comentado*. 4. ed. São Paulo: RT, 2021.

GOMES, Luiz Flávio; BIANCHINI, Alice. Justa causa no processo penal: conceito e natureza jurídica. *Revista dos Tribunais*, São Paulo, v. 91, n. 805, p. 472-478, nov. 2002.

GOULART, Marcelo Pedroso. Princípios institucionais do Ministério Público. *In*: RIBEIRO, Carlos Vinícius Alves (org.). *Ministério Público*. Reflexões sobre os princípios e funções institucionais. São Paulo: Atlas, 2010.

GRINOVER, Ada Pellegrini. *O processo III*. Série Estudos e Pareceres de Processo Penal. Brasília, DF: Gazeta Jurídica, 2013.

GRINOVER, Ada Pellegrini. A iniciativa instrutória do juiz no processo penal acusatório. *Revista do Conselho Nacional de Política Criminal e Penitenciária*, Brasília, v. 18, jan./jun. 2005.

GRINOVER, Ada Pellegrini. O Código modelo de Processo Penal para Ibero-américa: 10 anos depois. *Revista Brasileira de Ciências Criminais*, v. 30, p. 41-50, 2000.

GRINOVER, Ada Pellegrini; GOMES FILHO, Antonio Magalhães; FERNANDES, Antonio Scarance; GOMES, Luiz Flávio. *Juizados Especiais Criminais*: comentários à Lei 9.099, de 26.09.1995. 3. ed. São Paulo: RT, 2000.

GUIMARÃES, Rodrigo Régnier Chemim. Desvinculando-se da ditocomia "inquisitório *versus* acusatório" e firmando-se o novo paradigma constitucional para sistema processual penal brasileiro, funcionalizado pela dupla baliza de proibição de excesso e proibição de proteção insuficiente. *In*: CAMBI, Eduardo; GUARAGNI, Fábio André. *Ministério Público e princípio de proteção eficiente*. São Paulo: Almedina, 2016.

GUIMARÃES, Rodrigo Régnier Chemim. *Controle externo da atividade policial pelo Ministério Público*. 2. ed. Curitiba: Juruá, 2009.

HARTMANN, Stefan Espírito Santo. O papel do juiz nos acordos de colaboração premiada. In: PACELLI, Eugênio; CORDEIRO, Nefi; REIS JÚNIOR, Sebastião dos (org.). Direito penal e processual penal contemporâneos. São Paulo: Atlas, 2019.

HASSEMER, Windfried. Direito penal: fundamentos, estrutura, política. Carlos Eduardo de Oliveira Vasconcelos (org. e revisão). Trad. Adriana Beckman Meirelles et al. Porto Alegre: Sergio Antonio Fabris, 2009.

JARDIM, Afrânio Silva. Direito processual penal. 11. ed. Rio de Janeiro: Forense, 2002.

JARDIM, Afrânio Silva. Ação penal pública: princípio da obrigatoriedade. 3. ed. Rio de Janeiro: Forense, 1998.

JARDIM, Afrânio Silva. Primeiras impressões sobre a lei n. 13.964/19. Site Migalhas. 17 jan. 2020. Disponível em: https://www.migalhas.com.br/depeso/318477/primeiras-impressoes-sobre-a-lei-13-964-19--aspectos-processuais. Acesso em: 15 jun. 2021.

JARDIM, Afrânio Silva; AMORIM, Pierre Souto Maior Coutinho de. Direito processual penal: estudos, pareceres e crônicas. 15. ed. Salvador: Juspodivm, 2018.

JATAHY, Carlos Roberto de Castro. Curso de princípios institucionais do Ministério Público. 4. ed. Rio de Janeiro: Lumen Juris, 2009.

LANGER, Máximo. Revolução no processo penal latino-americano: difusão de ideias jurídicas a partir da periferia. Revista da Faculdade de Direito da UFRGS, v. 1, n. 37, p. 5–50, 2017.

LANGER, Máximo. (2017). Dos transplantes jurídicos às traduções jurídicas: a globalização do plea bargaining e a tese da americanização do processo penal. Delictae Revista de Estudos Interdisciplinares sobre o Delito, 2(3), 19. https://doi.org/10.24861/2526-5180.v2i3.41.

KHALED JR., Salah H. Ação, jurisdição e processo penal. Rio de Janeiro: Lumen Juris, 2021.

LACERDA, Alexandre Magno Benites de. A investigação criminal pelo Ministério Público na visão do Supremo Tribunal Federal. In: LACERDA, Alexandre Magno Benites de et al.. Garantismo e processo penal. Campo Grande: Contemplar, 2019.

LOPES JUNIOR, Aury. Direito processual penal e sua conformidade constitucional. v. 1. 5. ed. Rio de Janeiro: Lumen Juris, 2010.

LOPES JUNIOR, Aury. Fundamentos do processo penal: introdução crítica. 6. ed. São Paulo: Saraiva, 2020.

LOPES JUNIOR, Aury; ROSA, Alexandre Morais da. Como se procede o arquivamento no novo modelo do CPP. Conjur. 10 jan. 2020. Disponível em: https://www.conjur.com.br/2020-jan-10/limite-penal-procede-arquivamento-modelo. Acesso em: 29 maio 2021.

LUISI, Luiz. Os princípios constitucionais penais. 2. ed. Porto Alegre: Sergio Antonio Fabris, 2003.

LYRA, Roberto. Novo direito penal: introdução. Rio de Janeiro: Forense, 1980.

LYRA, Roberto. Teoria da promotoria pública. 2. ed. Porto Alegre: Sergio Antonio Fabris, 1989.

LYRA, Roberto. Teoria e prática da promotoria de justiça. Porto Alegre: Sergio Antonio Fabris, 1989.

MARQUES, José Frederico. Elementos de direito processual penal. v. 1. Campinas: Bookseller, 1997.

MARQUES, José Frederico. *Tratado de direito processual penal*. v. 1. São Paulo: Saraiva, 1980.

MARQUES, José Frederico. *Tratado de direito processual penal*. v. 2. São Paulo: Saraiva, 1980.

MARTINS JÚNIOR, Wallace Paiva. *Ministério Público*: a Constituição e as Leis Orgânicas. São Paulo: Atlas, 2015.

MAZZILLI, Hugo Nigro. *Regime Jurídico do Ministério Público*. 8. ed. São Paulo: Saraiva, 2014.

MAZZILLI, Hugo Nigro. Os limites da autonomia e da independência funcionais no Ministério Público Brasileiro. *In*: SABELLA, Walter Paulo; DAL POZZO, Antônio Araldo Ferraz; BURLE FILHO, José Emmanuel (coord.). *Ministério Público*: vinte e cinco anos do novo perfil constitucional. São Paulo: Malheiros, 2013.

MAZZUOLI, Valerio de Oliveira; FARIA, Marcelle Rodrigues da Costa; OLIVEIRA, Kledson Dionysio de. *Controle de Convencionalidade pelo Ministério Público*. Rio de Janeiro: Forense, 2021.

MÉDICI, Sérgio de Oliviera. *Teorias dos Tipos Penais: Parte Especial do Direito Penal*. São Paulo: RT, 2004.

MEIRELLES, Hely Lopes. *Direito administrativo brasileiro*. 39. ed. São Paulo: Malheiros, 2013.

MELO, André Luis Alves. Da não obrigatoriedade da ação penal pública. *In*: CUNHA, Rogério Sanches *et al*. *Acordo de não persecução penal*. Salvador: Juspodivm, 2019.

MENDONÇA, Andrey Borges de. *Código de Processo Penal comentado*. 3. ed. São Paulo: RT, 2020.

MIRABETE, Júlio Fabbrini. *Processo penal*. 7. ed. São Paulo: Atlas, 1997.

MORAES, Alexandre de. *Direito constitucional*. 24. ed. São Paulo: Atlas, 2009.

MORAES, Alexandre Rocha Almeida de. *Direito penal racional*: propostas para a construção de uma teoria da legislação e para uma atuação criminal preventiva. Curitiba: Juruá, 2016.

MORAES, Alexandre Rocha Almeida. A política criminal pós-1988: o Ministério Público e a dualidade entre garantismos positivo e negativo. *In*: SABELLA, Walter Paulo; DAL POZZO, Antônio Araldo Ferraz; BURLE FILHO, José Emmanuel (coord.). *Ministério Público*: vinte e cinco anos do novo perfil constitucional. São Paulo: Malheiros, 2013.

MORAES, Alexandre Rocha Almeida de; DEMERCIAN, Pedro Henrique. Um novo modelo de atuação criminal para o Ministério Público brasileiro: agências e laboratório de jurimetria. *Revista Jurídica da Escola Superior do Ministério Público de São Paulo*, v. 11, n. 1, 2017. Disponível em: http://www.esmp.sp.gov.br/revista_esmp/index.php/RJESMPSP/article/view/338. Acesso em: 10 jul. 2020.

MORAES, Alexandre Rocha Almeida de; BECHARA, Fábio Ramazzini. Acordo de não persecução penal e restrições de cabimento a partir dos mandados constitucionais de criminalização. *In*: SALGADO, Daniel de Resende; KIRCHER, Luis Felipe Scheider;

QUEIROZ, Ronaldo Pinheiro. *Justiça consensual*. São Paulo: Juspodivm, 2022.

MORAES, Alexandre Rocha Almeida de; POGGIO SMANIO, Gian Gianpaolo; PEZZOTTI, Olavo Evangelista. A discricionariedade da ação penal pública. *Argumenta Journal Law*, Jacarezinho-PR, n. 30, p. 353-390, jun. 2019.

MOURA, Maria Thereza Rocha de Assis. *Justa causa para ação penal*. Doutrina e

Jurisprudência. São Paulo: RT, 2001.

MUCCIO, Hidejalma. *Curso de processo penal*. 2. ed. Rio de Janeiro: Forense/São Paulo: Método, 2011.

MULAS, Nieves Sanz. Justicia y medios de comunicación. Um conflito permanente. *In*: TORRE, Ignacio Berdugo Goméz de la; MULAS, Nieves Sanz (coord.). *Derecho Penal de la Democracia vs. Seguridad Publica*. Granada, 2005.

NERY JUNIOR, Nelson. *Princípios do processo na Constituição Federal*. 13. ed. São Paulo: RT, 2017.

NORONHA, E. Magalhães. *Curso de direito processual penal*. 6. ed. São Paulo: Saraiva, 1973.

NUCCI, Guilherme de Souza. *Curso de direito penal*. v. 1. 4. ed. Rio de Janeiro: Forense, 2020.

NUNES, Diego. Processo legislativo para além do Parlamento em Estados autoritários: uma análise comparada entre os Códigos Penais italiano de 1930 e brasileiro de 1940. *Sequência*, Florianópolis, n. 74, p. 153-180, dez. 2016.

OLIVEIRA, Rafael Serra. *Consenso no processo penal*: uma alternativa para a crise do sistema criminal. São Paulo: Almedina, 2015.

PACELLI, Eugênio. *Curso de processo penal*. 10. ed. Rio de Janeiro: Lumen Juris, 2008.

PAULO, Marcos; SANTOS, Dutra. *Comentários ao Pacote Anticrime*. 2. ed. Rio de Janeiro: Método, 2022.

PEREIRA, Diogo Abineder Ferreira Nolasco. *Justiça penal negociada*: uma análise do princípio da obrigatoriedade da ação penal pública. 2. ed. Rio de Janeiro: Lumen Juris, 2021.

PEREIRA, Frederico Valdez. *Iniciativa probatória de ofício e o direito ao juiz imparcial no processo penal*. Porto Alegre: Livraria do Advogado, 2014.

PIEDADE, Antonio Sérgio Cordeiro; SOUZA, Renee do Ó. A colaboração premiada como instrumento de política criminal funcionalista. *Revista Jurídica da Escola Superior do Ministério Público de São Paulo*, v. 14, n. 2, p. 100-121, 2019.

PIERANGELLI, José Henrique. *Processo penal*: evolução histórica e fontes legislativas. Bauru, SP: Jalovi, 1983.

PITOMBO, Sérgio M. Moraes. *Inquérito policial e novas tendências*. Belém: Edições Cejup, 1987.

POLI, Camilin Marcie de. *Sistemas processuais penais*. Florianópolis: Empório do Direito, 2016.

PONTE, Antonio Carlos da. *Crimes eleitorais*. São Paulo: Saraiva, 2008.

PONTE, Antonio Carlos da; DEMERCIAN, Pedro Henrique. Algumas considerações sobre o Ministério Público no direito estrangeiro. *In*: *Revista Jurídica ESMP-SP*, v. 10, p. 15-40, 2016.

PONTE, Antonio Carlos da; DEMERCIAN, Pedro Henrique. O Ministério Público brasileiro e a justiça consensual. Foro, *Nueva Época*, v. 22, n. 1, 2019. Disponível em: https://dx.doi.org/10.5209/foro.66636. Acesso em: 13 jun. 2022.

PORTO, Hermínio Alberto Marques; SILVA, Roberto Ferreira da Silva. Fundamentação Constitucional das normas de direito processual penal: bases fundamentais para um processo penal democrático e eficiente. *In*: MIRANDA, Jorge; SILVA, Marco Antonio

Marques da (coord.). *Tratado luso-brasileiro da dignidade humana.* São Paulo: Quartier Latin, 2008.

PRADO, Geraldo. *Sistema acusatório. A conformidade constitucional das leis processuais penais.* 4. ed. Rio de Janeiro: Lumen Juris, 2006.

ROMEIRO, Jorge Alberto. *Da ação penal.* 2. ed. Rio de Janeiro: Forense, 1978.

ROXIN, Claus. *Estudos de direito penal.* Trad. Luís Greco. 2. ed. Rio de Janeiro: Renovar, 2008.

SAYEG, Ricardo Hasson; SILVA, Marcio Souza; GOLDFINGER, Fábio Ianni; SAYEG, Rodrigo Campos Hasson. *Estudos sobre o direito penal moderno*: disciplina ministrada pelo Prof. Dr. Sérgio Moro no Programa de Mestrado e Doutorado do Centro Universitário Curitiba – UNICURITIBA. GARCEL, Adriane; FERRARI, Flávia Jeane (org.) SELLOS-KNOERR, Viviane Coêlho de; MORO, Sérgio Fernando (coord.).Curitiba: Clássica, 2021.

SCHÜNEMANN, Bernd. O juiz como um terceiro manipulado no processo penal?: uma confirmação empírica dos efeitos perseverança e aliança. *In*: GRECO, Luís (coord.). SCHÜNEMANN, Bernd. *Estudos de direito penal, direito processual penal e filosofia do direito.* São Paulo: Marcial Pons, 2013.

SILVA, Danielle Souza de Andrade e. *A atuação do juiz no processo penal acusatório*: incongruências no sistema brasileiro em decorrência do modelo constitucional de 1988. Porto Alegre: Sergio Antonio Fabris, 2005.

SILVA, Edimar Carmo da; URANI, Marcelo Fernandez. *Manual de direito processual penal acusatório*: doutrina e jurisprudência. 2. ed. Curitiba: Juruá, 2017.

SILVA, Eduardo Araújo da. *Ação penal pública*: princípio da oportunidade regrada. 2. ed. São Paulo: Atlas, 2000.

SILVA, Marco Antonio Marques da (coord.). *Processo penal e garantias constitucionais.* São Paulo: Quartier Latin, 2006.

SILVA SÁNCHEZ, Jesús-María. *Eficiência e direito penal.* Trad. Maurício Antônio Ribeiro Lopes. Barueri, SP: Manole, 2004.

SILVA SÁNCHEZ, Jesús-María. *A expansão do direito penal*: aspectos da política criminal nas sociedades pós-industriais. São Paulo: RT, 2002.

SILVEIRA, Gerson Daniel Silva da. *Ministério Público*: O equilíbrio entre o garantismo e o eficientismo na justiça penal consensual. Rio de Janeiro: Lumen Juris, 2020.

SIQUEIRA, Galdino. *Curso de processo criminal.* 2. ed. São Paulo: Livraria Magalhães, 1937.

SOUZA, Arthur de Brito Gueiros; MELLO, Rodrigo de Castro Villar. *Teoria geral da ação penal.* São Paulo: Liber Ars, 2019.

SOUZA, João Fiorillo. *A iniciativa instrutória do juiz e o sistema processual penal brasileiro*: uma abordagem a partir do garantismo de Luigi Ferrajoli. Curitiba: Juruá, 2013.

SOUZA, Montauri Ciocchetti de. *Ministério Público e o princípio da obrigatoriedade*: ação civil pública, ação penal pública. São Paulo: Método, 2007.

SOUZA NETTO, José Laurindo de. *Processo penal*: sistemas e princípios. Curitiba: Juruá, 2006.

SUXBERGER, Antônio Henrique Graciano. *Ministério Público e política criminal*: uma sentença pública compromissada com os direitos humanos. Curitiba: Juruá, 2012.

TÁVORA, Nestor; ALENCAR, Rosmar Rodrigues. *Curso de direito processual penal*. 14. ed. Salvador: Juspodivm, 2019.

TOURINHO FILHO, Fernando da Costa. *Processo penal*. v. 1. 21. ed. São Paulo: Saraiva, 1999.

TOURINHO FILHO, Fernando da Costa. A reforma do Código de Processo Penal. *Revista do Tribunal Regional Federal da 1ª Região*, Brasília, v. 29, n. 9, set./out. 2017.

TORNAGHI, Hélio. *Curso de processo penal*. 5. ed. São Paulo: Saraiva, 1988.

TUCCI, Rogério Lauria. *Teoria do direito processual penal*: jurisdição, ação e processo penal (estudo sistemático). São Paulo: RT, 2002.

TUCCI, Rogério Lauria. *Direitos e garantias individuais no processo penal brasileiro*. 3. ed. São Paulo: RT, 2009.

TURESI, Flávio Eduardo. *Justiça penal negociada e criminalidade macroeconômica organizada*: o papel da política criminal na construção da ciência global do direito penal. Salvador: Juspodivm, 2019.

TURESI, Flávio Eduardo. Lei anticrime e o novo modelo de arquivamento do inquérito policial: o papel do Ministério Público na interpretação da norma e construção de uma política criminal mais racional. *Revista Fórum de Ciências Criminais (RFCC)*, Belo Horizonte, ano 7, n. 14, p. 79-104, jul./dez. 2020.

VASCONCELLOS, Vinicius Gomes de. Comentários sobre as alterações processuais aprovadas pelo Congresso Nacional no Pacote Anticrime modificado (PL 6.341/2019). *Conjur*. Disponível em: https://www.conjur.com.br/dl/modificacoes-processuais-projeto.pdf. Acesso em: 01 jun. 2022.

VIERA, Renato Stanziola. *Paridade de armas no processo penal*. (coord.). Gustavo Badaró e Petronio Calmon. Brasília: Gazeta Jurídica, 2014.

ZAFFARONI, Eugenio Raúl; BATISTA, Nilo; ALAGIA, Alejandro; SLOKAR, Alejandro. *Direito penal brasileiro II*. 4. ed. Rio de Janeiro: Revan, 2011.

ZAFFARONI, Eugenio Raúl; OLIVEIRA, Edmundo. *Criminologia e movimentos de política criminal*. 2. ed. Rio de Janeiro: GZ, 2021.

ZANETI JÚNIOR, Hermes. Código de Processo Civil 2015: ruptura do paradoxo entre o Ministério Público da legalidade e o Ministério Público constitucional. *In*: GODINHO, Robson Renault; COSTA, Susana Henrique da. *Ministério Público*. Salvador: Juspodivm, 2015.

ZANETI JÚNIOR, Hermes. *O Ministério Público e o processo civil contemporâneo*. 2. ed. São Paulo: Juspodivm, 2021.

ZENKNER, Marcelo. Harmonia e complementaridade dos princípios institucionais da unidade e da independência. *In*: ALMEIDA, Gregório Assagra; CAMBI, Eduardo; MOREIRA, Jairo Cruz (org.). *Ministério Público, Constituição e acesso à justiça*: abordagens institucional, cível, coletiva e penal da atuação do Ministério Público. Belo Horizonte: D'Plácido, 2019.

Julgados

BRASIL. Supremo Tribunal Federal. Medida Cautelar na Ação Direta de Inconstitucionalidade nº 5.104/DF, Rel. Min. Roberto Barroso, j. 21-5-2014.

BRASIL. Supremo Tribunal Federal. Medida Cautelar na Ação Direta de Inconstitucionalidade nº 4.693/BA, Rel. Min. Alexandre de Moraes, j. 30-10-2017.

BRASIL. Supremo Tribunal Federal, Plenário, Agravo Regimental no Inquérito nº 2.913/MT, Rel. p/ acórdão Min. Luiz Fux, j. 1º-3-2012.

BRASIL. Supremo Tribunal Federal. HC nº 167549 AgR, Rel. Alexandre de Moraes, Primeira Turma, j. 22-03-2019, Processo Eletrônico DJe-064, Divulg 29-03-2019, Public 01-04-2019.

BRASIL. Supremo Tribunal Federal. HC nº 159.435-AgR, Segunda Turma, j. 28-06-2019.

BRASIL. Supremo Tribunal Federal. HC nº 155.075-AgR, Segunda Turma, j. 12-04-2019.

BRASIL. Supremo Tribunal Federal. HC nº 150.147-AgR, Segunda Turma, j. 12-04-2019.

BRASIL. Supremo Tribunal Federal. RHC nº 165.031-AgR, Segunda Turma, j. 5-4-2019.

BRASIL. Supremo Tribunal Federal. RHC nº 165.976-AgR, Primeira Turma, j. 5-04-2019.

BRASIL. Supremo Tribunal Federal. RHC nº 160.621-AgR, Primeira Turma, j. 15-03-2019.

BRASIL. Supremo Tribunal Federal. RHC nº 164.346-AgR, Primeira Turma, j. 12-03-219.

BRASIL. Supremo Tribunal Federal. HC nº 87395, Rel. Ricardo Lewandowski, Tribunal Pleno, j. 23-03-2017, Acórdão Eletrônico DJe-048, Divulg 12-03-2018, Public 13-03-2018.

BRASIL. Supremo Tribunal Federal. Inq nº 4420 AgR, Rel. Min. Gilmar Mendes, Segunda Turma, j. 28-08-2018, Acórdão Eletrônico DJe-192, Divulg 12-09-2018, Public 13-09-2018.

BRASIL. Supremo Tribunal Federal. MS nº 34730, Rel. Luiz Fux, Primeira Turma, j. 10-12-2019, Processo Eletrônico DJe-069, Divulg 23-03-2020, Public 24-03-2020.

BRASIL. Supremo Tribunal Federal. Inq nº 4458, Rel. Min. Gilmar Mendes, Segunda Turma, j. 11-09-2018.

BRASIL. Superior Tribunal de Justiça. Reclamação n. 31.629/PR, Corte Especial, Rel. Min. Nancy Andrighi, j. 20-9-2017.

BRASIL. Superior Tribunal de Justiça. Quinta Turma, Recurso em Habeas Corpus nº 77.518/RJ, Rel. Min. Ribeiro Dantas, j. 9-3-2017.

BRASIL. Supremo Tribunal Federal. Habeas Corpus nº 75.343-4/Minas Gerais, Rel. Min. Sepúveda Pertence, j. 12-11-1997.

BRASIL. Supremo Tribunal Federal. RE nº 660814 RG, Rel. Alexandre de Moraes, Tribunal Pleno, j. 07-03-2019, Processo Eletrônico DJe-053.

BRASIL. Supremo Tribunal Federal. ADI nº 2886, Rel. Min. Eros Grau, Rel. p/ acórdão: Joaquim Barbosa, Tribunal Pleno, j. 03-04-2014, DJ-150.

BRASIL. Superior Tribunal de Justiça. RHC nº 1.886/SP, Rel. Min. Assis Toledo, Quinta Turma, j. 20-04-1992, DJe 11-05-1992.

BRASIL. Superior Tribunal de Justiça. AgRg no REsp nº 1612551/RJ, Rel. Min. Reynaldo Soares da Fonseca, Quinta Turma, j. 02-02-2017, DJe 10-02-2017.

BRASIL. Superior Tribunal de Justiça. HC nº 385.736/SC, Rel. Min. Felix Fischer, Quinta

Turma, j. 20-04-2017, DJe 09-05-2017.

BRASIL. Superior Tribunal de Justiça. AgRg no REsp nº 1573829/SC, Rel. Min. Reynaldo Soares da Fonseca, Quinta Turma, j. 09-04-2019, DJe 13-05-2019.

BRASIL. Superior Tribunal de Justiça. AgRg no RHC nº 138.532/RJ, Rel. Min. Laurita Vaz, Sexta Turma, DJe 4-11-2021.

BRASIL. Superior Tribunal de Justiça. HC nº 532.052/SP, Rel. Min. Antonio Saldanha Palheiro, Sexta Turma, DJe 18-12-2020.

BRASIL. Superior Tribunal de Justiça. AgRg no AREsp nº 1.441.535/ES, Rel. Min. Laurita Vaz, Sexta Turma, DJe 5-6-2019.

BRASIL. Superior Tribunal de Justiça. AgRg no RHC nº 163.422/RJ, Rel. Min. Sebastião Reis Júnior, Sexta Turma, DJe 13-5-2022.

BRASIL. Superior Tribunal de Justiça. AgRg no nº 695.368/GO, Rel. Min. Olindo Menezes (desembargador Convocado do TRF 1ª Região), Sexta Turma, DJe 6-5-2022.

BRASIL. Superior Tribunal de Justiça. AgRg no HC nº 725.636/SP, Rel. Min. Ribeiro Dantas, Quinta Turma, DJe 20-5-2022.

BRASIL. Superior Tribunal de Justiça. AgRg no RHC nº 152.511/SP, Rel. Min. Ribeiro Dantas, Quinta Turma, DJe 28-4-2022.

BRAIL. Superior Tribunal de Justiça. Inq. nº 1.196/DF, Rel. Min. Francisco Falcão, Corte Especial, j. 15-05-2019, DJe 05-06-2019.

BRASIL. Superior Tribunal de Justiça. AgRg no Inq. nº 140 – DF, Sexta Turma, Rel. Vicente Cernicchiaro, j. 15-04-1998.

BRASIL. Superior Tribunal de Justiça. HC nº 480.079/SP, Rel. Min. Sebastião Reis Júnior, Sexta Turma, j. 11-04-2019, DJe 21-05-2019.

BRASIL. Superior Tribunal de Justiça. Sd nº 748/DF, Rel. Min. Og Fernandes, Corte Especial, j. 16-10-2019, DJe 12-11-2019.

BRASIL. Superior Tribunal de Justiça. MS nº 56.432/SP, Rel. Min. Jorge Mussi, Quinta Turma, j. 02-08-2018, DJe 22-08-2018.

BRASIL. Superior Tribunal de Justiça. RMS nº 38.486/SP, Rel. Min. Ribeiro Dantas, Quinta Turma, j. 05-04-2016, DJe 15-04-2016.

BRASIL. Superior Tribunal de Justiça. HC nº 379.269/MS, Rel. Min. Reynaldo Soares da Fonseca. Rel. p/ Acórdão Min. Antonio Saldanha Palheiro, Terceira Seção, j. 24-05-2017, DJe 30-06-2017.

BRASIL. Superior Tribunal de Justiça. RHC nº 14.048/RN, Rel. Min. Paulo Gallotti, Rel. p/ Acórdão Ministro Paulo Medina, Sexta Turma, j. 10-06-2003, DJe 20-10-2003.

Referências normativas (Associação Brasileira de Normas Técnicas – ABNT)

ABNT NBR 6023: 2018 – Informação e documentação – Referências – elaboração

ABNT NBR 6022:2018 – Informação e documentação – Artigo em publicação periódica técnica e/ou científica – Apresentação

ABNT NBR 6027: 2012 – Informação e documentação – Informação e documentação – Sumário – Apresentação

ABNT NBR 14724: 2011 – Informação e documentação – Trabalhos acadêmicos – Apresentação

ABNT NBR 15287: 2011 – Informação e documentação – Projetos de pesquisa – Apresentação

ABNT NBR 6034: 2005 – Informação e documentação – Índice – Apresentação

ABNT NBR 12225: 2004 – Informação e documentação – Lombada – Apresentação

ABNT NBR 6024: 2003 – Informação e documentação – Numeração progressiva das seções de um documento escrito – Apresentação

ABNT NBR 6028: 2003 – Informação e documentação – Resumo – Apresentação

ABNT NBR 10520: 2002 – Informação e documentação – Citações em documentos – Apresentação

Esta obra foi composta em fonte Palatino Linotype, corpo 10
e impressa em papel Offset 75g (miolo) e Supremo 250g (capa)
pela Gráfica Star7.